U0431542

普通高等学校"十四五"规划旅游管理类课程思政版精品教材

总主编◎邓爱民

旅游接待业

（课程思政版）

LÜYOU JIEDAIYE

(KECHENG SIZHENGBAN)

主　编◎李明龙　邱海莲

华中科技大学出版社
http://www.hustp.com
中国·武汉

内 容 提 要

全书共分十一章,内容包括:旅游接待业概述;旅游接待业的计划与战略;旅游接待业的组织与文化;旅行服务接待;旅游住宿接待;餐饮管理;旅游景区接待;游憩管理;会展接待与管理;旅游接待的质量管理;旅游接待的技术与创新。整体结构是按旅游接待业概况(第一章)—职能管理(第二、三章)—主要业态(第四至九章)—运营与战略(第十、十一章)的逻辑脉络展开。每章设有学习目标、思政元素、章前引例、思政案例、本章思政总结、复习思考题等项目。

图书在版编目(CIP)数据

旅游接待业:课程思政版/李明龙,邱海莲主编.—武汉:华中科技大学出版社,2022.8(2024.8 重印)
ISBN 978-7-5680-8380-5

Ⅰ.①旅… Ⅱ.①李… ②邱… Ⅲ.①旅游业-经营管理-教材 Ⅳ.①F590.6

中国版本图书馆 CIP 数据核字(2022)第 145403 号

旅游接待业(课程思政版) 　　　　　　　　　　　李明龙　邱海莲　主编
Lǚyou Jiedaiye(Kecheng Sizheng Ban)

策划编辑:李 欢　王 乾	
责任编辑:仇雨亭　汪 杭	
封面设计:原色设计	
责任校对:谢 源	
责任监印:周治超	
出版发行:华中科技大学出版社(中国·武汉)	电话:(027)81321913
武汉市东湖新技术开发区华工科技园	邮编:430223
录　　排:华中科技大学惠友文印中心	
印　　刷:武汉科源印刷设计有限公司	
开　　本:787mm×1092mm　1/16	
印　　张:16.25　插页:2	
字　　数:386 千字	
版　　次:2024 年 8 月第 1 版第 3 次印刷	
定　　价:49.80 元	

本书若有印装质量问题,请向出版社营销中心调换
全国免费服务热线:400-6679-118　竭诚为您服务
版权所有　侵权必究

总序
Introduction

2014年5月,习近平总书记在北京大学师生座谈会上的讲话中指出,全国高等院校要走在教育改革前列,紧紧围绕立德树人的根本任务,加快构建充满活力、富有效率、更加开放、有利于学校科学发展的体制机制,当好教育改革排头兵。为了实现立德树人的根本任务,中央和国家有关部门出台了多项文件政策。2019年,中共中央办公厅、国务院办公厅印发了《关于深化新时代学校思想政治理论课改革创新的若干意见》,强调要整体推进高校课程思政建设,使各类课程与思政课同向同行,形成协同效应。2020年,教育部印发《高等学校课程思政建设指导纲要》,强调课程思政是高校落实立德树人根本任务的战略举措。因此,高校落实立德树人根本任务,不仅要突出思政课程的地位,更要强化专业课程的思政建设,共同构筑良好的育人课程体系,引导学生塑造正确的世界观、人生观、价值观。

教材建设是课程思政建设的重要内容,对于落实立德树人的根本任务具有重要意义。以往的教材编写,主要侧重于专业知识的讲解,忽略了思政育人作用。即使有较好的育人素材,也没有进行很好的挖掘。基于此,为落实立德树人根本任务,进一步强化国家级一流本科专业(旅游管理)建设,中南财经政法大学旅游管理系筹划了旅游管理专业课程思政系列教材的编写。本系列教材由教育部高等学校旅游管理类专业教学指导委员会委员、湖北名师邓爱民教授担任总主编和总策划。本系列教材从结构到内容,均实现了较大的创新和突破,具有以下特点。

一、突出课程思政主题

本系列教材在编写过程中注重将习近平新时代中国特色社会主义思想"基因式"地融入,推进专业教育和思政教育的有机结合,用"双轮驱动"打破思政教育与专业教育相互隔绝的"孤岛效应",将价值塑造、知识传授和能力培养三者融为一体,培养学生的家国情怀、职业责任和科学精神。

二、结构新颖

为落实立德树人根本任务,突出课程思政教材的主题,本系列教材在结构安排上实现了创新。例如,《现代旅游发展导论》在每个章节前面列出了本章的"思政元素",在章节正文部分,无论是案例引用,还是内容介绍,都有机融入了课程思政元素。在每章结束部分,单列了"本章思政总结",对本章涉及的思政元素进行总结、提炼和升华,强化对学生的思政教育。

三、配套全面

本系列教材案例丰富,内容翔实,不仅有利于教师授课,也方便学生自主学习。为适应新时代高校教育模式改革,本系列教材将不断丰富配套资源,建设网络资源平台,方便旅游管理课程思政教学与经验交流。

在编写和出版过程中,本系列教材得到了华中科技大学出版社的大力支持,得到了全国旅游学界和旅游业界的大力帮助,在此一并表示感谢。希望本系列教材能够丰富课程思政教材建设,促进高素质旅游人才培养。

总主编　邓爱民

2021年9月3日

前言
Preface

　　在大众旅游时代,我国旅游接待业经历了持续的高速发展,进入了高质量发展阶段。在此背景下,旅游接待业面临着巨大的发展机遇,同时也面临着人才缺失、管理不善等问题,新的实践呼唤理论界结合国际经验和形势的发展总结行业发展成果,本教材应运而生。

　　本教材第一章介绍了旅游接待业的范围与特征,追溯了其发展历史,阐述了该产业的职业与机会,对其未来趋势做了展望。在旅游接待业概述之后,介绍接待业的管理问题。首先是管理的起点——第二章所讲的计划与战略管理问题。凡事预则立,接待业管理者需要做好计划、分析市场、制定战略,并对目标进行管理。第三章则重点探讨组织与文化问题,包括组织与结构、工作设计与管理、企业文化等。接下来的第四至第九章则对旅游接待业的具体业态进行逐一介绍,包括作为旅游业支柱的旅行服务接待(第四章)、旅游住宿接待(第五章)和旅游景区接待(第七章),以及旅游者在旅游地多样需求所派生的餐饮管理(第六章)、游憩管理(第八章)和会展接待与管理(第九章)。第十章从更广的范围探讨服务质量管理这个旅游接待业生存与发展的重要课题。在信息时代,技术与创新对旅游接待业的持续发展意义重大,这在第一章进行了论证。

　　本教材的大纲、结构由中南财经政法大学李明龙副教授、湖北大学邱海莲博士后商定完成。本书的编写是通力协作的结果,在具体章节分工写作方面,第一、二、三章由李明龙执笔完成,第四、五、六章由朱羽执笔,第七、八、九章由殷德香执笔,第十、十一章由邱海莲执笔。全书由李明龙和邱海莲统稿和校对。感谢所有参与人员的努力,感谢中南财经政法大学邓爱民教授的支持和帮助,感谢出版社李欢女士、王乾编辑和其他工作人员的辛勤付出。

　　本教材密切结合行业实践,重视正确职业观、价值观的引导,引导学生对本专业从认同到热爱,培养行业未来接班人。本教材强调理论与实践的结合。旅游接待业包括了住宿业、休闲餐饮业、旅行接待业、目的地交通接待、游憩与娱乐业、会展业等细分行业,这构成了本教材的业务板块,力求与行业无缝对接。同时,本教材从职能管理的角度阐述旅游接待业应该如何管理,设计计划与战略、文化管理、技术管理、危机管理和创新管理等板块,提升理论高度。本教材强调案例教学,以专业为基础,解析众多实际案例，呈现旅游接待业如何响应国家号召、服务于国家抗疫等事业。例如，住宿业部分我们联系上新冠肺炎疫情期间号召酒店接待援鄂医护人员的旅游酒店联盟负责人获取一手资料。

本教材的编写参考了大量国内外学者的研究成果以及相关学科的文献资料，谨在此对相关作者表示感谢。鉴于编者知识水平及行业经验有限，本教材编写中的疏漏和不足之处在所难免，殷切希望本教材的读者批评指正。

目录
Contents

第一章　旅游接待业概述 /001

第一节　旅游接待业的范围与特征 /002
一、旅游接待业的含义与范围 /002
二、旅游接待业的特征 /005

第二节　旅游接待业发展历史 /008
一、旅游接待业的发展 /008
二、接待的源起与变迁 /010

第三节　旅游接待业职业与管理 /011
一、旅游接待业职业机会 /011
二、旅游接待业职业的能力与素质要求 /013

第四节　旅游接待业发展趋势 /015
一、大众旅游时代与高质量发展方向 /015
二、管理走向精细化，收益管理受重视 /016
三、技术应用更加广泛 /019

第二章　旅游接待业的计划与战略 /023

第一节　旅游接待业计划与制订 /024
一、计划的含义 /024
二、计划的分类 /025
三、计划的作用 /027
四、计划工作的程序 /028

第二节　旅游接待业市场环境分析 /029
一、旅游接待业市场环境 /029

二、分析接待业市场环境的方法　　/030
第三节　旅游接待业企业战略　　/033
　　一、旅游接待业企业战略管理的概念　　/033
　　二、旅游接待业企业战略管理的基本过程　　/033
　　三、旅游接待业企业总体经营战略　　/034
　　四、旅游接待业企业竞争战略　　/037
第四节　旅游接待业企业目标管理　　/038
　　一、目标管理与接待业的实践　　/038
　　二、旅游接待目标管理的步骤　　/039
　　三、目标管理的优缺点及旅游接待业企业成功
　　　　实施的条件　　/040

第三章　旅游接待业的组织与文化　/043

第一节　旅游接待业的组织与结构　　/044
　　一、旅游接待业的组织职能　　/044
　　二、旅游接待业企业组织制度　　/044
　　三、旅游接待业企业组织结构　　/045
第二节　旅游接待业企业工作设计
　　　　　与人员管理　　/048
　　一、旅游接待业企业工作设计的概念及作用　　/048
　　二、旅游接待业企业工作设计原则　　/049
　　三、旅游接待业企业工作设计的方法　　/049
　　四、旅游接待业企业人员管理　　/050
第三节　旅游接待业企业文化　　/051
　　一、旅游接待业企业文化的内涵　　/051
　　二、旅游接待业企业文化的意义　　/052
　　三、旅游接待业企业文化建设　　/053

第四章　旅行服务接待　/056

第一节　旅行中介与旅行社　　/057
　　一、旅行中介的性质和结构　　/057
　　二、旅行社的产生和发展　　/058
　　三、旅行社的职能　　/060
第二节　旅行社计调业务　　/061
　　一、旅行社计调的概念和重要性　　/061
　　二、计调业务的范围和信息流程　　/062

三、计调采购工作　/064
第三节　旅行社接待工作　/065
　　一、旅行社接待工作的主要内容　/066
　　二、旅行社接待人员的管理　/068
第四节　OTA 与线上旅行业务　/069
　　一、OTA 的发展阶段　/069
　　二、在线旅游的服务内容　/072
　　三、在线旅游未来发展趋势　/073

第五章　旅游住宿接待　/078

第一节　酒店的业务与职能　/079
　　一、酒店的概念及特征　/079
　　二、酒店业务　/079
　　三、酒店管理职能　/080
第二节　酒店前厅管理　/082
　　一、酒店前厅概述　/082
　　二、前厅部主要业务管理　/085
　　三、前厅部发展趋势　/087
第三节　酒店客房部管理　/088
　　一、酒店客房概述　/088
　　二、客房部主要业务管理　/090
　　三、客房部发展趋势　/092
第四节　衍生型住宿业态　/094
　　一、衍生型住宿业态定义　/094
　　二、新型住宿业态类型　/094

第六章　餐饮管理　/101

第一节　餐饮管理基本概述　/102
　　一、餐饮管理的性质和基本特征　/102
　　二、餐饮管理的内容　/105
　　三、餐饮管理的基本方法　/107
第二节　餐饮成本控制与菜单设计　/108
　　一、餐饮成本的概念、构成、分类和核算方法　/108
　　二、餐饮成本控制　/111
　　三、餐饮菜单设计概述　/113

第三节　食品原材料供应链管理　/115
一、餐饮采购管理　/115
二、餐饮验收管理　/116
三、餐饮储存管理　/118
四、餐饮发放管理　/119

第四节　餐饮服务管理　/120
一、餐饮服务的特点　/120
二、餐饮服务管理要求　/121

第七章　旅游景区接待　/124

第一节　旅游景区及景区接待服务　/125
一、旅游景区　/125
二、旅游景区接待服务　/126
三、旅游景区发展趋势　/127

第二节　旅游景区接待服务管理　/130
一、旅游景区接待管理　/130
二、旅游景区入门接待服务管理　/132
三、旅游景区公共设施设计与管理　/133
四、旅游景区商业设施和服务管理　/138

第三节　景区容量管理　/143
一、旅游景区容量的概念体系　/143
二、旅游景区容量的概念及测量　/144
三、旅游景区容量管理方法　/146
四、旅游景区容量调控主要机制　/150

第八章　游憩管理　/154

第一节　游憩　/155
一、游憩概述　/155
二、游憩形态结构　/158
三、游憩空间综合评价体系　/158

第二节　游憩管理　/159
一、游憩服务管理　/160
二、游憩空间设计　/161
三、休闲游憩发展趋势　/163

第三节　体育休闲活动管理　/165
一、体育休闲活动的概念、特征及分类　/165

二、体育休闲活动的管理　　/166
　　三、体育休闲服务管理　　/168
第四节　邮轮服务管理　　/169
　　一、邮轮旅游概述　　/169
　　二、现代邮轮管理　　/170
　　三、邮轮旅游现状及趋势　　/172
第五节　旅游购物管理　　/173
　　一、旅游购物概述　　/173
　　二、旅游购物市场　　/174
　　三、旅游购物发展趋势　　/178

第九章　会展接待与管理　/183

第一节　会展概论　　/184
　　一、会展的概念　　/184
　　二、会展的组成部分　　/186
　　三、会展的主要功能　　/192
　　四、会展现状及发展趋势　　/193
第二节　会展管理　　/194
　　一、会展业　　/194
　　二、会展服务　　/195
　　三、会展管理模式　　/196
第三节　会展场景设计　　/198
　　一、会展设计的内涵　　/198
　　二、会展场景设计的发展历程　　/199
　　三、会展场景设计的特征　　/201

第十章　旅游接待的质量管理　/204

第一节　旅游接待的原真性　　/206
　　一、原真性的概念　　/206
　　二、互动原真性　　/206
　　三、旅游接待业保留原真性的困境　　/207
　　四、原真性与标准化的平衡　　/208
第二节　殷勤好客的服务　　/208
　　一、接待业与好客观念　　/208
　　二、好客文化发展的历史脉络　　/208
　　三、旅游接待业"好客"的内涵　　/210

四、现代接待业中的商业化"好客模式" /210
　　五、好客体验的四大要素 /211
第三节　旅游接待服务质量 /213
　　一、定义服务质量 /213
　　二、服务质量的维度 /213
　　三、服务质量差距模型 /214
　　四、服务的开放系统观 /215
第四节　接待实施与质量控制 /216
　　一、旅游接待SOP /216
　　二、服务质量的测量 /217
　　三、服务质量的管理与控制 /219

第十一章　旅游接待的技术与创新 /225

第一节　旅游接待技术应用背景 /227
　　一、智慧旅游 /227
　　二、数字化转型 /230
第二节　新一代信息技术及其在旅游
　　　　接待中的应用 /232
　　一、云计算 /232
　　二、大数据 /234
　　三、物联网 /235
　　四、移动通信技术和基于位置的服务（LBS） /236
　　五、人工智能 /237
第三节　技术应用场景举例 /238
　　一、旅游景区的新技术应用 /238
　　二、酒店及餐饮业的新技术应用 /240
　　三、会展业的新技术应用 /242

参考文献 /246

第一章
旅游接待业概述

学习目标

1. 了解旅游接待业的含义与范围。
2. 理解旅游接待业的行业特征,掌握其意义。
3. 了解旅游接待业的发展历史。
4. 了解旅游接待业的就业机会与职业发展。
5. 理解旅游接待业的职业能力与素质要求。
6. 了解旅游接待业未来发展趋势。
7. 理解新技术在接待业中的应用及旅游市场需求的变化。

思政元素

1. 人民对美好生活的向往,就是我们的奋斗目标。党的十九届五中全会审议通过的《中共中央关于制定国民经济和社会发展第十四个五年规划和二〇三五年远景目标的建议》指出,"改善人民生活品质,提高社会建设水平"是"十四五"发展的重大任务之一。

2. 中共中央政治局会议强调统筹推进疫情防控和经济社会发展,在疫情防控常态化前提下,做好"六保"工作,首要的就是"保居民就业"。

3. 党的十九届六中全会通过的《中共中央关于党的百年奋斗重大成就和历史经验的决议》强调,必须实现创新成为第一动力、协调成为内生特点、绿色成为普遍形态、开放成为必由之路、共享成为根本目的的高质量发展。

章前引例

体育旅游铺就增收"幸福路"

羊肉鲜嫩、烧饼酥香,一碗碗热气腾腾、鲜香四溢的水盆羊肉被端上了桌。自从36岁的麟游县农民赵峰在家门口开餐馆以来,每天都要为来自各地的旅游者做出数百碗独具特色的水盆羊肉。

"我们以前都靠外出务工为生,现在来县城旅游的人越来越多,我就在家门口开了小饭馆,生意一直很红火。"赵峰告诉记者。

虽然正值冬日农闲时节,但在陕西省麟游县的民俗街上,依靠旅游产业带动,呈现出与以往不同的生活景象。大街两侧开设有各种风味的小吃店,为当地群众带来了足不出户的创业增收契机。

为了保持旅游创收的长效性和群众增收的稳定性,麟游县将体育旅游产业发展与脱贫攻坚工作紧密结合,带动贫困户通过旅游产业脱贫增收。通过设立旅游发展专项资金、深度挖掘旅游资源和促进乡村旅游提档升级,为贫困户脱贫致富注入了新动力。据统计,2018年麟游县旅游量达到201万人次,实现旅游综合收入14亿元。目前全县开办农家乐、特色民宿60多户,先后带动130个贫困户脱贫。

资料来源　张晨俊,《陕西麟游:体育旅游铺就增收"幸福路"》,新华网

第一节　旅游接待业的范围与特征

一、旅游接待业的含义与范围

瑞士学者Hunziker和Krapf认为,旅游是非定居者的旅行和暂时居留而引起的现象和关系的总和。这一被称为"艾斯特"(AIEST)的定义表明,旅游不仅仅是旅行本身,还是旅游者在目的地的暂时居留,以及由此产生的现象和关系。旅游者离开自己的常住地外出旅行,以远方来客的身份到达目的地。而后目的地通过自身资源和设施对旅游者进行服务、接待,以满足其相关需求。旅游者在目的地所享受到的各种服务都可以视为目的地对其的旅游接待,这构成对旅游目的地的"信任"(FAITH,facilities服务技术和设备,attractions旅游吸引物,infrastructure基础设施,transportation交通,hospitality好客)。因此,旅游接待业是服务业的一部分,它主要指围绕着旅游者的旅行需求开展的招待服务所产生的行业,这些接待服务尤其指旅游者在目的地逗留期间当地政府、企业、社区、居民等主体为满足其旅游需求而提供的款待服务,包括但不限于住宿、餐饮、娱乐、康养、通信、交通服务等。

衣食住行是人类最重要的四件事。旅游接待业就提供了三个基本项目:餐饮、住宿和旅行。可见,接待业与人们日常生活关系密切,然而其作为一般用语并未被广泛应用。事实上,在我国甚至整个世界,接待业广泛分布于城乡各地,为多数人尤其是出门旅行者所熟知。

旅游接待业与人们生活相关,其范围也非常广泛。旅游接待业是服务业的一部分,它是各种旅行服务的总称,包括但不限于旅游景区、酒店、餐厅和休闲俱乐部等提供的各种服务。旅游景区是以满足旅游者出游目的为主要功能(包括参观游览、休闲度假、康乐健身等),并具备相应旅游服务设施,提供相应旅游服务的独立管理区。酒店经常被称为一个"家外之家"。如果我们在词典中考虑酒店的含义,酒店就是一个在你付费

的房屋里有一个睡觉的地方,你可以在那里吃饭或住宿,即酒店是一家短期提供有偿住宿的机构。餐厅是在一定场所,公开地向一般大众提供食品、饮料等餐饮和相关服务的设施或公共餐饮机构。接待业企业通常提供顾客住宿期间完整范围的服务设施,包括客房、公共餐饮、宴会设施、休息室和娱乐设施等。休闲俱乐部是人们聚集在一起进行娱乐活动的其他场所。

要更好地理解旅游接待业,首先要了解接待的内涵。《牛津词典》将接待定义为好客的行为或做法,以慷慨和善意为客人或陌生人提供娱乐和招待。相对应的,接待业特指商业或专业的招待的行业,通过为出门在外的人们提供住宿、食品和饮料获取报酬。Tasci和Semrad(2016)认为,旅游接待包含照顾旅行者及其同伴(朋友、家人、孩子、宠物等)的基本需要、通过娱乐节目或设施(电视、音乐、演出、游乐场、水池、温泉疗养院等)满足旅行者及其同伴的更高层次需求、通过特定任务(客房勤杂、家政、前台等)等的社会化服务来满足旅游者需求和通过展现服务提供者的热情好客(暖心、安心、舒心)来满足旅游者精神需求的四个层面(见图1-1)。

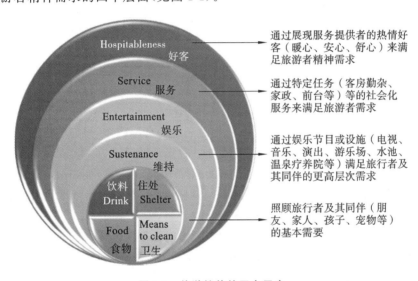

图1-1 旅游接待的四个层次

基于此,旅游接待业应包括以下四个方面的内容。

(1)旅游接待业的核心是提供旅行及住宿设施、满足顾客的住宿与餐饮需求。现代接待业种类繁多,所提供的服务组合也各有差异,但是住宿、餐饮作为人类一项最基本的生理需求,是所有接待业企业必不可少的部分业务。

酒店是以建筑物为基础的,在核心功能上与房地产较为相似。二者的相同之处是都为顾客提供住宿服务,不同点是房地产将房间设施所有的产权及其功能(比如70年产权)一次性转让给顾客,而酒店则将客房的住宿分割成一个个夜晚计数销售给顾客。当然二者中间还存在着各种不同住宿形态的连续体,比如分时度假酒店、产权式酒店,表现为客房住宿单元的分割比例位于二者之间(见表1-1)。

餐饮一般又分酒店餐饮和社会餐饮,只要其服务对象是处于异地的旅游者,满足其基本的生活需求,都属于旅游接待业的一部分。

表 1-1　旅游接待业中的酒店与地产

	度假居住地产（第三居所）	休闲居住地产（第二居所）	产权式酒店
地理位置	一般远离大城市，位于环境良好的度假胜地	一般在距离中心城区 2 小时以内的环城游憩带	位于旅游城市中心城区、商务区、度假区或景区内
置业用途	适合度假、养生养老、防寒避暑居住，每年在此消费一定时间	适合周末或假期居住，是一种郊区休闲居所	通过返租或委托管理公司经营，获取经营收益及物业增值
主要产品形式	滨海度假地产、防寒避暑地产、运动度假地产、康疗养生地产等	郊区别墅排屋、花园洋房等社区群落或者城郊景观别墅、为城市新生代白领阶层开辟的大型综合居住社区、为离退休老人设计的养老型公寓等	产权客房、产权公寓、产权别墅、产权四合院、产权独栋会所等

（2）旅游接待业的主要产品是服务。服务具有无形性、差异性、不可分离性、不可储存性等特点。

所谓无形性，指的是服务的提供不能化为一定的有形载体，只能进行感知。例如旅游景区的导游给旅游者进行景点的讲解就是一种无形的活动。

差异性指的是同样的服务在不同顾客的感知中会有差异。例如酒店服务员同样的问候与手势在不同的顾客看来可能会有不同的感受，在不同的情境下也可能存在一定的差异。

服务的不可分离性指酒店服务的提供与顾客对该服务的消费在时间和空间上是不可分离的。顾客可以在武汉吃上天津生产的方便面，却无法在家里享受酒店餐厅的服务。

这种不可分离性又进一步导致酒店服务的不可储存性。旅游航空的飞机座位按航班出售，如果某一次航班即将起飞，而航空公司有座位未售出，将无法储存到另一个时间段销售（因为另一个时间段已是另一个航班的库存）。由于不可储存性的特点，能灵活进行收益管理的酒店、航空公司往往会在最后的时刻将客房与座位以低于客房或机票标价的价格销售给犹豫不决的顾客，以尽可能地有效利用客房或座位。

当然，虽然服务是与物相对的，但酒店也会提供部分物化的产品，比如餐食。服务与物还是一个连续体，因此酒店一般既提供服务，也提供部分物化商品，如图 1-2 所示。

图 1-2　与旅游接待业相关的物与服务的连续体

(3)旅游接待业的主要服务对象是旅游者和临时居住人员,因而旅游接待业往往被看作大旅行与旅游的一部分。

例如,美国饭店业协会将旅游与接待业(旅游接待业)划为五个分支,住宿、餐饮都是其中的一个部分,如图1-3所示。

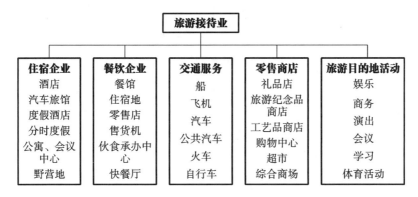

图1-3 旅游接待业的范围与分支

基于旅游在接待业中的重要地位,多数学者认为酒店等接待业是旅游的产物,由人类复杂性与简单性的心理平衡所导致。人们出门旅游往往是受复杂性的心理驱使的,表现为追求新奇、刺激,易受与惯常环境不一样的吸引物影响。这往往表现为积极开展前往异地的旅行活动。而得到异域享受的旅游者还有追求简单性心理的一面,他们希望在一个陌生的环境中有熟悉的休息空间和高质量的睡眠,于是酒店作为"家外之家"便出现了。

当然,许多酒店的顾客并不仅仅局限于旅游者。它们在服务旅游者的同时,也会为当地居民提供餐饮、会议等服务。国际上往往将旅游业与接待业并列,而酒店是接待业的主要组成部分。因此,严格意义上说,旅游部分地包含了酒店,如图1-4所示。

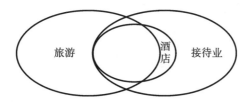

图1-4 旅游、接待业与酒店的关系

(4)旅游接待业以资源、设施设备为基础,可能提供餐饮、商务、健身等多种服务。旅游接待业企业的服务提供有赖于其所拥有的资源和设施设备(图1-5),例如,酒店建筑物本身就是重要的设施,是酒店重要的固定资产。旅游景区依赖其自然资源、人类资源或人工设施来为旅游者提供安全而可靠的旅游服务。不同的设施设备对应不同的服务,如酒店的餐厅提供餐饮服务,酒店的健身房、游泳池等为顾客提供康体服务。正因如此,旅游接待业被认为是覆盖面较广、关联性较强的产业,与传统农业、金融保险业、邮电通信业等多个产业相关,对相关产业的带动作用强。

二、旅游接待业的特征

旅游接待业作为服务业的典型代表,具有服务业的相关特点,如以顾客为导向、依

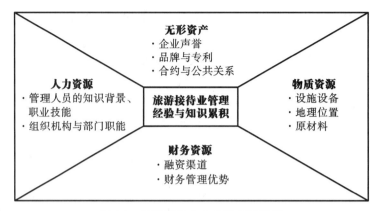

图 1-5　旅游接待业企业的资源基础

赖于服务人员等。然而,旅游接待业由于其服务对象的特殊性,又有其自身的特点与规律,这也决定了其管理的特殊性。

1. 以人为本,具身性强,体现人性化

旅游接待业是服务于人的行业,它是由旅游接待业员工去从事服务工作而为更多的人提供便利与享受。同时,旅游接待业的直接服务对象就是活生生、有情感、有思想的人,顾客必须亲身参与才能享受接待的服务。从表 1-2 的服务类型划分可以看出,旅游接待业的服务集中于对人体或思想的处理,要求顾客具身参与其中。如此,从顾客的角度上看,必然要求旅游接待业的管理体现人性化,而"热情好客、宾至如归""顾客就是上帝"等理念正是这种人性化管理的体现。

另一方面,与其他制造性行业不同,旅游接待业的服务形式是员工直接面对顾客服务,顾客通过员工来感知服务质量和企业形象,因而员工的言行、服务态度也构成了服务的一部分。在这种人际交往密切而复杂的氛围下,知识劳动密集型的旅游接待业自然要求管理以人为本。旅游接待业管理只有服务好自身的员工,才能让员工服务好顾客。

表 1-2　旅游接待业在服务业中的位置

		服务的直接接受者	
		人	物
服务活动的性质	有形活动	服务作用于人体: 　健康护理 　旅游者交通 　美容美发 　运动诊所 　餐饮服务	服务作用于实物: 　货物运输 　工业设备维修与保养 　保洁服务 　洗衣服务 　宠物医疗与服务
	无形活动	服务作用于人的思想: 　教育 　广告 　信息服务 　剧场剧院 　博物馆	服务作用于无形资产: 　银行 　法律服务 　会计服务 　安全服务 　保险服务

(资料来源:Lovelock,Classifying services to gain strategic marketing insights,1983)

2. 注重细节

旅游接待业管理不能忽视对细节的把握。重视细节不仅是一种服务态度,也是一种管理理念。无论是在服务上还是在管理上都要重视细节,旅游接待业企业管理和服务水平的高低,就是通过一些细节体现出来的。服务重视细节,顾客才会有细致、周到、体贴入微的感觉。管理重视了细节,才能体现管理的规范、细致、严谨。酒店管理是由许多细节组成的,管理人员和检查人员要学会做挑剔的顾客,努力对接待的各个环节、各个区域、每一项设施吹毛求疵。

旅游接待业的细节管理作为评价服务是否成功的一项重要标准,作为提高顾客满意程度的重要环节,理应引起旅游接待业管理者的高度重视。例如,"商业饭店管理之父"斯塔特勒(Statler)就非常重视细节管理,将细小问题的发现视为管理的进步,并写进他的饭店服务规范中。随着旅游者消费经验的积累和自身需求的提高,旅游接待业的服务细节越发重要,往往成为决定管理成败的重要因素。

3. 强调文化在旅游接待服务中的核心地位

旅游者出门旅游往往是受感受文化的驱动,追求的也是文化层面的享受,因此他们前往异地感受不同的文化,通过古迹感受前人的生活和文化。文化是旅游的灵魂,中国古圣贤孔子"登泰山而小天下",庄子"乘物以游心",并且借"游"体现出"逍遥"的哲学观。从中国传统文化历来重视"游观",古希腊人游历地中海沿岸激发哲学思想,到中西旅行家们游历世界,促进中西思想交流与文化理解,及至当代旅游文化资源插上数字技术和创意体验的翅膀而备受大众欢迎,可以看出文化从来都影响着人类的旅游活动。在未来,文化亦将是旅游观念、旅游产业及相关技术发展的重要推动力。

2018年3月,根据《深化党和国家机构改革方案》,中华人民共和国文化和旅游部正式设立。这是在追求美好生活背景下的政府"职能融合",反映了文化与旅游接待之间的紧密联系。

案例 1-1

同打李白牌　相争何太急

连日来,四川江油、湖北安陆因"李白故里"之争引发两地媒体乃至全国各地媒体热炒,再次掀起一场李白文化的大辩论。如今(2009年),打开百度,搜索"李白故里之争"6个字,罗列出的网页多达2000多个。

安陆在中央电视台国际频道播出以"李白故里、银杏之乡,湖北安陆欢迎你"为内容的宣传片。而江油则称自己才是李白的故里,已于2003年将"李白故里"注册商标,并以此为由分别向中央电视台与安陆方面发函,要求立即修改或停播该宣传片,停止名誉侵权。

李白不是安陆的,也不是江油的,李白属于中华民族甚至属于全世界。如果站在中国文化史的高度,李白的故乡在哪里并不重要,重要的是,要让更多人关心李白、研究李白、弘扬李白文化。

安陆完全可以与江油共享"李白故里",李白在江油长大,江油人喜爱,所以称江油为其故里,无可厚非;李白在安陆居住,安陆人自豪,所以称安陆为其故里,亦无不妥。两地若因李白而结为友好城市,更是喜上加喜。

安陆和江油争抢李白并非坏事。两地争抢李白,我们看到此举客观上对名人的纪念、对名胜古迹的保护、对传统历史文化的挖掘和传承所起到的积极作用。两地必然会加大对当地与李白有关名胜古迹的保护力度,会加快对关于李白历史资料的研究和挖掘速度,尤其是两地会把精力用到传承好李白文化、弘扬好李白文化上来,共同为保护好李白文化这一世界文化遗产做好事、实事。这在客观上也就促进了传统历史文化的传播和发展,实乃幸事。

资料来源 蔡朝阳、仰正林、杨体锋,《湖北日报》,2009年9月

第二节 旅游接待业发展历史

一、旅游接待业的发展

旅行的先驱是商人,最早旅行的人是海上民族腓尼基人。因此旅行作为一种社会行为,在古代即已存在。中国是世界文明古国之一,旅行活动的兴起同样居世界前列。

最早是先秦时期的旅行,最典型的旅行家大概要数大禹了,他为了疏浚九江十八河,游览了大好河山。西周的周穆王是我国有记载的最早的帝王旅行家,他走遍了西北、华北等许多地区,甚至造成"西巡狩乐而忘归,徐偃王作乱"。我国保存最早的诗歌经典《诗经》也颂扬了殷商西周时代的民间出游活动(观乐、现社、观腊、观祭祀)。而后还有孔子周游列国,孟子率领弟子"后车数十乘、从者数百人",苏秦、张仪、公孙衍"连横""合纵"游说诸侯等。

之后,就是秦汉时期的旅行,秦始皇建立统一的中央集权封建国家后,随着政局的巩固、经济的发展、交通的开拓,旅行活动比先秦时代更加频繁。特别是秦始皇修"驰道"和"直道",统一全国车轨等措施,给帝王、学者、商人出游提供了条件。秦始皇曾率文武百官五次出巡,周游全国。汉武帝也曾游历碣石、泰山等各处名山大川。司马迁漫游大江南北,撰成名垂后世的不朽巨著《史记》,其中《货殖列传篇》含有丰富的旅游地理内容。张骞出使西域,开辟了丝绸之路,打通了长安通往西域(中亚、西亚)的道路,对促进东西方经济、文化的交流起了重要的作用。东汉末期,东吴派康泰和朱应从海路出使南洋诸国,并撰《扶南传》,他们的楼船队英姿飒爽地航行于印度洋,南洋国家无不称赞不绝。

中世纪时代魏、晋、南北朝、隋、唐、宋、元是我国历史上大分裂、民族大融合的时期。魏晋、明代的嵇康、阮籍等7人,悠游于竹林之中,写出了大量山水诗;东晋、南朝间的陶渊明,南朝的谢灵运等,都是寄情于山水的著名诗人。到了唐、宋,这种漫游旅行就更为兴盛,李白、杜甫、柳宗元、苏东坡、欧阳修、陆游等,都是漫游旅行的著名诗人。

北魏时,洛阳已有大小寺庙1367所,还开辟了石窟寺多处。此后著名的僧人云游家有法显、玄奘、义净和鉴真等。玄奘是我国唐代最著名的僧人旅行家,他以顽强的毅力,穿越大沙漠,翻越高山,到达中亚南部和阿富汗北部地区,而后到达天竺。

宋代出现了地方官吏兴办的旅游业。宋仁宗皇佑二年,杭州太守范仲淹为赈济灾民,利用那里湖山景色、古庙名寺之长,命人在太湖举办划船比赛,并命各庙主事修葺庙宇,号召各方官民出游,收入一大笔钱,救济灾民。这也是旅游业的雏形。

中世纪以政治和文化交流为目的出国考察和商业旅行也多了起来,例如唐代杜环、元代航海家汪大渊等的旅行活动。盛唐时,外国来华的使者、商人、学者、僧侣也络绎不绝。如唐代有19个日本使团来华学习,而阿拉伯人来中国经商的则更多。

明、清是我国封建社会发展的最后两个朝代,全国政治、经济、文化的发展为国际、国内旅游提供了全面的基础。明朝郑和"七下西洋",涉海十万里,遍历亚非30多个国家和地区,成为我国历史上涉程最远、历时最长的航海家,也是世界著名的航海大师。明代大医学家李时珍到各地采访调查,搜集标本,把握第一手材料,编写了《本草纲目》。明代大旅行家徐霞客从二十二岁起,先后在外考察30多年,遍游全国名山大川。他写的《徐霞客游记》被誉为"古今游记第一杰作",后人以"奇人、奇事、奇书""世间真文字、大文字、奇文字"评价其人、经历或作品。顾炎武旅行考察,著成了《天下郡国利病书》和《肇域志》两部地理著作。

进入近代以来,由于中国经济发展滞后、战乱不断,现代旅游业在我国出现得较晚。20世纪20年代,中国开始进入早期资本主义化进程,交通运输业和新式旅馆等设施也随之发展,为人们的出行提供了便利条件。经济的发展必然促进出于各类目的外出人群的流动,客观上需要专门的旅行机构为其提供服务。在以陈光甫先生为代表的民族资本家的努力下,以我国近代旅行社、旅游交通等为代表的旅游企业产生和发展起来了,带动了整个旅游业的发展。

中华人民共和国成立后,国民经济得到迅速恢复和发展,各方面工作都取得了巨大成就,中华人民共和国的国际威望与日俱增。这不仅促使越来越多的国际友人和各国有识之士希望来华看看社会主义中国的新面貌,而且广大海外侨胞、外籍华人也想回国探亲访友、参观旅行。为了适应形势发展的需要,开展旅行业务就被提到国家对外事务的议事日程,揭开了中国旅游业的新篇章。这种发展态势在我国改革开放以后表现得更为明显。

改革开放40年来,中国旅游业取得了举世瞩目的成就,成长为世界重要的旅游目的地和客源国。改革开放40年来,中国旅游业经历了1978—1991年的对外开放和初步改革阶段、1992—2011年的对内开放和加快改革阶段、2012年至今的双向开放和深化改革阶段。40年来,中国旅游业的发展成就包括市场格局均衡发展,大众旅游时代来临;产业定位不断提升,旅游功能日渐丰富;供给体系逐步健全,出游品质显著提升;管理体制逐渐完善,旅游治理取得突破;旅游竞争力快速提高,国际影响显著增强。

中国旅游业改革开放取得了巨大成就,其主要经验对其他产业具有重要的启示意义,例如坚持深化顶层设计,精准定位旅游业属性;坚持实事求是,走中国特色旅游发展道路;坚持以旅游者满意为导向,提升旅游服务质量;坚持人才强旅,改善旅游教育质量和坚持科技兴旅,提高旅游产业素质。

以此为基础,新时代中国旅游业改革开放应紧紧围绕着注重内涵与提高质量,迈向优质旅游发展时代;重视市场与优化结构,满足人民美好生活向往;简政放权与赋能还权,凸显旅游市场主体地位和"自上而下"与"自下而上"的运营管理模式,开启全域旅游模式。

二、接待的源起与变迁

旅游接待植根于主人和客人之间发展的关系,这种动态关系自第一个人类社会出现以来就一直存在。早期的关系是根据互惠框架内的荣誉和尊重来定义的。有人来拜访是一种荣幸,作为一位好主人,主人会尊重其客人,并为他们提供舒适、安全的环境和娱乐活动。孔子就曾提出"有朋自远方来,不亦乐乎"的思想。作为客人,他们知道主人在其入住期间所给予的优待,及欢迎其进入自己家的衷心,有责任在尊重主人的价值观和习俗的情况下回报这种善意。即使当我们回顾接待业的最早起源时,我们也会发现旅行的混合,无论远近,它们都设置在主客关系的背景下。

同今天的旅行者一样,古代的旅行者也需要住宿和餐食。一些小客栈在提供住宿和餐食的同时,还向客人提供酒精的饮料和娱乐活动。小客栈的主人们对民房进行布置(有时要分割),出租给异地经商的留宿者或进京赶考的学生,将所有可以利用的食物制成餐食,提供给留宿的客人或往来的公职人员。影视桥段中经常出现的"客官,您是要打尖还是住店?"就是在表示具有住宿和餐饮功能的酒店古已有之。在罗马帝国时期,客栈已经非常普及。在中国,宋朝时客栈已比较发达,客栈结构已基本成型。

在中世纪,天主教会管理着许多招待所(客栈的一种)、寺院和其他宗教寓所,以此为旅行者提供休息场所。宗教团体——耶路撒冷圣约翰骑士团(the knights of Saint John of Jerusalem)曾建设了很多教堂和寺院,用以保护来往于耶路撒冷的朝圣旅行者。实质上,其是天主教会经营的第一家连锁酒店。早在1400年,英国的一些客栈或"酒馆"(ale houses)就已经在出租房间。它们一般坐落在大城镇、各地主要十字路口、摆渡码头和易于穿行的道路旁。不管是步行、骑马、乘马车还是乘船,旅行者总要休息和用餐,客栈就为这些旅行者提供必要的住宿和餐饮服务。有些客栈实际上是带有一两个额外客房的私人住宅,有些则是拥有二三十个房间的较大建筑物。当然,早期的旅游接待设施往往简陋,仅提供最基本的食宿,没有其他更多的服务。同时,接待服务往往声誉较差,以此谋生的人员、行业被人轻视。

从18世纪末开始,由于工业革命在先发资本主义国家的传播效应,加之工业化进程加速,第二次工业革命爆发,欧美国家社会生产力大幅提高,人们生活水平得到显著提高,消费能力大大增强。在此背景下,出现了一批贵族度假者、公务旅行者等,新的旅游需求改变了旅游接待的形态。在工业革命时期,用于旅游接待的设施和服务有了巨大的改善。相关建筑规模宏大,设施设备较齐全且豪华,价格昂贵,服务周全、上档次,讲究服务礼节,尽可能满足宾客的要求,餐食精美考究,主要服务王公贵族和富有阶层等。同时,接待服务的提供者往往不太重视经营成本的控制,接待目的往往具有非营利性。其典型的代表是法国巴黎的里兹饭店和美国纽约的首都饭店。

从20世纪初开始,生产力的进一步提高和社会经济的进一步发展,加之火车的大发展以及随后飞机的出现,促使商务旅游迅速发展。由于当时的社会等级制度,这些数量不断增加的商务客人没有资格住大酒店,但他们也不愿意住设施简陋的小客栈,这便产生了一个新的市场空白点,以商业饭店为代表的旅游接待由此而产生。这个时期的旅游接待设施不再强调豪华,而是强调方便、舒适、安全、清洁。旅游接待服务虽然仍较简单,但已日渐健全。旅游接待突出盈利性,开始以客人为中心,价格也趋于合理。美国的斯塔特勒酒店是其中代表。斯塔特勒被誉为"现代酒店管理之父",他在酒店管理上做了许多创新,如将每间客房中电话、电灯的开关安装在房门旁边等。他曾提出"客人永远是对的",强调酒店的设计、服务应该以顾客为中心。顾客满意了,才会增加消费,饭店才会产生更多盈利。"客人永远是对的"这条原则逐渐成为后来的酒店业、服务业通行的商业原则。斯塔特勒非常强调酒店的便利性,他曾指出,"酒店成功的三要素是位置,位置和位置(location,location and location)"。斯塔特勒的经验和思想对今天的旅游接待仍然有一定的启示意义。

第二次世界大战之后,全球政治稳定,经济走向复苏,人们生活水平有了大幅提高,同时,科技发展迅速,交通更为便利。这些都促使战后旅游大发展,大众旅游由此出现,引起了旅游接待需求的剧增,并使旅游接待进入了一个新时期。

现代旅游背景下的接待形式更加多样化,服务更具综合性,接待业管理者重视采用科学合理的手段进行市场营销、成本控制和人力资源管理,以最低的成本完成旅游接待的任务,实现组织目标。

第三节 旅游接待业职业与管理

一、旅游接待业职业机会

旅游接待业不仅就业容量大、门槛低、就业方式灵活,而且具有比较大的就业拉动乘数。根据世界旅行和旅游理事会(word travel & tourism council,WTTC)2019 年的报告,2018 年旅游业为全球 GDP 贡献了 10.4%的份额,在几大主要行业对世界 GDP 的贡献排名中位列第二,仅次于工业制造业。旅游业为全球贡献了 3.19 亿个就业岗位。这意味着,每 10 个就业岗位当中,就有一个是旅游业创造的。而在过去 5 年中,每新增 5 个就业岗位,就有 1 个是来自旅游业。全球平均每 11 个就业中就有 1 个就业与旅游有关。

从 21 世纪开始,我国旅游业直接从业人员就稳定在两百多万(见表 1-3)。事实上,这个基于文化和旅游部的统计数据所涵盖的范围较为有限。近年来星级酒店和传统旅行社就业人口均呈现下降趋势。然而,非标准住宿正以飞快的速度发展着,其所吸纳的就业人口远远超过了星级酒店。而新型的旅行社,包括 OTA(在线旅行社)等也逐渐成为多数旅游者出游的选择,占据着越来越多的市场。这些都成为旅游接待业解决就业的基础。

表 1-3 旅游业从业人数

年份	星级酒店	旅行社	A 级景区
2007	1668095	307977	744404
2008	1669179	321655	730484
2009	1672602	308978	767571
2010	1581772	277262	282341
2011	1542751	299755	201495
2012	1590590	318223	226434
2013	1502469	339993	237961
2014	1361869	341312	233125
2015	1344503	334030	250739

（资料来源：根据历年旅游统计年鉴数据整理）

旅游接待业是一个关联性极强的行业，它几乎与各行业都有直接或间接的关系。据世界旅游组织的相关数据，每增加1美元的旅游收入，就会带动相关行业增收4.3美元。在经济危机、突发事件影响时期，旅游业和相关行业同时不景气，国际入境旅客人数下降的同时，酒店入住率也急速下降。2020年年报数据显示，受新冠肺炎疫情的影响，中国国航、东方航空、南方航空三大航空公司合计亏损逾370亿元，日亏损1亿元，是中国民航历史上三大航最高亏损纪录。这在侧面反映了旅游接待的关联性。

交通运输业的发展可以使境外旅游者方便快捷地到达目的国，且在旅游国境内，便利的交通使得旅游者能方便快捷地到达旅游目的地，从而有进一步的旅游消费。因此交通运输业的发展与旅游业的发展存在正相关关系，交通运输业发展不仅会带来本行业就业人口的增加，同时也对旅游相关行业就业人口的增加起到促进作用。

餐饮与住宿业是旅游服务中最核心的行业，包含了旅游者必须消费的项目。餐饮与住宿都是典型的服务类行业，餐饮业的发展水平主要体现在所提供的食物是否符合顾客的口味、服务是否周到，以及餐厅或酒店环境和地理位置是否优越。这就要求餐饮和住宿业多样化发展以满足不同顾客的需求。餐饮与住宿业的发展直接关系到旅游业及其相关行业收入水平的提高。若餐饮与住宿业能为旅游者提供方便舒适的服务，不仅能直接增加本行业的收入，还能带动周边行业的发展，从而增加相关行业就业岗位，提高相关行业收入。

零售业在旅游服务接待中也起到很大的作用，旅游者出游都会带旅游地的特产作纪念或者是作为礼物送给家人和朋友。旅游产品业要积极研发能体现旅游地特色的产品，而且要考虑方便携带，有纪念意义。旅游产品零售业的发展，会直接影响生产旅游产品的工厂就业人口数量。

邮电通信和金融业的支持都是旅游服务接待过程中不可缺少的。境外旅游者在旅游地需要办理本地可以使用的手机卡；或者要求旅游者持有的手机卡在旅游目的地能有效使用且费用不高、信号好，这就需要邮电通信业展开国际合作，以及在目的地的服务质量、信号的覆盖面达到要求，等等。金融业的作用主要体现在方便快捷的外汇兑换上,这就要求银行有系统高效的业务办理体制和高素质的工作人员。旅游者在邮电通信和金融业的消费在旅游消费中占的比例较小,但是这两个行业发展是否完善,直接关系到旅游者在旅游目的地的整体感受。因此,邮电通信和金融业有必要为旅游者提供便利,这会在增加本行业收入的同时大大增加旅游者在其他行业的消费。邮电通信和金融业的发展也是接待业具有就业潜力的表现。

旅游业的上游行业和因与旅游业共享营销渠道、服务和技术而与其产生互补关系而联系在一起的行业,即旅游相关及支持性行业主要有交通运输、邮电通讯、餐饮、住宿、金融及零售业等。如果旅游业的相关和支持性行业具有人力资源、资本、技术和信息优势,则该类行业会为旅游业提供非常有力的支持。而且在协助旅游业增强供给能力的同时也有利于本行业的发展,从而与旅游业一起实现共赢,进而形成优势行业群。这主要归功于旅游业综合性较强的特质。

我国学者一直致力于旅游就业拉动效应的研究。厉新建从区域均衡发展战略、产业改造及城市功能转型三个方面分析了促进旅游就业的方式。但经验研究显示,我国旅游就业主要由接待量增长和景区环境扩容所推动,技术水平的提高对旅游就业效应有一定程度的副作用。

从就业的类型和层次来看,旅游就业可以分为直接就业、间接就业和引致就业。这三种类型的就业基本上确定了旅游就业的总量,而旅游就业拉动效应主要通过对间接就业和引致就业的估算得出。对旅游间接就业和引致就业的估算更多地涉及统计方面的问题,部分学者指出了我国旅游就业在统计范围和统计指标两方面都存在问题,应该运用人口分析的手段和方法,结合其他行业就业指标设置的状况,从行业综合管理的角度将研究细化为数量、质量两个方面。从现行 TSA(旅游卫星账户)的数据统计基础来看,旅游就业拉动效应显著。

二、旅游接待业职业的能力与素质要求

旅游接待业提供了大量的就业机会,然而从事旅游接待业的职业也需要相应的能力与素质。

(一)旅游接待业从业人员的思想素质

旅游接待业一切以旅游者为中心的特征,在价值取向上要求旅游接待业从业人员以为他人提供服务为根本,把为他人提供优质的服务作为使命与责任,要求他们热爱旅游接待业,并能够在工作中体验到由衷的快乐。游客中心意识是旅游接待业从业人员首先要树立的基本职业意识。

旅游接待业从业人员要求能够区分旅游者与消费者之不同,消费者以商品为导向,旅游者以满意为导向。旅游接待业从业人员应能够引导并且满足旅游者需求,而不是仅仅完成安排旅游者旅游接待的任务。旅游者来自不同的地区、不同的阶层、不同的职业,有着不同的生活习俗和个人性格,千人千面。没有全心全意的思想、态度、行动,是做不好服务工作的。旅游接待从业人员全心全意为旅游者服务,旅游者就会获得更多美的享受,服务者也会在旅游者的心目中留下良好的印象。一个地区,甚至一个国家的旅游接待业的良好形象也就随之逐步树立起来。

遵守社会公德和旅游接待职业道德是旅游接待业从业人员的根本要求。旅游接待业从业人员的工作具有较广泛的社会影响,这要求他们严格遵守社会公德和旅游接待职业道德。良好的旅游接待职业道德是防止和纠正行业不正之风的道德基础。与旅游者相比,旅游接待业从业人员在旅游活动中处于主动地位,把握着信息优势。假如旅游接待业从业人员职业道德欠缺,旅游者的合法权益就难以得到保证。根据我国实际,旅游接待业从业人员要遵守的职业道德规范主要有:热情友好,宾客至上;真诚公道,信誉第一;文明礼貌,优质服务;不卑不亢,一视同仁;团结协作,顾全大局;遵纪守法,廉洁奉公;钻研业务,提高技能。

(二)旅游接待业从业人员的专业素养

旅游接待业是一个综合性的行业,要求其从业人员除了具备本专业的基本知识和技能之外,还对人文地理、艺术宗教、民俗文化等知识有所涉猎。旅游接待业从业人员不一定要是一位专家,但必须是一位"杂家",这是由旅游业和旅游者的特点决定的。能力要求重点包括:

(1)语言表达能力。

语言表达能力是旅游接待业从业人员的基本技能。旅游接待业从业人员首先要讲好普通话,语音要准,词汇要丰富,表达要准确。其次要学会一门甚至几门外语;再次是要有较好的语言运用能力,即较好的口头表达能力、书面表达能力和语言转换能力。

(2)人际交往能力。

旅游接待业从业人员服务对象是旅游者,是具有丰富感情和各种各样心理需要的人,他们的处事态度、个性特征的差异往往很大,为了做好服务工作,需要加强同他们的交流、沟通,以达到相互理解、提高服务质量的目的。此外,在为旅游者提供服务的过程中,旅游接待业从业人员还要同旅游接待单位的人员打交道,处理好同他们之间的关系。

(3)组织协调能力。

旅游接待业从业人员在整个旅游行程中担当着组织者和协调人的角色。每一次参观游览活动,都离不开从业人员的组织以及和酒店、景点还有旅行车等方面的协调。为使旅游活动的各个环节能够紧密衔接、旅游接待计划的内容顺利得到实施,相关从业人员必须具备较强的组织协调能力。

(三)旅游接待业从业人员的心理与行为素养

即使拥有了以上专业素质,假如没有良好的心理素质和健康体魄,也是无法从事旅游接待业的。所以,旅游接待业从业人员必须是健康的人,达到躯体健康、心理健康和社会适应能力良好三者的完善统一。

旅游接待业从业人员要有良好的心理素质,一方面要经得起旅游者的赞扬而不自我陶醉,另一方面要随时准备承受某些误解、怨言、委屈,甚至打击。旅游接待业从业人员要做到在各种环境中都能保持一种积极的、良好的心理效能状态,做到处处为旅游者提供超常服务。

行为素养要求旅游接待业从业人员应该气质高雅、语言文明、平等待人、举止大方等,既要有美好的职业形象,又要有良好的职业习惯,学会与不同类型的旅游者打交道。旅游接待业从业人员在为顾客服务的同时,也在宣传着企业和个人,他们的言行举止直接影响到顾客的满意度和下次购买的决定。

第四节 旅游接待业发展趋势

经过几十年的发展,我国的旅游接待业产业规模已十分庞大,未来的旅游接待业将更加多元化,对旅游品质的追求将成为趋势。未来的旅游业,市场环境、需求更为复杂多变,对旅游接待业的收益管理提出了更高的要求。在整体新技术革命、大数据、人工智能等新时代背景下,旅游接待业在技术应用和管理方面的变革将更为广泛、更加深入。

一、大众旅游时代与高质量发展方向

"世界那么大,我想去看看"。2015 年一位河南女教师的另类辞职信走红网络,反映了年轻人渴望旅游的心声。近年来随着居民收入水平的提高,旅游这种追求高品质生活的消费方式,开始"飞入寻常百姓家"。亲子游、老年游、蜜月游、出境游、海岛游、乡村游……火爆的旅游市场成为经济新常态下产业结构转型升级的新引擎。"落实带薪休假制度,加强旅游交通、旅游景点、自驾车营地等设施建设,规范旅游市场秩序,迎接正在兴起的大众旅游时代。"2016 年的政府工作报告更加重视发展旅游业,为大众旅游时代送来了浩荡东风。

为什么旅游业近年来的发展越来越受关注? 很重要的原因在于,旅游的消费属性契合当今消费时代的主题。旅游行业的发展与经济发展、人民收入水平线性相关。李克强总理在政府工作报告中提出,要"增强消费拉动经济增长的基础作用"。这句话反映了在我国经济下行压力增大的客观情况下,消费在拉动经济增长的"三驾马车"中被寄予了厚望。

进入大众旅游时代,旺盛的旅游需求为经济发展提供了新的动力。文化和旅游部发布的数据显示,2019 年国内旅游总量 60.06 亿人次,比上年同期增长 8.4%;出入境旅游总量 3.0 亿人次,同比增长 3.1%;全年实现旅游总收入 6.63 万亿元,同比增长 11%。旅游业对 GDP 的综合贡献为 10.94 万亿元,占 GDP 总量的 11.05%。旅游直接就业 2825 万人,直接和间接就业 7987 万人,占全国就业总人口的 10.31%。同时,旅游行业具有显著的社会效益,大众旅游不仅意味着人人都是旅游者,还意味着人人都可投身旅游业。在供给侧结构性改革的大背景下,旅游业在调结构、促转型、增就业乃至精准扶贫等方面具有重要意义。

从功用上看,旅游是一种高品质的生活方式,旅游者追求的是满足感。个性化、定制化归根结底都是为了满足旅游者的需求。在旅游市场日渐成熟的过程中,旅游者对

于旅游品质的要求也水涨船高。既然出来旅游，花费多点少点无所谓，主要图个开心，这是当前很多旅游者的真实想法。

品质消费时代的来临，是当前旅游业发展的大背景、大气候。追求有品质的旅游，是推进旅游业供给侧结构性改革的大方向。改革要从政府、景区、旅游者三方入手，要从制度、秩序、素质等方面发力，施策的方向是旅游业的矛盾和问题。哪里旅游者意见大，哪里就是突破点；哪里暴露的问题多，哪里就是改进点。基于此，以全域旅游代替景区旅游非常必要。大众旅游时代，就是一个从景点旅游转向全域、全程旅游的时代。高品质的旅游体验，需要交通、景区、餐饮、住宿、购物、休闲等旅游全过程的精心服务。细节决定成败，用心创造品质。一流和三流的区别，常常只在于一些细微处的体贴。文化和旅游部大力推动的"厕所革命"就是全域旅游理念的具体举措。在这条为旅客创造更高品质旅游服务的路上，旅游界还需要走得更远。

二、管理走向精细化，收益管理受重视

旅游接待业高质量的发展必然要求管理走向精细化。从常规粗放式管理转向更深入和精细的管理模式，能更准确地理解需求，更有效地调配供给，并实现二者的无缝对接。鉴于旅游接待业的特殊行业状况，收益管理作为一种调配库存与响应市场需求的有效手段，受到行业的重视。收益管理出现在20世纪80年代，是面向不可存储资产的收入管理，是一种为了提高收益的动态定价策略。收益管理最早应用于航空业，逐渐应用于航运业、酒店业、铁路客运、汽车出租业、餐饮业等，尤其在酒店这类高度竞争的服务业领域得到了广泛的应用。这种应用源于旅游接待业的独有特征。

首先，市场可以被划分为若干个细分市场，且各个细分市场应具有明显的特点，比如预订方式、支付能力、价格敏感度等方面的特点。例如，商务旅行者、度假旅游者、休闲旅游者在需求和价格敏感性上存在较大差异。其次，产品具有不可储存性。如酒店的客房、航空公司的飞机座位等，是随着时间或航班流逝的，未出售就意味着损失，因为无法进行储存。最后，旅游接待服务通常有淡季、平季、旺季，且节假日、周末与工作日之间均存在显著的差别。同时，接待业的产品与服务可以灵活组合以满足不同细分市场客人的需求。

此外，细分市场的成本费用不应超过动态定价获得的额外收入。旅游接待业的产品往往固定成本高，可变成本低，成本控制比较精准。酒店的建筑设施、航空公司的飞机等设施在总成本中占比较大，而维持运营所需的变动成本相对较低，这中间的差距为收益管理提供了条件。

收益管理常用的方法有需求预测、超额预订和动态定价等。

（一）需求预测

在企业进行收益管理实现企业利益最大化的过程中，需求预测是必不可少的环节。对于旅游接待业企业来说，收益管理工作的核心就是能够对客房、座位的库存进行有效的控制，另外也包括客房、机票等的超额预订管理以及差别价格策略的制定等。需求预

测的作用就体现在这些工作环节当中。因此,需求预测也可以理解为旅游接待业企业为了实现收益最大化,而针对顾客、市场等对企业提出的各种需求进行的提前的预测。然后企业可以根据预测结果安排企业的各种服务和产品。需求预测也使企业管理人员知道未来的一段时间内,某一类型的客房会有多少预订数量和入住数量等。他们可以根据预测结果来准备企业的产品或服务生产和统计销量。

在实际操作中,不同的旅游接待业务所出现的时间点是不一样的。比如说,团队订房的需求总是会先于散客需求;在散客业务中,一些公司客户、包价客户可能由于其安排具有前瞻性而提前预订,但相当多的散客订房需求出现得相对较晚,旅游接待业企业有很多的订单甚至是在当天出现的。所以,很多旅游接待业企业都是以已有预订作为主要的预测依据,实行先到先得的预订模式来进行日常预订管理。对于收益管理来说,其实就是要改变这种先到先得的操作方式,通过了解各种需求所出现的不同进度并将其与历史数据、已有预订和最近的业务变化趋势相结合,对未来进行预测。如此,企业可在预订还未出现之前,预测出可能的需求数量,再加以优化,选择接受能够为企业带来最大化收益的需求。

结合收益管理与需求预测,基于收益最大化目的的旅游企业需求预测可以简单理解为:如果企业预测到未来的一段时间内,顾客和市场对酒店客房、航空公司机票、娱乐区门票等产品的需求较少,企业可以采取类似于议价、团队预订优惠等销售策略来吸引服务的预订和入住量;如果预测到的需求过高,企业就可以根据实际情况进行临时的调整,例如取消团队预订优惠,向其他散客开放更多的预订,等等。

总而言之,合理地运用预测结果,有效地利用现有资源,进而做出正确的市场决策,最大限度地刺激和满足消费需求,是实现旅游企业收益最大化的关键。

(二)超额预订

一般来说,超额预订是指接受的顾客订房数超过了接待业企业最大供给数量。以酒店为例,如果顾客实际需要住宿的客房数多于酒店最大允许客房数,超额预订便会带来超售。超额预订技术已被国内外各项实践证明能给酒店带来良好的经济效益。但近年来,酒店在运用超额预订技术的过程中也出现了一些问题。例如酒店在实施客房超额预订时常面临两难的抉择:一方面,酒店客房产品具有不可储存性,虚耗的客房当天卖不出去,其价值将永远消失,这给酒店带来的损失显而易见;另一方面,超额预订导致顾客有预订却因酒店客满而无法入住的现象愈演愈烈,这使酒店的信誉受到损害、引发法律纠纷,这就是很多酒店不愿意实施客房超额预订的原因。

然而,在移动互联网时代,酒店客房网络预订量的急剧增加,以及网络预订的不确定性,都带来了酒店客房虚耗的增加。另外,近年来很多酒店开始提前一段时期着手客房的预订业务,这种预订周期的延长必然导致顾客预订后入住率的降低。因此,酒店客房的虚耗不但不可避免,而且还有增加的趋势。减少客房虚耗,增加酒店收益,同时为有真正需求的顾客提供客房,研究酒店如何在收益最大化的情况下实行超额预订的课题应运而生。

超额预订应该有个"度"的限制,以免出现因"过度超额"预订而使客人无法享受服务，或因"超额不足"预订而使部分接待资源闲置的问题。从理论上讲，最优的超额预订点是边际收益等于边际成本时。根据边际效益递减原理，相同的投入（如接受超额预订）带来的收益增量是递减的，当达到某一均衡点时，边际收益将等于边际成本，收益增量递减为零。总之，增加的收益和增加的成本相互抵销了。此时如果继续接受超额预订，收益增量将变成负数，总收益将从增加转而变成减少。因此，该均衡点是实现收益最大化的点，从而是最优超额预订点。

而按照国际酒店的管理经验，超额订房的占比可以是5%—15%。按照国际航空业的管理经验，超额订票的比例不应该超过15%，以10%—15%为宜。旅游接待业企业的超额预订应考虑旅游者的取消率和超额销售成本（如旅游者同时出现的补偿成本），一般在低取消率状态下适当提高超额预订规模，并采取各种应对措施，尽可能降低超额销售成本（见图1-6）。

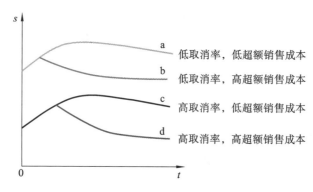

图1-6　不同超额预订水平（t）的最优预期销售额（s）

最优的超额预订水平以及预期的销售额在不同临期取消率下是不同的。对于较低的临期取消率，a线显示出了较高的预期销售额。因为较低的临期取消率意味着因为取消预订的销售损失更少。在酒店采取超额预订的情况下，其收入补偿了临期取消预订和爽约的销售损失，而且这一补偿超过了超额预订分配的若干个房间的超额销售成本总额。在此之后，通过提高超额预订的水平，并没有产生更多的销售补偿，反而是超额销售成本总额增加，销售额略有下降。特别是当每间房的超额销售成本很高时，如b线所示，预期的销售额会大幅度减少。由于取消率较低，取消订单的销售损失不大，而每间房的超额销售成本高，超额销售成本超过了当前按超额预订水平得到的销售补偿。

其次，当取消率较高时，如c线和d线所示，酒店的超额预订会更好地弥补爽约和取消预订而导致的销售额下降，当然由于超额销售成本的存在，其销售额仍然比低取消率时的酒店销售额低。在较低超额销售成本的情况下，超额预订水平可以设置得更高，因为其获得的补偿能超过超额销售成本总额。而到了c线后几乎是平的，因为酒店客房的超额销售成本很低，所以可以提高超额销售水平。然而，当每间客房的超额销售成本较高时，如d线显示，在超过最佳的超额预订水平的房间后，超额预订会导致总体销售成本升高。

另一方面，图1-6显示，当每一间客房的超额销售成本很高时，最优的超额预订百分比应该低于顾客的临期取消率，因为在临期取消率更低的情况下，过高的超额销售成本也会导致酒店销售额的减少。图示还指出,当每间客房的超额销售成本较低时,最优的超额预订百分比应高于固定的取消率,以补偿在取消率高的情况下的巨大销售损失。

(三)动态定价

动态定价最早出现在20世纪70年代的美国航空业。1975年的时候,美国航空公司使用了"剩余座位法",为商务旅客提供正价票,为休闲旅客提出折扣票,使得销售额增长明显。于是"剩余座位法"在美国航空业得到了广泛的应用。

由于客人预订及入住酒店的时间、选择的服务和酒店的等级不一致,酒店的收益管理比航空业更复杂、更值得研究。所有企业的经营目标都是追求利润最大化,酒店业的收益主要是客房收入,即平均房价与客房出租率的乘积最大。也就是说,在成本不变的前提下,总收入越高,利润越大。动态定价是酒店收益管理的主要策略之一,是通过合理地制定各个时期的房间价格,不同时期制定不同的价格策略,追求酒店长久利益的最大化。

动态定价,即差别定价,指经营者在销售产品或服务时,按照多种不反映成本比例的差异价格进行销售,即对相同产品的利润率不同的一种定价方法。动态定价法的实施要在对市场需求准确预测的基础上进行,根据市场的变化及时调整客房价格。最常见的就是需求增加时调高价格;需求下降时也相应地降低价格。

大数据时代的到来使收益管理成为可能。大数据时代背景下,旅游接待业企业要想在激烈的市场竞争中立足,不仅需要挖掘数据收集的深度,同时也需要有成熟的大数据战略,对收集到的数据进行科学的管理与分析,将数据分析应用到实际经营过程中,提高自身市场定位的准确度。大数据时代到来之前,旅游接待业数据的来源主要是传统的统计年鉴、行业管理部门数据、旅游接待业行业报告等,这类数据的缺点是时效性差、精确度低、随机性高等。从这类数据中获得的有效信息有限,难以获得准确的市场定位。大数据时代,科学的数据收集分析技术不断成熟,旅游接待业可获得的有效数据越来越多,企业甚至还能够建立基于大数据的数学模型对未来市场进行预测,了解市场供求关系变化,并且对区域人口、消费者水平、消费者习惯和爱好、产品的认知程度及供求状况加以分析,从而帮助自身获得准确的市场定位。

三、技术应用更加广泛

要做好精细化管理和收益管理,信息和技术的应用十分必要。随着科学技术的进步和人们对旅游品质的要求不断提高,技术在旅游接待业中的应用将更加广泛,智慧旅游等将更为普遍。智慧旅游是旅游业创新发展、顺应互联网趋势的产物,是实现旅游产业战略转型和发展形势转变的重要促进剂,是改变我国旅游规模小、体验差等落后局面的制胜利器。

"云服务+旅游"的模式可以充分利用云服务和移动互联网技术为乡村旅游生产和服务服务。提升旅游信息服务和加快旅游智能化,推进"互联网+"模式在乡村旅游产业中的合理配置,对旅游业提升旅游者体验、科学和规范化管理等都将起到至关重要的作用。智慧旅游系统,需要满足旅游用户的需求。旅游管理者应有效采集各种旅游资讯,方便用户查询,广泛传播各地旅游资讯吸引旅游者的目光,并基于旅游者的需求,提供快捷的旅游服务和高性价比的旅游产品(见表1-4)(陈佳敏,2017)。

表1-4 旅游接待业应用主要功能

旅游资讯	提供旅游信息分享、旅游攻略和导游等服务
旅游产品预订	提供旅行社设计好的各种旅游路线
酒店预订	提供酒店、公寓和民宿等预订和查询服务
门票预订	提供旅游景点的门票预订
交通预订	提供机票预订、值机等服务;提供火车票预订以及列车时刻查询服务;提供公交、地铁和巴士等线路查询服务,以及票务等方面的服务
点评分享	用户可以对购买的旅游产品进行评价,或者分享至其他网络平台
其他	保险、翻译、签证、换汇、礼品卡等

大数据时代的到来为旅游接待业的精准营销和顾客服务创造了条件。旅游企业逐渐从传统的"4P营销"转向新时代所特有的"新4P营销",即People、Performance、Process和Prediction。它们沿袭传统的群体分析方法,但又有改进,能整合旅游者各方面的数据信息,并以此实现预测功能。它们根据旅游者社会属性、生活习惯和消费行为等信息选取若干个抽象标签,绘制旅游者画像来预测旅游者下一次购买的产品、时间等。旅游者的数据信息具体包含以下几个维度:

旅游者固定特征:性别、年龄、地域、教育水平、生日、职业、星座等。

旅游者兴趣特征:兴趣爱好、使用App、网站、浏览/收藏/评论内容、品牌偏好、产品偏好等。

旅游者社会特征:生活习惯、婚恋状况、社交/信息渠道偏好、宗教信仰等。

旅游者消费特征:收入状况、购买力水平、购买商品种类、购买渠道喜好、购买频次等。

旅游者动态特征:当下时间、需求、正在前往的地方、周边的商户、周围人群、新闻事件等。

在这种形势下,专门从事数据集结工作的中间商势必出现。例如,在线旅行商(OTA)就获得了巨大的机会。对于OTA行业来说,在大数据时代,数据要达到一定的规模才能使预测更为精准,如果全行业都能因大规模数据而获得利益上的增长,它们是愿意把数据集结在一起的。所以即使各个OTA不愿意把数据给另一个OTA,但是也会愿意把数据交给一个与它们不形成竞争关系的中间商。数据在中间商处集结,又在那里被转发给各个OTA,所有OTA也因此获利。另外,对于银行、社交网站来说,将数据交付给中间商比直接交付给OTA更安全,因为中间商作为一个专门化的行业,对于数据的储存、处理都将更专业,甚至会有更规范、全面的条款来限制OTA使用这些数据的行为。数据中间商、OTA以及OTA行业外数据来源便形成了如图1-7所示的关系模型。

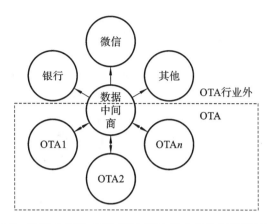

图1-7 数据中间商、OTA以及OTA行业外数据来源的关系

河北省涉县一二九师红色旅游发展

涉县八路军一二九师纪念馆按照"保护革命文化遗址、突出红色文化主题、挖掘抗战文化内涵、提升产业文化层次、加强国防文化教育"的理念,坚持高站位认识、高起点定位、高速度推进、高效能融合,加快红色产业布局和发展,使纪念馆发展成为一个占地3.2平方公里,年接待旅游者突破270万人次,集参观瞻仰、缅怀祭奠、休闲观光、参与体验、教育传承为一体的爱国主义教育基地,在太行山间、清漳河畔,绘就了一幅红色旅游新时代画卷。

纪念馆确定了"先期修缮保护一批,后期整合复建一批"的保护思路,于2015年对全县137处抗战遗址、遗迹情况进行全面调研、普查、备案。配合涉县文物系统,积极争取将八路军一二九师纪念馆、晋冀鲁豫抗日殉国烈士公墓列入首批国家级抗战纪念设施遗址名录,成功申报省级文保单位1处,待批的市级文保单位3处。完成一二九师司令部旧址、晋冀鲁豫边区政府旧址等重点文物相关的修缮、消防、安防工程,复原晋冀鲁豫边区高等法院、一二九师政治部礼堂、战舰牌香烟卷烟厂、晋冀鲁豫边区政府交通总局等30余处革命遗址,打造红色记忆小镇项目,再现"小平菜园""战舰牌"香烟历史场景,演绎推独轮车、投弹、织布等活动,用旅游载体带动更多革命文物"活起来"。

借助红色文化品牌优势,纪念馆把品牌嫁接在产品上,融合一二九师文化元素,开发出水杯套装、精品扑克、手机壳、纪念扇、鼠标垫、T恤衫、纪念章、定制瓶装水、钥匙扣、手机支架、折扇、行李牌、学习笔记本等多元个性、实用性强的文创产品,满足旅游者对特色纪念品的诉求。

短短一年时间,全县新增农家乐、民宿等300余家,从业人数达5000人,带动农户2500户。村民实现了"就地就业、就地创业、就地致富、就地幸福"的梦想。红色涉县,走出一条依靠红色旅游实现脱贫致富的康庄大道。

资料来源 国家发展改革委,《红色旅游发展案例》,中国网

旅游接待业

本章思政总结

"人民对美好生活的向往,就是我们的奋斗目标。"旅游接待业与人们日常生活关系密切,正是实现人们对美好生活向往的重要方式。它是各种旅行服务的总称,包括但不限于旅游景区、酒店、餐厅和休闲俱乐部。旅游接待业企业通常提供一个完整的住宿和服务的范围,与旅游有密切关系。旅游接待业以人为本,体现人性化,注重细节,强调文化的地位。

疫情防控常态化下,中央提出要做好"六稳"工作,并把"稳就业"放在首位。旅游接待业在就业中起重要作用,它是一个关联性极强的行业,几乎与各行业都有直接或间接的关系,吸纳了大量的就业人口。从事接待业的职业也需要相应的能力与素质,包括相应的思想素质、专业素养、心理与行为素养等。

《中共中央关于党的百年奋斗重大成就和历史经验的决议》强调把高质量发展贯穿经济社会发展的各个方面和环节。旅游接待业也要走高质量发展道路,其中对旅游品质的追求将成为趋势。未来的旅游业,市场环境、需求更为复杂多变,对旅游接待业的精细化管理和收益管理提出了更高的要求。在整体新技术革命、大数据、人工智能等新时代背景下,旅游接待业在技术应用和管理方面的升级将更为广泛、更加深入。

 复习思考题

1. 什么是旅游接待业?
2. 与其他行业相比,旅游接待业有什么特征?
3. 简述旅游接待业的发展历史。
4. 旅游接待业从业人员应具有怎样的能力与素质?
5. 新技术的应用对未来的旅游接待业将造成怎样的影响?

第二章
旅游接待业的计划与战略

学习目标

1. 了解计划的含义、分类及作用,熟悉计划的程序。
2. 了解旅游接待业市场环境的含义,熟悉旅游接待业市场环境的特点,能对旅游接待业市场环境进行分析。
3. 理解旅游接待业企业战略的概念,熟悉旅游接待业企业总体经营战略的类型。
4. 理解旅游接待业企业目标管理的概念、实施步骤和成功条件。

思政元素

1. 习近平总书记强调,"十四五"时期是我国全面建成小康社会、实现第一个百年奋斗目标之后,乘势而上开启全面建设社会主义现代化国家新征程、向第二个百年奋斗目标进军的第一个五年。凡事预则立,不预则废。我们要着眼长远、把握大势,开门问策、集思广益,研究新情况、作出新规划。

2. 计划和战略需要有效落实,"伟大梦想不是等得来、喊得来的,而是拼出来、干出来的"。

章前引例

"十四五"文化和旅游发展目标

到2025年,我国社会主义文化强国建设取得重大进展。文化事业、文化产业和旅游业高质量发展的体制机制更加完善,治理效能显著提升,人民精神文化生活日益丰富,中华文化影响力进一步提升,中华民族凝聚力进一步增强,文化铸魂、文化赋能和旅游为民、旅游带动作用全面凸显,文化事业、文化产业和旅游业成为经济社会发展和综合国力竞争的强大动力和重要支撑。

社会文明促进和提升工程成效显著,社会主义核心价值观深入人心,中华优秀传统文化、革命文化、社会主义先进文化广为弘扬,国民素质和社会文明程度不断提高。

新时代艺术创作体系建立健全,社会主义文艺繁荣发展,推出一批讴歌新时代、反映新成就、代表国家文化形象的优秀舞台艺术作品和美术作品。

文化遗产保护传承利用体系不断完善,文物、非物质文化遗产和古籍实现系统性保护,文化遗产传承利用水平不断提高,全国重点文物保护单位"四有"工作完成率达到100%,建设30个国家级文化生态保护区和20个国家级非物质文化遗产馆。

旅游业体系更加健全,旅游业对国民经济综合贡献度不断提高,大众旅游深入发展,旅游及相关产业增加值占GDP比重不断提高,国内旅游和入境旅游人次稳步增长,出境旅游健康规范发展。

文化和旅游市场体系日益完备,文化和旅游市场繁荣有序,市场在文化和旅游资源配置中的作用得到更好发挥,市场监管能力不断提升。

对外和对港澳台文化交流和旅游推广体系更加成熟,中华文化走出去步伐加快,培育形成一批文化交流和旅游推广品牌项目,海外中国文化中心总数达到55个。

展望2035年,我国建成社会主义文化强国,国民素质和社会文明程度达到新高度,国家文化软实力显著增强。文化事业更加繁荣,文化产业和旅游业的整体实力和竞争力大幅提升,优秀文艺作品、优秀文化产品和优质旅游产品充分满足人民群众美好生活需要,文化和旅游发展为实现人的全面发展、全体人民共同富裕提供坚强有力保障。

资料来源 文化和旅游部《"十四五"文化和旅游发展规划》

第一节 旅游接待业计划与制订

一、计划的含义

(一)计划的概念

计划是管理的首要职能。旅游接待业计划是关于旅游接待业企业未来的蓝图,是管理过程中在配置资源和采取行动之前,在预见未来的基础上对企业将来所要实现的目标和实现目标的途径做出系统的、具体的、详细的、周密的筹划和安排,以保证企业活动有条不紊地进行。

计划不是人们的临时反应,而是一种有意识的活动。计划还是一种需要运用智力和发挥创造力的过程,它依赖于整个旅游接待业企业所有员工的知识和经验。计划相对于企业管理者,就像地图对于旅行者,有助于管理者带领企业把握机遇,实现发展目标。

(二)计划的内容

对于旅游接待业企业,一份完整的计划实际上包含了计划在时间和空间两个维度展开时的原因、内容、时间、主体、地点与方法。无论是广义的计划工作,还是狭义的计划工作,都包含5W1H的内容,即制订计划需要回答的一些基本问题(见图2-1)。

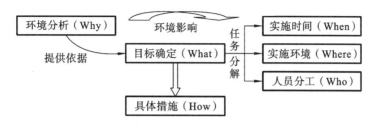

图 2-1 计划制订的任务

(1)what(做什么)。首先,计划的目的是实现旅游接待业企业所提出的各项目标,每一项计划都是针对一个特定的目标制订的,因此,一项计划的制订首先要明确该项计划所针对的目标、任务、内容及要求。

(2)why(为什么做)。明确计划工作所要进行的原因和目的,说明进行这项工作或实现相应目标的意义或重要性。

(3)when(何时做)。规定计划中各项工作的开始和完成时间,以便进行有效的控制和对资源、能力的平衡。

(4)who(谁去做)。规定由哪些部门和职员负责实施计划。

(5)where(何地做)。规定计划的实施地点或场所,了解计划实施的环境条件和限制,以便合理安排计划实施的空间。

(6)how(怎么做)。计划的执行措施以及相应的政策和规则,对资源进行合理分配和集中使用,对生产能力进行平衡,对各种派生计划进行综合平衡等。

除此之外,为了在实施过程中明确在什么情况下需要修改计划,在一项计划中还应该说明该项计划有效的前提条件;为了增强计划的适应性,要说明当实际情况与计划前提条件不符合时应采取的措施;需投入多少资源,使得在情况发生较大变化、不具备计划实施条件时,能够判断应该放弃该项计划还是要竭尽全力地创造条件完成计划。

二、计划的分类

根据不同的标准,可将计划分为不同的类型(见表2-1)。但是各种类型的计划不是彼此割裂的,而是由分别适用于不同条件的计划所组成的体系。

表 2-1 计划的类型

分类标志	类型
形式	使命、目标、战略、政策、规则、程序、规划和预算计划
职能	销售、财务、人事、业务接待和采购计划等
广度	战略性和业务性计划
时间跨度	短期、中期和长期计划
明确性	具体性和指导性计划

(一)按计划的层次分类

按照计划的层次划分,可以将计划分为战略计划、战术计划和作业计划,分别由旅游接待业企业的高层、中层和基层管理者制定。

1. 战略计划

战略计划是指应用于整个旅游接待业企业的,为企业设立总体目标和寻求企业在所对应的环境中的地位的计划。其任务是设立总体目标,其特点主要表现为长远性、整体性、有较大的弹性;是战术计划的依据;是旅游接待业企业活动能力的形成与创造过程;由高层管理者制订;一般有5年甚至更长的时间间隔。

2. 战术计划

战术计划是一种局部性的、阶段性的、规定总体目标如何实现的细节的计划。其任务是指导企业内部某些部门的共同劳动,以完成某些具体的任务,实现某些具体的阶段性目标。其特点主要表现为局部性、阶段性;是在战略计划指导下制订的,是战略计划的落实;其实施则是对已经形成的能力的应用;由中层管理者制订;时间根据战略计划而定,为战略计划服务。

3. 作业计划

作业计划是给定部门或个人的具体行动计划。其任务是假定目标已经存在,只是提供实现目标的方法。其特点主要表现为个体性、可重复性和较大的刚性,一般情况下是必须执行的命令性计划;由基础管理者或作业者制订;时间间隔较短,如月计划、周计划、日计划。

(二)按计划的期限分类

1. 长期计划

长期计划描述了旅游接待业企业在较长时期(通常是5年或5年以上)的发展方向和方针,规定了企业的各个部门在较长时期内从事某种活动应达到的目标和要求。长期计划主要回答两个方面的问题:一是企业的长远目标和发展方向是什么。二是怎样达到本企业的长远目标。

2. 中期计划

中期计划是指计划期为1年以上5年以下的计划。中期计划来自长期计划,只是比长期计划更为具体和详细,它主要起协调长期计划和短期计划之间关系的作用。中期计划以时间为中心,具体说明某个时间段应达到的目标和采取的措施。

3. 短期计划

短期计划是指计划期为1年或1年以下的计划。它具体地规定了旅游接待业企业的各个部门在目前到未来的各个较短的时期阶段,特别是最近的时段中,应该从事何种活动和从事该种活动应达到的要求,因而为旅游接待业企业成员在近期内的行动提供了依据。

(三)按计划的内容划分

按照计划的内容划分,可以将计划分为专项计划和综合计划。

1. 专项计划

专项计划是指为完成某一特定任务而拟定的计划。

2. 综合计划

综合计划是指对旅游接待业企业活动做出的整体安排。

三、计划的作用

计划是一项重要的管理工作,计划的最终成功是对未来发展的行动方针做出预测和安排,尽管各项管理职能都必须考虑企业的未来,但都不可能像计划那样以谋划未来为主要任务。计划的作用主要体现在以下五个方面。

(一)提供方向

计划为旅游接待业企业管理工作提供了基础,是管理者行动的依据。通过清楚地确定目标和指明实现这些目标的措施,可为未来的行动提供一幅线路图,从而减少未来活动中的不确定性和模糊性,如图2-2所示。

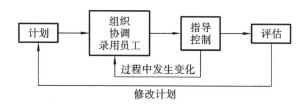

图2-2　计划在旅游接待业管理中的地位

(二)合理配置资源

任何一个旅游接待业企业的资源都是有限的,计划就是要将对企业有限的资源在空间和时间上做出合理的配置和安排,使资源配置和使用达到最优化。因为计划工作说明并确定了企业中每一部门应做什么,为什么要做这些事,应在什么时候去做。目的和手段都很明确,通过计划对管理活动的各个方面进行周密的安排,综合平衡,能减少重复和浪费活动,并协调各项活动,使之与其他有关活动相配合。

(三)适应变化,防患于未然

计划通过预计变化来降低不确定性。为了制订合理的计划,管理者必须不断关注旅游接待业企业外部环境的动态变化,预测未来环境的变化趋势。这就迫使管理者要习惯在决策时考虑多种不可控因素的影响,并采取措施加以预防。

(四)提高效率,调动积极性

明确目标、任务、责任,可使计划得以较快和较顺利地实施,并提高经营效率。通过清楚地说明任务与目标之间的关系,可制定出指导日常决策的原则,并培养计划执行者的主人翁精神。

（五）为控制提供标准

计划尤其是中短期计划总是通过具体的计划指标来体现的，正是这些具体的计划指标使管理者能将实际的业绩和目标进行对照，有利于对计划进行监督和检查，及时纠正偏差、进行控制。通过计划明确旅游接待业企业行为的目标，规定实施目标的措施和步骤，来保证旅游接待业企业活动的有序性。计划不仅是旅游接待业企业行动的标准，同时也是评定旅游接待业企业效率的标准。

四、计划工作的程序

计划不是一次性的活动，而是无限的过程。随着条件的改变、目标的更新以及新方法的出现，计划过程一直在进行。因为旅游接待业企业的经营环境在持续变化，所以需要对计划进行更新和修改。计划编制过程中必须采取科学的方法。计划工作的一般程序有以下8个步骤：

（一）估量机会

对机会的估量，要在实际的计划工作开始之前就着手进行。它虽然不是计划的一个组成部分，却是计划工作的真正起点。其内容包括：对未来可能出现的变化和机会进行初步分析，形成判断；根据自己的长处和短处搞清自己所处的地位；了解自己利用机会的能力；列举主要的不肯定因素，分析其发生的可能性和影响程度；在反复斟酌的基础上，下定决心，扬长避短。

（二）确立目标

计划工作的第一步，是在估量机会的基础上，为旅游接待业企业及其所属的各部门确定计划工作的目标。在这一步中，要说明基本的方针和所要达到的目标，说明制定战略、政策、规则、程序、规划和预算的任务，指出工作的重点。

（三）确立前提条件

确定一些关键性的前提条件是计划工作的关键环节之一。所谓计划工作的前提条件就是计划工作的假设条件，换言之，即计划实施时的预期环境。负责计划工作的人员对计划前提了解得越细、越透彻，并能始终如一地运用它，那么计划工作将会做得越协调。

（四）确定备选方案

根据确定的前提条件，拟订各种可能的方案。一般来说，最显眼的方案往往并不是最好的方案；对过去的方案进行修改和补充得到的方案也未必就是最佳方案。制订方案需要充分发挥员工的主动性和创造性，提出尽可能多的方案。但是，方案也不是越多越好，要注意对方案的数量加以限制，把精力集中在最有希望的可行方案上，提高计划工作的整体效率。

(五)评选备选方案

根据旅游接待业企业和各部门的目标对各种方案进行权衡比较,对其进行评价。评价实质上是一种价值判断,它一方面取决于评价者所采用的标准;另一方面取决于评价者对各个标准所赋予的权重。在评价备选方案时,应注意以下几个问题:第一,仔细考察每个备选方案的制约因素和隐患;第二,着眼于总体的效益去衡量方案;第三,不仅要考虑到每个备选方案的定量因素,而且还要考虑到它们的定性因素;第四,动态地考察计划的效果,不仅要考虑执行方案带来的效益,而且还要考虑到执行方案带来的损失,尤其是那些潜在的损失。

(六)选择方案

选择方案是整个计划流程中最为关键的步骤。实际上,选择方案是在评价方案的基础上,对备选方案进行优劣排序,然后进行选择的过程。为了保持计划的灵活性,有时候会遇到同时有两个可取的方案的情况。在这种情况下,必须确定首先采取哪个方案,并将另外一个方案进行细化和完善,作为后备方案。将所选择的方案和计划用文字形式正式地表述出来,形成一项管理文件,即清楚地确定和描述5W1H的内容。

(七)拟订派生计划

完成方案的选择以后,计划内容所涉及的下属部门还要制订支持总计划的派生计划。派生计划就是总计划的分计划和行动计划。总计划要依靠派生计划来保证,派生计划是总计划的基础。例如,某企业决定开拓新市场时,需要拟定很多辅助计划,如筹集资金计划、广告计划、员工培训计划等。

(八)编制预算

编制预算,其实就是把计划转化为预算,使之数字化、定量化,通过数字来反映整个计划。编制预算主要有两个目的:第一,计划必然涉及资源的分配,只有将其数字化后才能汇总和平衡各类计划,分配好各类资源;第二,预算可以成为衡量计划是否完成的标准。定性的方案内容,往往在可比性、可控性以及奖惩等方面比较难以把握,而定量的方案内容,则具有较强的约束力。

第二节 旅游接待业市场环境分析

一、旅游接待业市场环境

分析市场环境是做好计划的首要一步。旅游接待业市场环境是指影响旅游接待业企业经营活动及其目标实现的各种因素的总和。旅游接待业市场的一切经营活动,总是在一定的时间和空间条件下展开的,离开了这些必要的时空条件,旅游接待业市场经营就无法继续。市场环境既能够提供市场机遇,又可能带来环境威胁。因此,持续不断的观察和分析旅游接待业市场环境,能够使企业有效地利用环境中的有利因素,避免不利因素,并在结合企业自身条件的基础上做出正确的决策。

旅游接待业的市场环境分为行业环境与外部环境。行业环境为微观环境,由与企业经营活动有关的组织和个人构成,包括购买者、中间商、竞争者、社会公众等,这些组织或个人的行为对企业经营能力的有效发挥可产生直接影响;外部环境为宏观环境,由对微观环境产生重要影响的五大社会力量包括政治法律环境、文化环境、经济环境、人口环境和技术环境构成。

二、分析接待业市场环境的方法

(一)SWOT法

SWOT是四个英文单词的首字母缩写,优势(strengths)、劣势(weaknesses)、机会(opportunities)和威胁(threats)。使用SWOT分析模型进行分析时,研究者只需要根据模型提供的简单框架,把有关的因素收集总结归类,然后进行分析就可以了。可以利用矩阵将SWOT模型分为四部分(见表2-2)。第一部分为SO,即依靠自身优势获取机会,为企业发展带来机遇;第二部分为WO,企业在知道自身劣势的基础上,要规避自身劣势,抓住机会;第三部分为ST,企业依靠自身的优势来迎接外部的挑战,为企业发展提供保证;第四部分为WT,同样,企业在明白自身劣势的基础上,采取相应措施规避外部威胁。

表2-2　SWOT分析

SWOT	内部优势(S)	内部劣势(W)
外部机会(O)	SO战略 依靠企业自身优势 抓住外部机会	WO战略 规避企业自身劣势 抓住外部机会
外部威胁(T)	ST战略 依靠企业自身优势 抵御外部威胁	WT战略 规避企业自身劣势 规避外部威胁

(二)PEST分析

企业外部环境是指存在于企业内部之外的各种环境的总称,主要有政治法律环境、社会环境、技术环境、经济环境、人文环境等,这些环境对不同企业的影响力不尽相同。PEST分析方法是外部竞争环境分析的基本工具,用于分析一般宏观环境因素,并通过这些因素的影响预测外部环境中的机会和威胁,进而为企业经营策略的制定奠定基础。PEST分别代表四类影响企业竞争的因素,分别是:政治(political),经济(economic),社会文化(social&cultural),技术(technological)(见图2-3)。

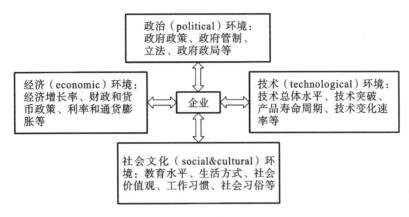

图 2-3　PEST 分析模型

旅游接待经营活动是社会经济生活的组成部分,它必然受到政治与法律环境的强制与约束。旅游接待业企业总是在一定的政治法律环境下进行经营活动的。政治因素像一只"有形的手",通过有关政策对市场的干预,调节着旅游接待业企业经营活动的方向。政治环境包括政治局势、方针政策及国际关系等。政治局势是旅游接待业企业经营活动所在的国家或地区的政治稳定状态。一个国家政局的稳定与否会给旅游接待业活动带来重大影响。

经济环境是指影响消费者购买力和支出结构的各种因素,是开展市场经营活动的经济基础。经济环境包括经济发展水平、居民收入水平与经济发展趋势等。一方面,经济发展水平的高低会对旅游产业的发展提出不同的要求,即经济发展水平较高,居民收入水平也高,旅游需求也强烈,要求旅游业快速发展;另一方面,经济发展水平会对旅游产业的发展形成制约,即与发展旅游业相关的其他产业对旅游业提供的支持是有限的。居民收入水平,尤其是可自由支配的收入水平,是决定旅游消费者购买力和支出的决定性因素。相对于其他生活消费支出,旅游消费属于精神层面非必需品消费,只有收入达到一定水平后才会考虑旅游等精神消费需求。另外,经济发展趋势对旅游接待业的发展也有较大的影响。

社会文化环境是一个社会的教育水平、宗教与民族特征、风俗习惯、价值观、人口、社会组织等的总和。教育一定程度上反映一个国家或地区的社会生产力、生产关系和经济状况。不同的国家、不同的民族有不同的风俗习惯,它对消费者的消费偏好、消费模式、消费行为等具有重要的影响。例如,有些佛教徒不吃荤等。旅游接待业企业经营应注意了解不同国家、民族的消费习惯和爱好,做到"入境随俗"。

技术环境也是旅游接待业企业制订计划需要考虑的重要因素。它可以为旅游接待业企业创造一定程度上的竞争优势。假日酒店是旅馆业的技术领先者,并且多年盘踞旅馆业榜首之位,主要是因为该公司最先拥有一个巨大的卫星电视闭路系统。技术可以为消费者旅游带来更多便利,缩短了必要劳动时间,从而提供更多的余暇外出旅游时间。新技术的娱乐项目已经成为消费者旅游活动吸引物的重要构成部分。

(三)五力分析模型

迈克尔·波特提出的"五力分析模型"是通过对企业面临的各种竞争力的分析,了解某个行业所面临的基本竞争环境。在不同的行业,这五种竞争力所包含的要素也是不同的。"五力分析模型"认为行业竞争的五种主要来源分别为供应商的议价能力、购买者的还价能力、潜在竞争者进入的能力、替代品的替代能力、行业内竞争者的竞争能力。这五种能力又各自包含不同的影响因素,通过五种能力的不同组合变化最终影响行业利润(见图 2-4)。

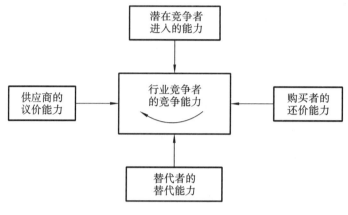

图 2-4 "五力分析模型"

"五力分析模型"的五种竞争力之间是相互依赖的,牵一发而动全身,某个作用力的变化会导致其他作用力也发生变化,最终结果将是行业结构和边界范围内都发生相应的变化。因此,在分析行业发展走向时要预测每种竞争作用力在将来可能发生的变化,通过采取行动应对环境的变化。

案例 2-1

葫芦岛市葫芦山庄旅游发展

葫芦山庄位于素有"城、泉、山、海、岛"美誉的海滨城市辽宁省葫芦岛市的龙港区内,距市区 6 公里。与省内著名景区九门口长城、兴城古城、龙湾海滨、笔架山相连,2001 年由辽宁宏业实业集团兴建。"葫芦山庄"之名从中国传统文化葫芦既是福禄之意得来。葫芦山庄以关东文化、中国传统葫芦文化、海滨地域文化以及生态农业为特色,本着"依托乡村、抓牢民俗、以文促旅、以旅兴文"的发展理念,逐步发展成为全国唯一以博大精深的葫芦文化和原生态关东民俗文化为主体内容的乡村旅游景区。其打造的民俗文化旅游、夜间旅游和冬季冰雪旅游三个独立旅游产品已辐射东北、华北、华中、东南等地区的十几个省区市,2018 年全年旅游者量已突破 100 万人次,成为一个可全季全时运营的旅游景区。

葫芦山庄在做好自身资源和外部环境分析的同时,深度挖掘东北地区底蕴深厚的关东文化、中国传统葫芦文化和海滨地域文化,18 年的发展历程,葫芦山庄确立了明确的发展思路,成为远近闻名的乡村旅游示范园区。葫芦山庄依据内外环境的分析,采取了三个方面的措施:①融合地名和民俗,赋予山庄文化灵魂。②依托民俗展馆,展现关东民俗风情。③延伸文化产品,丰富旅游者感官体验。

资料来源 国家发展改革委,《全国乡村旅游发展典型案例》,中国网

第三节 旅游接待业企业战略

一、旅游接待业企业战略管理的概念

"战略"一词,源于希腊语,意为军事将领、地方行政长官的"将道"或统帅艺术。在军事学中是与"战术"一词相对而言的。一般来说,战略是指对于任何一个组织而言具有全局性或决定性的谋划。

旅游接待业企业战略管理,指的是旅游接待业企业为确定其使命,根据组织外部环境和内部条件设定旅游接待业企业的战略目标,为保证目标的正确落实和实现进行谋划,并依靠旅游接待业企业的内部能力将这种谋划和决策付诸实施,以及在实施过程中进行控制的动态管理的过程。

二、旅游接待业企业战略管理的基本过程

旅游接待业企业战略管理过程包括企业使命确定、战略分析、战略选择、战略实施及控制等。

(一)企业使命确定

使命说明了组织存在的原因,确定旅游接待业企业使命的目的是确定组织未来发展的方向。当环境条件变化时,企业需要改变或重新确定其使命。因此,一个组织必须定期评估其使命,以确保企业使命的合理性。一个典型的企业使命应反映企业的经营哲学、企业形象,表明企业提供的主要产品、服务及目标市场等。例如如家酒店集团的使命为:为宾客打造干净温馨的"家",为员工提供和谐向上的环境,为伙伴搭建互利共赢的平台,为股东创造持续稳定的回报及为社会承担企业公民的责任。

(二)战略分析

战略分析是旅游接待业企业对战略环境进行分析、评价,预测环境未来发展的趋势,以及这些趋势可能对企业造成的影响的过程。

(三)战略选择

战略选择的过程实质是战略决策过程——对战略进行探索、制定以及选择。旅游接待业企业在战略选择上应当解决两个基本的战略问题:一是旅游接待业企业经营范围或战略经营领域,即规定企业从事生产经营活动的行业,明确企业的性质和所从事的

事业，确定企业以什么样的产品或服务来满足哪一类顾客的需求；二是旅游接待业企业在经营领域的竞争优势，即要确定企业提供的产品或服务要在什么样的基础上取得超过竞争对手的优势。

(四) 战略实施及控制

旅游接待业企业的战略方案确定后，必须通过具体化的实际行动，才能实现战略目标。战略实施的推进可以从以下几个方面着手。一是制定职能策略，如生产策略、研究与开发策略、市场营销策略、财务策略等。在这些职能策略中要能够体现出策略推出的步骤、采取的措施以及大体的时间安排等。二是对企业的组织机构进行构建，以使机构能够适应所采取的战略，为战略实施提供一个有利的环境。三是要使领导者的素质及能力与所执行的战略相匹配，即挑选合适的企业高层管理者来贯彻既定的战略方案。在战略的具体化和实施过程中，为了适时地进行控制，就需要将反馈回来的实际成效与预定的战略目标进行比较，并采取有效措施纠偏。当原来分析不周、判断有误，或是环境发生了预想不到的变化而引起偏差时，就应当重新审视环境，制定新的战略方案，进行新一轮的战略管理过程。

三、旅游接待业企业总体经营战略

旅游接待业企业要在复杂多变的客观环境中寻求生存与发展，就必须从总体上解决企业经营战略问题。一般而言，旅游接待业企业的总体经营战略有增长战略、稳定战略、紧缩战略及混合战略。

(一) 增长战略

1. 密集型增长战略

密集型增长战略是在旅游接待业企业原有的经营范围内充分挖掘产品和市场方面的潜力来寻求企业的增长，也称集约型增长或加强型增长战略。其具体形式有市场渗透、市场开发及产品开发三种。

市场渗透是指旅游接待业企业利用自己在原有市场上的优势，积极扩大经营规模，不断提高市场占有率和销售增长率，促使企业不断发展。一般在市场竞争比较激烈的情况下采用这种战略。企业应在产品质量、价格、服务和企业声誉等方面下功夫。不仅要巩固原有市场的老客户，同时还要努力将顾客从竞争者那里争取过来，以此来增强企业在市场竞争中的优势，促进企业发展。

市场开发是指旅游接待业企业在原有市场的基础上去寻找和开拓新的市场，进一步扩大产品销售，从而促进企业继续成长和发展。这是现有产品开发新市场使企业成长的最常用战略，其采用的主要方式是扩大地理区域。这种战略适用于企业的产品在原有市场的需求量已趋于饱和的情况，目的是开拓新的市场，打开新的销路，能使企业进一步得到发展。但是，企业要开拓某一个新市场，事先必须掌握它的特点和要求，选择合格的销售渠道，采用正确的营销手段和方法，否则就会遭受很大的风险和损失。

产品开发是指企业依靠自己现有的力量，努力改进老产品、开发新产品、提高产品质量，从而使企业不断成长和发展。企业采用这种战略，就要积极创造条件，不断进行产品研发工作，以求保持自己的产品在质量、价格等方面的优势。针对现有市场不断开发适销对路的新产品，以满足顾客不断增长的需求。这亦是企业发展的一条重要途径。

2. 一体化增长战略

一体化增长战略是根据旅游接待业企业现有的经营活动和旅游产品的关系，使价值链向前或向后延伸，从而扩大产业价值链的价值流量。它又可细分为两种基本类型：纵向一体化战略和横向一体化战略。

(1) 纵向一体化战略。

纵向一体化战略上指旅游接待业企业在业务链上沿着向前或向后两个可能的方向延伸、扩展企业现有经营业务的一种发展战略。它包括前向一体化战略、后向一体化战略和双向一体化战略。

前向一体化战略是指以旅游接待业企业初始经营的产品(业务)项目为基准，经营范围的扩展沿其经营链条向前延伸，使企业的业务活动更加接近最终用户，或者直接涉足最终产品的分销和零售环境。

后向一体化战略是指以旅游接待业企业初始经营的产品(业务)为基准，经营范围的扩展沿其经营链条向后延伸，发展企业原来经营业务的配套供应项目。

双向一体化战略是前述两种战略的复合，即旅游接待业企业在初始经营的产品(业务)项目的基础上，沿经营业务链条向前、向后分别扩张业务范围。

实行纵向一体化战略有助于旅游接待业企业更好地掌握市场信息和发展趋势，更迅速地了解顾客的意见和要求，从而提高产品的市场适应性。

纵向一体化战略也存在风险。实行纵向一体化时，需要进入新的业务领域，由于业务生疏，可能导致生产效率低下，而这种低效率又会影响企业原有业务的效率。

(2) 横向一体化战略。

横向一体化战略上指旅游接待业企业通过购买与自己有竞争关系的企业或与之联合来扩大经营规模、获得更大利润的发展战略。这种战略的目的是扩大企业自身的实力范围，增强竞争能力。横向一体化战略是旅游接待业企业在竞争比较激烈的情况下进行的一种战略选择。

横向一体化战略的优点：第一，能够减少竞争对手；第二，能够形成更大的竞争力量与竞争对手抗衡；第三，能够取得规模经济效益，获取被吞并企业在技术及管理方面的经验。

横向一体化战略的不足：第一，企业要承担更大规模从事某种经营业务的风险；第二，由于企业过于庞大，可能出现机构臃肿、效率低下等情况。

3. 多元化增长战略

多元化增长战略是指旅游接待业企业同时在两个或两个以上的领域或行业中经营，或提供两种或两种以上的产品或服务。多元化增长战略可以分为三大类：横向多元化战略、相关多元化战略以及复合多元化战略。一般认为，企业实行多元化发展战略的原因主要有两点：一是企业现有资源不能被充分利用，二是企业本身具有扩展经营项目的实力。

(1) 横向多元化战略。

横向多元化战略是以现有的产品、市场为中心，向水平方向扩展事业领域，也称水平多样化或专业多样化战略。

（2）相关多元化战略。

相关多元化战略是通过开发与现有产品、市场相关的事业来使事业领域多元化。这种多元化包括三种类型：一是技术多元化。以现有事业领域中的研究技术为基础，以异质的市场为对象，开发异质产品。技术多元化一般适用于对技术较为依赖的旅游接待业企业。二是市场营销多元化。市场营销多元化利用共同的销售渠道、共同的顾客、共同的促销方法、共同的企业形象和知名度，以现有市场领域的营销活动为基础，打入不同的产品市场。此种类型的战略适用于市场营销能力较强的旅游接待业企业。三是资源多元化。资源多元化以企业所拥有的物质产品为基础，打入异质产品的市场领域。资源多元化通过资源本身的核心价值，扩张既有核心竞争力。比如，酒店行业的室内装修风格受到年轻人的喜爱，由此推出的室内装修产品很容易打入市场，赢得消费者的认可，其核心资源的价值得到了充分利用。

（3）复合多元化战略。

复合多元化战略是一种开发与企业目前的产品或服务显著不同的新产品的增长战略。旅游接待业企业采用复合多元化战略的外部原因主要有：第一，企业原有产品的市场需求增长处于长期停滞甚至下降趋势；第二，所处产业集中程度高，企业间相互依赖性强，竞争激烈；第三，环境因素的多变性和不确定性迫使企业更加注重长期收益的稳定性。企业采用复合多元化战略的内部原因主要是存在较强的资源优势与产品研发能力。

（二）稳定战略

稳定战略又称维持战略，是指旅游接待业企业遵循与过去相同的经营目标，保持一贯的发展速度，同时不改变基本产品或经营范围的战略。它是企业在产品、市场等方面以守为攻的一种战略，具体形式如下：

1. 不变战略

不变战略即旅游接待业企业的一切工作坚持原有方针，努力使企业的战略地位保持不变，使企业的各项指标停留在原有水平上。企业内部和外部环境不发生变化是不变战略成功的条件。

2. 停顿战略

停顿战略即旅游接待业企业经过一段时间的快速发展后，可能变得缺乏效率或难以管理。停顿战略也是企业进行内部整顿的一种方法，是暂时性的。

3. 谨慎战略

谨慎战略是由于外部环境出现一些重要因素的影响而使旅游接待业企业放慢前进步伐的一种专门战略。尤其在外部环境变化剧烈、市场局势不明朗的背景下，此种战略可作为企业常规应对战略。

4. 盈利战略

盈利战略即旅游接待业企业为了目前的盈利而牺牲未来发展的战略。这种战略的结果常常可以使企业在短期内获得成功，而从长远角度来看，这种功利性很强的行为带来的负面影响也难以估量。

（三）紧缩战略

紧缩战略是指旅游接待业企业从目前的战略经营领域和基础水平收缩和撤退，且偏离起点战略较大的一种经营战略。与稳定战略和增长战略相比，紧缩战略是一种消极的发展战略。一般而言，企业实施紧缩战略只是短期的，其根本目的是使企业在危机后转向其他的战略选择。有时，企业只有采取收缩和撤退的措施，才能抵御竞争对手的进攻，避开环境的威胁，迅速实现自身资源的最优配置。可以说，紧缩战略是一种以退为进的战略。

（四）混合战略

混合战略是稳定战略、增长战略和紧缩战略的组合。许多有一定规模的企业从长期来看实行的是多种战略的结合。一般大型企业采用混合战略居多，因为大型企业相对来说拥有较多的战略业务单位，这些业务单位很可能分布在完全不同的行业和产业群中，它们所面临的外界环境以及所需的资源条件完全不相同。因而若对所有的业务单位都采用统一的战略管理方式，可能由于战略不匹配导致企业总体效益受损。所以，混合战略是大型旅游接待业企业在特定历史阶段的必然选择。

四、旅游接待业企业竞争战略

迈克尔·波特认为，企业有三种竞争战略可供选择：低成本战略、差异化战略和聚焦战略。低成本战略是指旅游接待业企业通过降低成本，在生产、销售、服务等各领域，使自身的总成本低于竞争对手，甚至达到全行业最低，以构建竞争优势的战略。低成本战略使旅游接待业企业在与现有竞争对手的对抗中处于领先地位，并能在与供应商和顾客讨价还价过程中更有优势，形成进入障碍，阻止潜在进入者入场，还能在与替代品的竞争中形成竞争优势。规模经济是实现低成本战略的常用手段。由于旅游接待业产品的不可储存与移动性，企业通过在同一旅游接待业实现规模经济化来分享日渐扩大的市场份额非常困难。于是很多企业通过在不同的地方另盖旅游接待业的方式实现规模化，便导致了旅游接待业的连锁与集团化。

差异化战略是指旅游接待业企业将其提供的产品或服务差异化，形成在同行业范围内独有独特性的东西。对于产品差异化概念的进一步的解释是，由于同行业内相互竞争的旅游接待业企业生产的产品或提供的服务在物理性能、销售服务、信息提供、消费者偏好等方面存在着差异，所以产品之间具有不完全替代关系的状况。从产品差异化的内容上看，主要有信息差异化、渠道差异化、形象差异化、品牌差异化等等。信息差异化是指无形的、人们意识到的产品间信息的差异化，包括顾客的主观差异、顾客的知识差异以及旅游接待业的推销行为。在现实生活中，信息往往是不对称的，并且由于获取信息是有成本的，人们所获得的信息往往是不完全的。信息的差异化会使消费者对于要素相同的旅游接待业产品（核心是服务）产生不同的认识。产品的差异性是综合的，各种形式互相影响，产生了更多的可代替产品间的产品差异。

聚焦战略是指旅游接待业企业在详细分析外部环境和内部条件的基础上，把某个特定的顾客群、某产品链的一个细分区段或某一个地区市场作为服务对象，并围绕这一特定服务对象建立竞争战略(例如某些旅游接待业企业专门针对老年顾客推出的老年公寓)。聚焦战略的前提是旅游接待业企业能够优质高效地为某一狭窄的顾客对象服务,从而避免分散投资局面,形成核心竞争力,超越竞争对手。聚焦战略可与低成本战略或差异化战略结合,从而形成低成本聚焦、差异化聚焦,即实现在某一细分市场上的低成本或差异化。

波特认为,对于企业来说低成本战略与差异化战略两者不可兼顾,在二者间游离不利于企业取得成功。然而,旅游接待业管理模式的变更以及现代信息网络技术的发展使低成本战略与产品差异化兼得成为一种可能。现代许多旅游接待业企业所采取的连锁差异化便是低成本与差异化同时的一种尝试。

案例 2-2

首旅酒店并购如家

2017年4月4日,首都旅游集团发布公告称,对如家酒店的私有化购买交易已经完成交割,如家酒店集团成为首旅酒店的全资子公司。交割完成后,"新首旅"也一跃成为仅次于"锦江+铂涛"的国内第二大酒店集团。数据显示,首旅酒店2016年年末拥有3402家酒店,比去年同期增加3248家,客房间数373560间,比去年同期增加34196间。其中中高端酒店数量占比9.32%,客房间数占总客房间数的13.59%,经济型酒店数量仍占很大比重。经济型酒店中,如家有2947家,客房312101间;中高端型酒店中,如家有220家,客房25361间;其他类型酒店中,如家有80家,客房6302间。

东兴证券分析认为,目前首旅酒店已成立高端、中高端以及经济学商旅三大酒店事业部,会员系统也已实现全流通,加之新任管理层已基本整合完成,未来将加快市场化进程、激发经营活力。2007年如家快捷以3.4亿元的价格收购排名位列经济型酒店十强的七斗星商旅酒店100%的股权,并因此将在全国18个城市新增加26家连锁酒店。而首旅酒店通过实施横向一体化战略,运用收购、兼并或加盟的方式整合行业内的品牌,成为国内第二大酒店集团,保持了市场占有率。

资料来源 投资快报,《首旅酒店并购如家 业绩进入快速增长通道》,2017-05-08

第四节 旅游接待业企业目标管理

一、目标管理与接待业的实践

目标管理(management by objectives,MBO)由管理大师彼得·德鲁克(Peter

Drucker)于1954年在其著作《管理的实践》中首次明确提出,其价值则在日本发扬光大。1978年我国改革开放,引进先进的管理理论和经验,其中重要的一项就是目标管理。历经40多年的发展,目标管理不断被时代赋予更丰富的内涵,目前已经成为我国企业管理的有效模式。

德鲁克认为,目标管理的主旨,在于促成组织的完整与统一。欧狄昂说:"目标管理乃是一种秩序,借上下级间对目标的共同了解,订立个人的工作目标及所负职责,使之能齐心协力地完成组织目标,并以预定的目标为业务推行的指导原则和评审成果的客观标准。"可见,目标管理是根据注重结果的思想,组织内各部门和员工根据组织在一定时期的总目标,通过自上而下、自下而上的运作共同制定各自的分目标,并在获得适当资源配置和授权的前提下积极主动实现分目标,使总目标得以实现,进而实现企业战略的一种管理模式。

旅游接待业经营最突出的特点就是员工直接面对顾客提供服务,因而员工的主动性、自主性十分重要,旅游接待业要提高员工的工作效率,只有通过其自身的目标对其进行激励,而目标管理正是有效的方法。

二、旅游接待目标管理的步骤

目标管理的具体实施分三个阶段:第一阶段为目标的设置;第二阶段为实现目标过程的管理;第三阶段为绩效反馈与考核。

(一)目标设置

目标管理的第一个步骤是确定目标。由于旅游接待业活动与员工服务是有机叠加的,因此只有每个员工、各部门的工作对组织活动作出期望的贡献,企业的目标才可能实现。所以,如何使全体员工及各个部门积极主动、想方设法为组织的总目标努力工作是提升管理活动有效性的关键。这一阶段可以细分为四个步骤:

1. 高层管理者预定目标

旅游接待业企业的领导必须根据企业的使命和长远战略,估计客观环境带来的机会和挑战,并对本企业的优劣有清醒的认识,对组织应该能够完成的目标心中有数。

2. 重新审议组织结构和职责分工

目标管理要求每一个分目标都有确定的责任主体。因此预定目标之后重新审查现有组织结构,根据目标分解要求进行调整,明确目标责任者和协调他们之间的关系。

3. 确立下级的目标

首先确保下级明确组织的规划和目标,然后制定下级的分目标。在讨论中上级要尊重下级,平等待人,耐心倾听下级意见,帮助下级确定一致性和支持性目标。分目标要具体量化,便于考核;分清轻重缓急,以免顾此失彼;既要有挑战性,又要有实现可能。每个员工和部门的分目标要和其他员工和部门的分目标协调一致,支持本单位和组织目标的实现。

4. 上级和下级就实现各项目标所需的条件以及实现目标后的奖惩事项达成协议

分目标制定后,要授予下级相应的资源配置的权力,实现权、责、利的统一。由下级撰写书面协议,制作目标记录卡片。上级汇总整个组织所有资料后,绘制出目标图。

（二）过程管理

目标管理重视结果,强调自主、自治和自觉,并不等于酒店管理者就可以放手不管;相反,由于形成了目标体系,一环失误,就会牵动全局。因此,管理者对目标实施过程中的管理是不可缺少的。首先进行定期检查,利用双方经常接触的机会和信息反馈渠道自然地进行检查;其次要向下级通报进度,便于互相协调;再次要帮助下级解决工作中出现的困难问题,当出现意外、不可预测事件严重影响组织目标实现时,也可以通过一定的程序,修改原定的目标。

（三）反馈与考核

目标管理对朝向目标的进步不断提供反馈,通过给酒店员工提供持续的反馈,使他们能够控制和修正自己的行为。与此同时,在检查进度时管理人员应给予员工阶段性评价并给予相应的物质和精神鼓励,进一步激发员工的组织目标认同感和工作自豪感。还需要注意的是,考核评价依据只能是目标的实施结果,而不是努力程度。经过评价,目标管理进入下一轮循环过程。达到预定的目标后,对整个过程进行总结和评估,首先下级进行自我评估,提交书面报告;然后上下级一起考核目标完成情况,决定奖惩;同时讨论下一阶段目标,开始新循环。如果目标没有完成,就分析原因总结教训,切忌相互指责,以保持相互信任的气氛。

三、目标管理的优缺点及旅游接待业企业成功实施的条件

目标管理对组织内易于度量和分解的目标会带来良好的绩效。对于那些在技术上具有可分性的工作,由于责任、任务明确,目标管理常常会起到立竿见影的效果;同时,如果力图将组织目标的成果和责任划归一个职位或部门,容易造成授权不足与职责不清等缺陷,而目标管理的采用有助于改进组织结构的职责分工;目标管理启发了自觉,调动了职工的主动性、积极性、创造性;此外,目标管理促进了意见交流和相互了解,改善了旅游接待业企业内员工关系。

但在实际操作中,目标管理也存在许多明显的缺点。旅游接待业企业的具体目标难以制定,尤其是服务的特性使其数量化目标制定显得十分困难;目标的反复商定与讨论也会大大增加管理成本;另外,有时奖惩不一定都能和目标成果相配合,也很难保证公正性,从而削弱了目标管理的效果。

旅游接待业企业要想成功运用目标管理方法,必须注意以下条件:①要由高层管理人员参加制定高级策略目标;②下级人员要积极参加目标的制定和实现过程;③信息资料要充分;④管理者对实现目标的手段要有相应的控制权;⑤对实行目标管理而带来的风险应予以激励;⑥对旅游接待业员工要有信心,相信员工的能力。

同时,在运用目标管理方法时,也要防止一些偏差出现,比如,不宜过分强调定量指标(尤其是纯服务项目),忽视定性的内容,要根据多变的环境及时调整目标等。

酒店目标管理的评估因素

我们看这样三个例子：

目标一：2022年餐厅人均消费增长3%。

酒店经理在执行这个目标的时候，是不是应该思考：餐厅人均消费增长3%，酒店的服务水平跟不跟得上？产品研发、创新能力怎样？顾客是否觉得酒店产品质量过硬？酒店的宾客关系管理怎么样？酒店的内部员工管理又怎么样……这些都需要酒店经理去思考、去评估，并要及时地将评估结果与员工进行沟通交流。

目标二：2022年顾客投诉减少8%。

要想降低顾客投诉率，酒店经理需要将顾客可能投诉的所有要点都考虑进去，包括酒店的产品、硬件设备、员工素养、服务质量等各方面因素，甚至还需要考虑对员工进行专门的顾客投诉处理技能培训。

目标三：2022年餐厅食品毛利率控制在49%—57%。

在"毛利率控制在49%—57%"这个大目标之下，酒店的厨房应该怎么控制成本？前厅应该怎么控制成本？每名员工是不是都具有降本增效的意识？自己酒店所谓的垃圾里面还有没有可利用的边角料？采购物资时怎么做到开源节流？这些难道不值得酒店经理去思考吗？

通过对这三个目标案例的解读，各位酒店经理不妨想一想自己酒店制定过的目标，是否将制约目标达成的因素都考虑到了？如果您都考虑到了，并制定了相应的解决措施，那么您离实现目标还远吗？

酒店工作目标制定出来了，如果它不明确、不细化，也没能分解到各个部门，没能追责到每个岗位，它只是一纸空谈而已。这样的目标不仅对员工起不到促进、激励作用，反而会影响员工的积极性和热情。

资料来源 易钟，《酒店经理人的目标管理艺术》

本章思政总结

凡事预则立，不预则废。我们要着眼长远、把握大势，开门问策、集思广益，研究新情况、做出新规划。计划是管理的首要职能，是关于旅游接待业企业未来的蓝图，包含5W1H的内容。旅游接待业企业计划工作的程序包括估量机会、确立目标、确立前提条件、确定备选方案、评选备选方案、选择方案、拟订派生计划与编制预算。分析市场环境是做好计划的首要一步，一般可以通过SWOT法、PEST分析、"五力分析模型"等方法进行分析。

伟大梦想不是等得来、喊得来的，而是拼出来、干出来的。计划和战略需要有效落实才能发挥作用。旅游接待业企业必须做好企业使命确定、战略分析、战略选择、战略实施及控制工作，采取合适的总体经营战略和竞争战略。旅游接待业企业还应做好目标管理，包括目标的设置、过程的管理、反馈与考核等。

复习思考题

1. 旅游接待业的市场环境如何影响企业的经营活动？
2. 简析一体化增长战略的优势与劣势。
3. 旅游接待业企业进行目标管理应该注意哪些不利因素？

第三章
旅游接待业的组织与文化

学习目标

1. 理解旅游接待业组织职能和组织制度,熟悉旅游接待业常见组织结构形式。
2. 理解旅游接待业工作设计的概念及作用,熟悉旅游接待业工作设计方法。
3. 理解旅游接待业人员管理概念和过程,熟悉旅游接待业人员管理内容。
4. 了解旅游接待业企业文化的概念和意义,理解其建设的方法与途径。

1. 组织制度的建设是一个系统工程,要围绕新时代党的建设总要求,按照新时代党的组织路线的要求,进一步完善各项制度,补齐各种制度的短板,形成长效机制,努力构建系统完备、科学规范、运行有效的组织制度体系。
2. 用人主体要发挥主观能动性,增强服务意识和保障能力,建立有效的自我约束和外部监督机制,确保下放的权限接得住、用得好。要积极为人才松绑,完善人才管理制度,做到人才为本、信任人才、尊重人才、善待人才、包容人才。
3. 企业文化建设紧紧围绕增强企业核心竞争力,确立了保障企业改革发展顺利推进的战略定位。

北京贵州大厦召开冬奥会接待工作动员大会

日前,贵州饭店酒店管理集团旗下北京贵州大厦召开冬奥会接待工作动员大会。作为"北京2022年冬奥会官方接待酒店",北京贵州大厦在硬件设施、人员配备、疫情防控等多方面做足了准备,同时按照省驻京办"双推进、两不误"的总体要求在闭环管理外预留了人员,将按照工作安排,参与相关活动的保障工作。

贵州省驻京办主任代兵在讲话中强调:一是要提高政治站位,充分认识北京举办冬奥会的重大意义，以强烈的荣誉感和责任感，配合做好安保维稳、疫情防控、服务保障等工作，为确保北京冬奥会圆满成功举办作出贵州贡献；二是要秉持负责精神，珍惜能够服务保障冬奥会的机会，北京贵州大厦能够参与北京冬奥会的服务保障，充分表明了北京冬奥组委的信任；三是要增强纪律意识，以务实求实的工作作风展现贵州形象，全体干部职工要正确理解、科学认识此次接待任务，服从安排听指挥，坚决维护大局稳定，展现贵州良好形象；四是要抓好工作统筹，让服务奥运和业务工作双促进共发展，要用新思路、新举措推动党的建设、业务拓展、宣传推介等工作有序开展，并在2022年取得新的突破，为全省经济社会高质量发展作出新的更大贡献。

<u>资料来源</u> 天眼新闻，《北京贵州大厦召开冬奥会接待工作动员大会》，2022年1月20日

评语： 旅游接待业管理需要调配组织资源来实现管理目标，其中如何组织和协调所有工作人员、合理设计和安排工作非常关键。这依赖于组织职能的发挥、组织制度与结构的安排、工作与岗位的设计、人员管理、企业文化的塑造等，正是本章要讨论的内容。

第一节　旅游接待业的组织与结构

一、旅游接待业的组织职能

旅游接待业组织是完成特定使命、以旅游接待为主要任务的人们为了实现共同的目标而组成的有机整体。旅游接待业的组织职能就是旅游接待业管理者为实现组织目标而建立与协调组织结构的工作过程。旅游接待业企业的管理者，要负责进行旅游接待业组织结构的设计和组织团队的组建，设置部门职能，分配组织团队角色，决定哪些工作由什么部门完成，进行任务分派，授予他们相应的权力。旅游接待业管理者在组织上的职责主要是努力为实施计划任务而获得足够的人、财、物等资源，并使人与事得到合理的配置，从而保证高效完成组织目标所规定的各项任务。从旅游接待业的利益相关者角度上看，旅游接待业要实现自身管理目标，从而给各主要利益相关者带来收益，就应该组织好、管理好旅游接待业企业内外的资源。当然，旅游接待业组织管理的对象主要是企业内部的人力及部门资源（见图3-1）。

二、旅游接待业企业组织制度

现代企业的基本组织制度是指关于企业核心组织机构的设置及其相互关系的制度。它包括现代企业的组织形式和组织结构，主要体现在企业的组织结构方面。组织制度的建立对于旅游接待业企业管理具有重要意义，它具有以下几方面的作用：

1. 组织制度具有规则约束功能，对旅游接待业企业员工的行为起一种导向作用

制度是旅游接待业企业员工活动和行为的基本准则，在维护旅游接待业企业经营

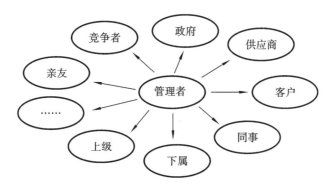

图 3-1　接待业组织管理可能涉及的对象

与管理秩序、维持一个和谐稳定的旅游接待业企业环境方面起着关键作用。

2. 组织制度的激励功能

设计或安排一种科学的旅游接待业企业组织制度可以有效地激励企业员工勤奋工作和创新。例如,在旅游接待业企业的经济责任制下,高效率完成目标的员工将得到奖励,这将激励员工更加积极地工作,也对其他员工产生一种示范效应,带动整个旅游接待业企业经营效益的提高。

3. 组织制度具有资源配置功能

将旅游接待业企业的人、财、物按一定的比例组合起来,以使其发挥作用。资源配置是任何制度下都必须进行的,这不因制度的不同而有所改变,但不同的制度,其资源配置效果有着天壤之别。旅游接待业企业如果确立了较好的制度,将使得人尽其才、财尽其利、物尽其用、地尽其力,没有闲置和浪费,从而提高资源利用率,高效率地完成企业目标。

4. 组织制度具有信息传递功能

有效的信息传递对旅游接待业企业十分重要。旅游接待业企业的组织制度也是一个系统,它保证接待业企业经营信息真实、充分、及时、全面地上下左右传递,而这些信息为接待业企业的服务、管理、经营提供了决策依据,是其重要资源。

根据不同的标准,可以将旅游接待业企业制度划分为不同的类型:

(1) 按旅游接待业企业形式划分,其可分为独资型接待业企业、合伙型接待业企业和公司型接待业企业。这三种企业组织形式是以财产的组织形式和所承担的法律责任来划分的。加上所有制的因素,还有国家独资型企业、股份合作型企业等。

(2) 按有关管理体制的各种制度划分,有董事会领导下的总经理负责制、党委工作制、职工代表大会制等。

(3) 按有关旅游接待企业内部经营管理的一些基本制度划分,例如,员工手册、服务规程、岗位责任制、经济责任制。

(4) 按旅游接待业企业部门的管理制度划分,如财务管理制度等。

三、旅游接待业企业组织结构

所谓组织结构是企业正式确定的使工作任务得以分解、组合和协调的框架体系。它具体包含四个方面内容:

(1) 职能结构，即完成组织目标所需要的各项业务工作及其比例和关系。
(2) 层级结构，即各管理阶层的构成，是组织的纵向机构。
(3) 部门结构，即各管理和业务部门的构成，是组织的横向结构。
(4) 职权结构，即各层次、各部门在权力和责任方面的分工及相互关系。

旅游接待业企业组织结构描述企业的职权职能与框架体系。常见的组织结构有直线型组织结构、直线职能型组织结构、事业部型组织结构以及矩阵型组织结构等。

1. 直线型组织结构

直线型组织结构是企业发展早期的一种简单的组织结构模式。典型的直线型组织结构如图3-2所示。

其特点是：没有职能部门，企业依照从上到下的权力等级划分实施控制与指挥。这种组织结构形式结构简单，权责分明，指挥统一，工作效率高。但由于这种形式没有专业管理分工，要求业务行政领导具有多方面的管理业务和技能。总经理、经理往往忙于日常业务而无法集中精力研究企业重大战略问题。因而，这种形式适用于技术较为简单、业务单纯、企业规模较小的旅游接待业企业。

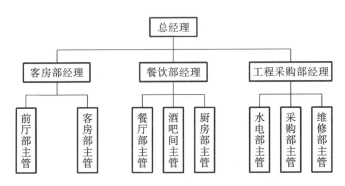

图3-2　直线型组织结构示例

2. 直线职能型组织结构

直线职能型组织结构是旅游接待业企业比较常见的一种组织形式。这种组织结构的最大特点是在各级直线指挥机构之下设置了相应的职能机构或人员从事专业管理（见图3-3）。

直线职能型组织结构最大的优点是具有明确性和高度的稳定性。每个人都了解自己的工作，分工很具体，是一种以工作为中心的组织形式。但是，随着环境的变化和企业规模的扩大，这种组织结构的许多问题也逐渐暴露出来。企业中的每个部门或人员只关心自己"分内"的事情，很难理解企业整体的任务并把它同自己的工作联系起来，严重依赖于总经理协调；而且，各部门特别是同级部门为维护自身利益容易相互推卸责任，形成部门利益。

3. 事业部型组织结构

所谓事业部型组织结构，是一个旅游接待业企业（往往是集团）内对于具有独立的产品、服务和市场、独立的责任和利益的部门实行分权管理的一种组织形态。在事业部型结构中，总经理实行统一领导，把各经营部门划分成若干相对独立的经营单位，授予

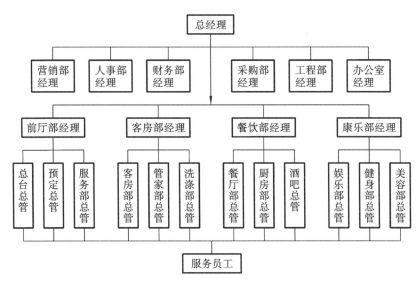

图 3-3　直线职能型组织结构示例

相应的权力,独立从事经营活动,是一种实行集中决策、分散经营的分权组织机构。典型的事业部型组织结构如图 3-4 所示。

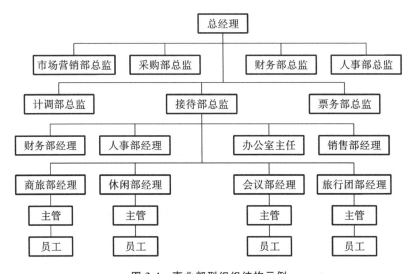

图 3-4　事业部型组织结构示例

一方面,事业部型组织结构有利于高层管理人员摆脱日常行政事务,集中精力抓好组织经营发展战略和重大经营决策;同时由于权力的下放,旅游接待业企业对市场的反应能力增强,经营管理效率提高,有利于提高服务质量和水平;另外,该组织结构有利于培养独立的、全面的主持经营管理工作的高级经营管理人才。另一方面,各事业部之间容易形成部门狭隘观念,而忽略组织整体利益;部门之间横向协调差,不利于信息、人才的流动;另外,组织机构重叠,导致管理费用增加、利益协调困难。因此事业部型组织结构多用于大型的旅游接待业企业。

4.矩阵型组织结构

矩阵型组织结构是由纵横两套管理系统组成的组织结构,一套是纵向的职能领导系统，另一套是为完成某一任务而组成的横向项目系统。它把旅游接待业企业的管理部门分为传统的职能部门和为完成某项专门任务而由各职能部门派人参加联合组成的、有组长负责领导的专门小组，任务完成之后，小组成员各自回到原来单位，组织形成一个二元矩阵式的结构，如图3-5所示。

	部门1	部门2	部门3	……
任务小组1				
任务小组2				
任务小组3				
⋮				

图3-5　矩阵型组织结构

由于矩阵型组织结构是按项目进行组织的，所以它加强了不同部门之间的配合和信息交流，克服了直线职能结构中各部门互相脱节的现象；在这种组织结构中，各部门机动灵活性强，可随项目的开始与结束进行组织或给予解散；由于员工直接参与项目，而且在重要决策问题上有发言权，也使他们增加了责任感，激发了工作热情。当然，矩阵型结构也存在一定的局限，主要表现为其项目负责人并未获得真正的职权，而是责任大于权力；员工接受部门上级的领导同时又受项目组负责人的指挥，造成双重领导。这种矩阵结构主要适用于服务类型多样、市场变化大、需要不断服务创新的旅游接待业企业。

第二节　旅游接待业企业工作设计与人员管理

一、旅游接待业企业工作设计的概念及作用

旅游接待业企业工作设计又称为职务设计、岗位设计，是根据旅游接待业企业需要，兼顾个人需要，规定某个职务的任务、责任、权利以及在企业中与其他职务关系的过程。它是在工作分析的前提下，来说明工作该怎样做才能最大限度提高组织的效率和劳动生产率，怎样使员工在工作中得到最大限度的满足，包括在工作中帮助员工个人成长和增加员工福利。

旅游接待业企业工作设计是否得当，对能否有效地实现企业目标、激发员工的工作积极性、提高工作绩效和增强员工的满意度都有重大的影响，直接关系到能不能实现"事得其人，人尽其才"。欠佳的工作设计会直接导致员工的工作压力增大，降低员工的满意度，进而导致工作缺乏动力，员工流动性大，缺勤比率高。旅游接待业企业大都是人力资源密集型企业，员工工作强度大，随时都要和客人打交道，灵活性强，更需要科学合理的工作设计。

二、旅游接待业企业工作设计原则

旅游接待业企业的工作设计应从实际出发,充分考虑企业内外部人力资源的供给情况,提高企业员工的工作效率,让员工在工作中获得最大的满足,在设计过程中需遵循客观规律和基本原则(见表3-1)。

表3-1　旅游接待业企业工作设计应遵循原则

原则	内容
因事设岗原则	岗位遵循组织的发展、工作的内容、各部门职责范围设置
规范化原则	工作设计的用语、岗位设置的数量和名称规范
系统化原则	要注意岗位之间的承接关系和协作关系,明确岗位的监督状况,明确其晋升通道
最少岗位原则	节约人力成本,降低岗位层级之间信息传播的耗损
动静结合原则	基础性的、变化不大的岗位可使用静态为主的方法,对于与市场接触较多、容易变化的岗位或部门要使用动态的设计方法
优化工作环境原则	工作设计要充分考虑工作环境的优化,使之能保护员工的生理、心理安全健康,建立起人与环境相适应的最优系统
工作满负荷原则	人尽其才、物尽其用、时尽其效,设计出先进合理的劳动定员
员工能力开发原则	工作的设置必须能够使员工的能力得到提升

三、旅游接待业企业工作设计的方法

1. 工作轮换

工作轮换是指在旅游接待业企业的不同部门或在某一部门内部调动员工的工作。目的在于让员工积累更多的工作经验。它拓宽了员工工作领域,使员工获得更广泛的工作机会,如在酒店中经常见到前厅部的员工去餐饮部或客房部工作,旅行社的导游从事计调工作。但是工作轮换只能短期内解除工作的厌烦感,没有从根本上解决问题,且会增加培训成本,还可能会导致生产效率的下降,使偏爱在选定领域中谋求更大发展的员工积极性受打击。

2. 工作扩大化

工作扩大化是指在横向水平上增加一项工作的任务和职责,使工作多样化,但工作的难度和复杂程度并不增加,只是一种工作内容在水平方向上的扩展,不需要员工具备新的技能,所以,并没有改变员工工作的枯燥和单调。例如景区讲解导游除了现场讲解还增加维护景区秩序职责。

3. 工作丰富化

工作丰富化是指垂直的增加工作内容,这样员工会承担更多的任务、更大的责任,员工有更大的自主权和更高限度的自我管理空间,使员工获得更大的激励和更多的满意机会,例如让餐饮厨师调配他们处理过的原材料、订购食品等。但是为使员工掌握更多的技能,必然会增加培训费,并且需支付更高的工资。

4. 弹性工作制

弹性工作制是指在完成规定的工作任务或固定的工作时间长度的前提下,员工可以灵活、自主地选择工作的具体时间,以代替统一、固定的上下班时间的制度。例如旅游业具有季节性的特征,淡旺季明显,因此旅行社、酒店或景区更加适合采用弹性工作制,旺季扩大生产,增加盈利;淡季减产裁员,节约成本。

四、旅游接待业企业人员管理

旅游接待业企业人员管理就是科学地运用现代管理学中的相关方法,对企业的人力资源进行有效的规划、开发、利用和激励,以实现其最大价值和最优化的组合,从而实现企业管理最终目标的一种全面管理活动和过程。

旅游接待业企业人员管理不同于传统的人事管理,它是对人的管理,以人为本,具有全员性、科学性、动态性、系统性和全面性等特征,覆盖如图 3-6 所示的全部管理环节,例如人力资源规划、招聘、甄选、员工培训、绩效管理、薪酬与福利、职业发展等。

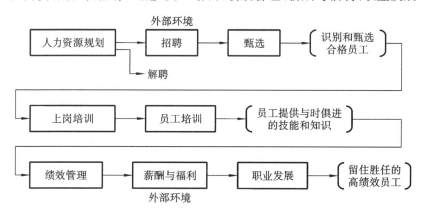

图 3-6　旅游接待业企业人员管理

除了正式组织之外,旅游接待业企业内还存在一些非正式组织,即独立于正式组织之外,两个或两个以上员工之间无意识地协调行为的体系,是包含有多种心理因素的系统,而尚未上升为形式化、制度化、结构化的组织规范,它是企业中潜在的并在企业运转实践中有自身作用的规范和作用机制的组织。它是由人自发形成的社会组织,往往基于情感等因素形成,而不同于正式组织的成本、效率逻辑因素。考虑到非正式组织的积极意义,旅游接待业管理者在进行员工管理时不应轻率地扣以小集团等定断而加以否定,而要引导和利用非正式组织,使之成为正式组织的辅助力量。管理者可以利用非正式组织的正面效应,来提升员工间的信任、促进沟通、收集意见等。同时通过职位调动、强调企业文化等手段消除非正式组织的负面效应。

除了正式员工之外,旅游接待业企业还存在一些非正式员工。他们是相对于在编的正式员工而言的,与单位确立了不同于正式员工的劳动关系或没有同单位签订正式劳动合同,享受不到正式员工的相关待遇。按照非正式员工的人员素质、工作特点、工作方式及在薪酬方面的不同,一般可将其分为四类:临时工、实习生、租赁员工、特别聘用人员与顾问人员。与正式员工比较,企业对非正式员工的控制力度较弱,员工的工作积极性较难调动,企业缺乏一种长期的激励措施对其进行管理。旅游接待业企业组织职能的重要任务就是整合企业内所有员工的力量,让每个员工各司其职,互相配合,提高效率。非正式员工的组织管理也要服务于酒店的组织制度与管理理念,可通过优化组织制度、薪酬层级结构、工作环境和岗位设计等进行科学管理。

案例 3-1

首旅集团组织无偿献血,支援"疫"线

为响应市委市政府和市国资委号召,坚决打赢疫情防控阻击战,缓解北京血库存量紧张问题,首旅集团党委高度重视,周密安排,第一时间部署、落实和组织开展无偿献血工作,为护佑生命、抗击疫情贡献首旅干部员工的爱心与力量。为全力做好疫情防控期间的无偿献血工作,首旅集团前期对报名人员进行了认真筛查,组织参加献血的党员干部和员工群众自行到献血点,按照"保持安全距离、全程戴口罩、测量体温、健康征询及健康检查"的采血流程,有序组织,分阶段献血,有效地避免献血人员的交叉接触。截止到2月29日,首旅集团共组织旗下首旅酒店集团、首旅置业集团、全聚德集团、首汽集团、康辉旅游集团等15家企业的180名党员干部和员工群众参加本次无偿献血活动,献血比例达到102.3%,广大干部员工用实际行动"为生命接力、为爱逆行"。"一方有难,八方支援",作为首都国企,此次无偿献血活动充分展现出首旅人在抗击疫情中的责任与担当,彰显了首旅人积极向上的风貌和团结奋斗的力量,相信在党中央的坚强领导下,在社会各界的大力支援和共同努力下,一定能打赢这场疫情防控的人民战争、总体战、阻击战。

资料来源 首旅集团新闻中心,2020年2月29日

第三节 旅游接待业企业文化

一、旅游接待业企业文化的内涵

旅游接待与文化的融合已上升到国家政策层面。近年来,文化和旅游加快融合、相互促进,旅游接待业成为传播社会主义先进文化、革命文化和中华优秀传统文化的重要载体。《"十四五"旅游业发展规划》显示,文化和旅游系统将贯彻落实党中央、国务院决策部署,坚持以文塑旅、以旅彰文,以文化引领旅游发展、用旅游促进文化繁荣,积极推进文化和旅游业态融合、产品融合、市场融合,促进优势互补,形成发展合力。文化作为一种价值观、一种精神,是渗透旅游接待业企业管理实践活动中的经营哲学。提升旅游接待业企业服务水平需要企业文化的推动,特别是在制定和实施文化战略时,要将企业

文化与经营管理相结合,增强企业竞争力。

企业文化是指企业全体员工在长期的创业和发展过程中形成并共同遵守的最高目标、核心价值观念和行为规范,是企业理念文化、制度行为文化和物质形态文化的有机复合体,是企业员工在日常工作生活中,努力贯彻并实际遵循的行为指南。美国麻省理工学院的沙因教授认为,企业文化包括核心精神层、文化行为与制度层和浅层物质层三个层面(见图 3-7)。物质层面包括旅游接待业企业所提供的产品、企业环境和企业容貌、服务环境、技术设备的现代化与文明程度。文化行为与制度层中,行为主要包括企业家行为、企业模范人物行为、企业员工群体行为。制度则主要体现在企业领导体制、企业组织机构和企业管理制度等上,具体包括企业的经营规模、运作方式、治理形式、人际关系、管理制度、激励机制、利益分配等多方面内容。核心精神是更深层的文化,体现在企业精神、企业经营哲学、企业道德、企业价值观念、企业口号、企业风貌等,反映了旅游接待业企业所认同的价值观和执行的价值观。

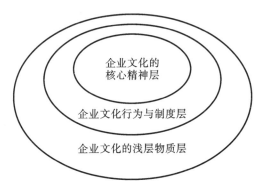

图 3-7　旅游接待业企业文化

二、旅游接待业企业文化的意义

旅游接待业企业文化是软性的组织制度,在企业内外经营管理中发挥重要作用。

企业文化可以对其生产经营管理起到一定的导向作用。旅游接待业企业所有的经营流程环节中,都要以企业文化作为企业发展的参考依据。企业文化能够增强其凝聚力,在企业文化的熏陶下,企业能够对员工产生一种吸附力,让员工对企业产生一种向往感。旅游接待业企业管理工作中每一个人都分工明确,企业文化能够规范员工的行为。企业文化是一种价值观,员工长期在这种文化的熏陶下,能够自觉地将企业的价值观和经营理念作为规范自己行为的准则。在文化凝聚力的作用下,旅游接待业企业的员工具有更强的团队精神和领导力,直接体现其核心竞争力。

对外来看,旅游接待业企业文化塑造企业的形象和品牌。在激烈的市场竞争体制下,提升形象对于旅游接待业企业获取更高的经济利益有着重要意义。企业文化彰显了企业的形象,有利于企业品牌的建设。例如,在高质量发展大背景下,强调优质、精细服务的企业文化,可以保持企业竞争活力。在可持续发展、"双碳"背景下,强调低碳、环保的企业文化,可以构建良好的企业形象,培育良好口碑。

三、旅游接待业企业文化建设

旅游接待业企业要建设好企业文化,首先要发挥管理人员的作用。作为企业文化建设中的引领者,管理人员需做到深入基层,发挥模范带头作用,达到言传身教的效果。这样在员工对文化认可的情况下,便可使文化得到进一步推动与发展。同时,面对行业市场的不断变化,企业管理人员应适时做好企业文化宣传工作,确保员工价值理念与企业整体发展目标相适应,这对提高旅游接待业企业竞争优势具有极其重要的意义。

旅游接待业企业文化的落实需以相应的经营管理制度作为保障。旅游接待业企业可结合实际发展状况,在文化建设过程中结合现有文化精神,对管理制度内容不断完善,使企业文化导向作用得以发挥的同时赋予文化精神新的内容。同时,企业文化建设过程中应注重良好形象的塑造。旅游接待业企业自身的服务性质决定其必须围绕服务理念进行经营管理,这样在为内部员工带来更多自豪感与归属感的同时,可吸引更多客户与投资者,促进旅游接待业企业的长远发展。

建设旅游接待业企业文化,还应加强员工培训,提升员工素质。接待性工作本身是员工积累经验和增长见识的途径。然而随着时代的飞速发展,知识不断更新,在旅游活动和接待工作中也会不断地出现新的问题、产生新的挑战,因此每个人都需要一个学习、总结与交流的过程。因此,在旅游接待业企业的淡季或某个必要时段,对员工进行针对性的专业培训是必不可少的。一方面对员工进行操守教育,提高员工的职业道德素养;另一方面通过培训,着力提高员工的综合素质(知识素质、职业素质),员工要有一定的协调能力、沟通能力、分析问题能力与应变能力,这样员工在追求接待性职业成长和发展方面的期望就更高,从而提高服务质量。

青海青·青海情——2021青海文化旅游节综述

5月19日至23日,以"生态、绿色、人文、体验"为主题的2021青海文化旅游节盛装登场,7大板块主题活动陆续上演,精彩纷呈,集中展示了青海厚重的历史文化底蕴和优美的山水风光、青海经济社会发展的强大动力以及青海人民意气风发的精神风貌。

这里有山水,也有歌舞;这里有故事,也有美食;这里有智慧,也有淳朴;这里有原生态,也有高科技……本届文化旅游节档次高、规模大,虽然只有短短5天,但活动安排集中,内容丰富,节奏紧凑,不仅为各族群众端出了一道道独具青海特色的文化旅游大餐,也为来自全国各地的参展商和旅游者提供了丰富的既有生态体验又有文化感受的文化旅游产品及服务供给。青海文化旅游节不仅成为青海展示多元文化的窗口,更成为青海开放创新、招商引资的平台,向世界传递青海"好声音"的载体。

群众文化展演活动贯穿本届文化旅游节全过程,地点遍布全省。全省文化旅游部门用群众喜闻乐见的形式,把文化精品送到大家身边。

旅游接待业

世界各地的外国朋友、国内知名的专家学者、五湖四海的旅游工作者们共聚一堂，围绕"打造国际生态旅游目的地"的主题展开了深入探讨，形成生态旅游资源、生态旅游产品、生态旅游市场、生态环境保护等方面的重要共识，拓宽了发展思路，凝聚了发展合力，大家都在为如何努力把青海打造成令人向往的国际生态旅游目的地这一共同目标贡献智慧和力量。

文化是旅游发展的灵魂，旅游是文化发展的依托。以文化旅游节为契机，青海倾力打造了一场文旅盛宴。

除了"真金白银"的收益，节会还带来一系列无形资产。进一步擦亮了青海"打造国际生态旅游目的地"的名片，促进了文化、旅游、体育、艺术、产业、惠民的融合发展，对青海经济社会发展尤其是文化旅游产业发展有着巨大的推动作用。

资料来源 《青海日报》，青海青·青海情——2021青海文化旅游节综述，2021-5-24

> **本章思政总结**
>
> 党的力量来自组织，组织能使力量倍增。组织制度的建设是一个系统工程，这对于旅游接待业企业同样适用。旅游接待业企业的组织职能就是旅游接待业企业管理者为实现组织目标而建立与协调组织结构的工作过程。企业核心组织机构的设置及规范其相互关系的制度构成了企业的组织制度，其建立对于旅游接待业企业管理具有重要意义。旅游接待业企业组织结构描述企业的职权职能与框架体系，常见的组织结构有直线型组织结构、直线职能型组织结构、事业部型组织结构以及矩阵型组织结构等。
>
> 要发挥组织效能，必须完善人才管理制度。旅游接待业企业工作设计是根据旅游接待业企业需要，兼顾个人的需要，规定某个职务的任务、责任、权利以及在企业中与其他职务关系的过程。在设计过程中需遵循客观规律和基本原则（如因事设岗原则等），采用工作轮换、工作扩大化等方法提供绩效。旅游接待业企业还要对人员进行科学、系统的管理。
>
> 企业文化建设是我们企业总体发展战略的重要组成部分和重点工作。旅游接待业企业文化包括核心精神层、文化行为与制度层和浅层物质层三个层面。它是软性的组织制度，在企业内外经营管理中发挥重要作用。旅游接待业企业要建设好企业文化，要发挥管理人员的作用，以相应的经营管理制度作为保障，并加强员工培训，提升员工素质。

 **复习思考题**

1. 简述旅游接待业企业组织职能的概念。
2. 如何认识旅游接待业企业组织制度？
3. 旅游接待业企业常见组织结构形式有哪些？

4. 简述旅游接待业企业工作设计的概念、作用及原则。
5. 如何进行旅游接待业企业人员管理？
6. 简述旅游接待业企业企业文化的内涵和意义。
7. 结合实际，谈谈如何进行旅游接待业企业企业文化建设。

第四章
旅行服务接待

学习目标

1. 了解旅行社产生和发展历史。
2. 明确旅行社在现代旅游业中的地位和作用。
3. 熟悉旅行社的性质和职能。
4. 掌握旅行社计调业务的概念,熟悉计调业务内容。
5. 熟悉旅行社接待工作的主要内容。
6. 熟悉旅行社接待人员管理,明确接待人员的基本要求。
7. 熟悉OTA的发展阶段。
8. 了解在线旅游的特点、服务内容和未来发展趋势。

思政元素

1.《关于促进旅游业改革发展的若干意见》指出,加快旅游业改革发展是适应人民群众消费升级和产业结构调整的必然要求,对于扩就业、增收入,推动贫困地区脱贫致富,促进经济平稳增长和生态环境改善具有重大意义。

2.《"十四五"文化和旅游发展规划》提出旅行社应转型升级:要推动旅行社转型发展,培育一批具有国际竞争力、行业影响力的骨干旅行社和一批特色化、品牌化中小旅行社;推动旅行社和在线旅游企业的产品创新,提高专业服务能力;加强导游专业素养、职业形象、服务品牌建设。

3.《"十四五"文化和旅游发展规划》指出,要深化旅游业供给侧结构性改革,深入推进大众旅游、智慧旅游和"旅游+""+旅游",提供更多优质旅游产品和服务,加强区域旅游品牌和服务整合,完善综合效益高、带动能力强的现代旅游业体系,努力实现旅游业高质量发展。

云南低价游,880元的6天双飞游

小李(化名)在某购物平台上订购了一款"昆明大理丽江6天5晚双飞游"产品,

并支付880元,其中包括2人上海到昆明的往返机票(非廉航,实际乘坐为南航和东航),以及石林风景区、玉龙雪山(包括大索道)、洱海游船等门票和交通费用,还有6天5晚的住宿和餐食,昆明长水机场的免费接送服务等。出发前,旅行社客服人员明确表示,没有强制消费和隐性消费,但小李全程体验后发现,过程并不简单。

行程第二天,导游就带大家参加了一个"VIP茶歇"项目,实际上,就是在推销云南的普洱茶。购买的普洱茶活动结束后,导游还在不停地向旅游者强调,自己没收回扣,并将团内不花钱的旅游者称为"搅屎棍"。小李发现,此类低价旅行团限制两男性组团报名。

在普洱茶推销项目之后,行程中还隐藏了翡翠玉石购物点,而这些都没有标注在旅游产品的宣传页面上。一位旅游者表示,导游带大家去一家翡翠店购物时,店内人员展开了"一对一贴身"服务,连上厕所也有人在外等候,目的就是催促大家消费。一些其他旅行团的旅游者则表示,购物结束之后,导游还会向大巴车上旅游者吐槽"我们业绩最差",从而让大家在下一个购物点提高消费额。

在这6天5晚的行程中,导游会带旅游者前去购买茶叶、黄龙玉、雪花银、翡翠、中药材等,其中,购买翡翠是导游最为重视的环节。在大巴上,导游不但会播放事先准备好的视频,推销翡翠,还会向旅游者不断施加精神压力。在进翡翠店之前,导游更是对旅游者发出"威胁":购物金额会上传到云南省的旅游系统,如果不消费,将被列入黑名单。

在整个购买翡翠过程中,每个家庭都会有工作人员在一旁"服务"。而且,翡翠购物点内没有座位,导游则站在柜台里与销售人员一起。不过,翡翠店销售人员称,与导游之间并没有关系。

在6天5晚"昆明—大理—丽江"旅行团内,购物时间占据一大半,甚至没有丽江古城的游玩安排,其中束河古镇的景点也未兑现,取而代之的是黄龙玉销售点。紧凑的6天行程中,分别由3位导游带队,小李从同一线路的其他旅行团多位旅游者处获悉,都存在3位导游轮流带队的情况。

云南省文旅厅工作人员针对"旅游者遭威胁,不消费就纳入征信"的言论表示:并没有此项规定,已及时跟进。

资料来源 https://society.huanqiu.com/article/42KFGvZ3Mk7

思考:"低价游"出现的原因有哪些?如何整治"低价游"市场?

第一节 旅行中介与旅行社

一、旅行中介的性质和结构

(一)旅行中介的性质

中介机构在所有行业中的职责都是将产品和服务从消费者不需要的形态转变成消

费者确实需要的形态。为了满足家庭日常的需要,中介机构的主要做法是控制大量产品,将它们分解为个体消费者需要的数量,然后提供给市场。

因上述原因,旅行中介就会加强分销渠道,并将买卖双方联系起来形成市场。这样大量的工作就要由旅游经营商和批发商来承担,它们将旅游过程中分散的产品组合成一个整体,并以包价的形式通过旅游零售代理商或是航空公司的销售点售出(见图 4-1),这样的代销方式在北美尤为普遍。在大多数情况下,旅游零售代理商为现成的旅游路线提供销售点,并提供票务服务和其他旅行服务,如旅游保险和外汇兑换等。

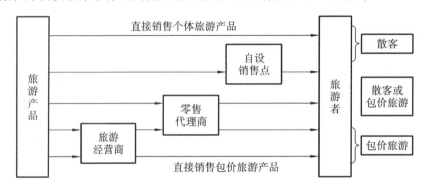

图 4-1　旅游业分销渠道结构

(二)旅行中介的结构

个体旅游者首先将自己的旅游日程集中起来,他们可以直接向产品的供应商购买住宿和交通等主要产品,或者通过供应商的销售点或零售代理商购买。在国内旅游中,消费者通常对旅游产品的知识很了解,并且可以通过电话预订,所以普遍采取向供应商直接购买的方式消费。

二、旅行社的产生和发展

旅行社是社会经济发展到一定阶段的产物,是商品经济、科学技术和社会分工发展的必然结果。世界上最早的旅行社起源于 19 世纪 40 年代的英国,它的产生与发展给人类的旅游活动带来了重大变革。纵观国内外旅行社的发展历程,国外旅行社起步早、发展较快,我国旅行社起步较晚、发展相对滞后。

(一)国外旅行社的产生和发展

1. 国外旅行社的产生

18 世纪中叶,工业革命促进了人类社会的发展,社会财富和个人财富都明显增加,此时,旅游不再是富人的专利,大众旅游的时代正在来临。技术的进步提高了工作效率,人们拥有了一定的闲暇时间,这些改变使人们外出旅游成为可能。但是大多数人缺少旅行经验,不了解外面的世界,不知道如何办理旅行手续,加上语言不通、货币兑换等问题的困扰,仍然对旅游望而却步,这些具备旅游动机的潜在旅游消费者需要专业化的旅行服务。于是,一批敏锐捕捉市场信息的先行者意识到了旅行服务的重要意义和市场价值,开始创办旅行代理事业。其中,世界上第一位专职的旅行代理商,就是英国人托马斯·库克(Thomas Cook),他创办了世界上首家旅行社,因此他至今仍被尊为"近代旅游业之父"。

2.国外旅行社的发展

自1845年托马斯·库克创建第一家旅行社之后,世界旅行社已经发展了170多年,总体来说,世界旅行社的发展经历了近代旅游时期、大众旅游时期和当代旅游时期,如表4-1所示。

表4-1 世界旅行社发展历程

阶段	时间	市场特征	供给特征
近代旅游时期	1845—1949年	市场容量小,市场发育不成熟,绝大多数人没有旅行经验	1845年托马斯·库克创办第一家旅行社,企业规模小,经营范围有限
大众旅游时期	1950—1989年	社会经济环境不断优化,使旅游市场迅速扩大,市场特征表现为"大规模、无差别"	旅行社行业规模迅速扩大,一些旅行社开始大规模跨越国界建立自己的分支机构,形成了跨国旅游企业集团
当代旅游时期	1990年至今	市场需求呈现差异化、复杂化、个性化和多样化的特征	旅行社通过细分市场特征,进行弹性生产和产品创新,提供多样化产品,网络经营成为潮流

(资料来源:李晓标,解程姬,2015)

1)近代旅游时期(1845—1949年)

继托马斯·库克之后,为适应人们不断增长的旅游需求,旅行社在世界各地迅速发展起来。19世纪下半叶,欧洲成立了许多类似的旅游组织,例如,英国1857年成立了登山俱乐部,1885年又成立了帐篷俱乐部;1850年亨利·威尔斯和威廉·法戈等创办了美国运通公司。到20世纪20年代末,已有50多个国家开展了旅行社业务,设立了专门的旅游管理机构和旅游公司,形成了世界规模的旅行社业务。

2)大众旅游时期(1950—1989年)

第二次世界大战以后,特别是20世纪50年代以后,世界局势相对稳定,经济的快速发展和新技术的广泛应用促进了社会生产力的迅速提高。经济收入的增加、闲暇时间的增多和交通条件的改善,为旅游业的发展创造了条件,使旅游活动不断向规模化、大众化方向发展。

3)当代旅游时期(1990年至今)

进入20世纪90年代以来,旅游市场开始出现个性化旅游的新特征。而互联网等技术的出现,为人们实现个性化旅游提供了更加丰富的信息。旅行社界出现了一些依赖网络技术兴起的"网上旅行社",网络化经营成为旅行社发展的必然趋势。

(二)国内旅行社的产生和发展

1. 中国近代旅行社的产生与发展(1949年10月以前)

20世纪20年代,爱国民族资本家、上海商业储蓄银行创始人陈光甫先生因在外资旅行代理机构购买船票受到冷遇,立志创办一家中国人自己的旅行服务机构。除了爱国和维护民族尊严之外,陈光甫创办旅行社的目的还在于让国人及外国人士了解中国古老悠久的文化和名胜古迹,辅助工商和服务社会。1923年8月15日,我国第一家民族旅行社——上海商业储蓄银行旅行部正式成立。

2. 中华人民共和国成立后旅行社的发展(1949年10月之后)

中华人民共和国成立之前,由于战乱和落后的经济,中国的旅游业规模较小、发展缓慢,旅行社寥寥无几。改革开放后,旅游业被纳入国民经济和社会发展计划,旅行社也得以迅猛发展,先后经历了行政事业导向的中国旅行社业(1949年10月—1978年)、市场化与开放化进程中的中国旅行社业(1978—2009年)和旅行社从旅行社业向旅行服务业的转变(2010年至今)。旅行社的经营模式经历了从最先的典型的"政企合一"到寡头经营状态,再到现在的多样化蓬勃发展。2010年以来,我国旅行社面临的市场环境有两个突出变化:一是由散客化带来的消费模式的变化;二是以移动互联网、云计算和大数据为代表的信息技术的发展带来的旅行社商业模式的变化①。

三、旅行社的职能

旅行社最基本的职能是设法满足旅游者在旅行和游览方面的各种需要,同时协助交通、酒店、餐馆、游览景区等旅游服务供应部门和企业将其旅游服务产品销售给旅游者。具体来说,旅行社的职能分为以下五个方面:

1. 生产职能

旅行社是旅游产品生产线的源头,其生产职能也可以称为组装职能。在我国,旅行社大多以低于市场价的价格向酒店、旅游交通和其他相关部门批量购买旅游者所需的各种服务项目,然后进行组装并融入旅行社自身的服务内容,形成具有自己特色的旅游产品。就团体旅游而言,旅行社最终出售的是一件完整的旅游产品,而非组成旅游产品的零散部件。就此意义而言,旅行社具有生产职能。

2. 销售职能

旅行社是销售者。一方面,旅行社招徕旅游者,促进了单项旅游产品生产企业的销售;另一方面,作为旅游产品的销售渠道,旅行社又代客预订各种单项旅游产品,便于旅游者进行统一购买,大大简化了旅游过程中的交换关系。旅游产品的无形性和生产与消费的同一性,使得它的销售较物质产品更为复杂,同时也使得旅游产品的销售对销售渠道的依赖变得更强。

3. 组织协调职能

旅行社是组织者。旅游活动涉及食、住、行、游、购、娱等众多方面,旅行社要保障旅

---

① 该观点由林艳珍、高仁华、刘慧贞在《旅行社经营管理》中提出,书中将国内旅行社的发展历程以时间和重要政策为依据进行梳理,得出国内旅行社在各发展阶段的特点。

游活动的顺利进行,就离不开旅游业各部门和其他相关行业的合作与支持。旅行社要想确保旅游者旅游活动的顺利进行,就必须进行大量的组织与协调工作,在确保合作各方实现各自利益的前提下,协同旅游业各有关部门和其他相关行业,保障旅游者旅游活动过程中各个环节的衔接与落实。

4. 分配职能

旅行社是分配者。旅游者旅游活动过程中的消费是多种多样的,特别是在包价旅游的情况下,旅游者通常为其各种旅游活动一次性预付全部或部分费用。这意味着旅行社不仅要根据旅游者的要求,在不同的旅游服务项目之间合理分配旅游者的支出,最大限度地满足旅游者的需要,而且要在旅游活动结束后,根据接待过程中各相关部门提供服务的数量和质量合理分配旅游收入。

5. 提供信息职能

旅行社是信息的发布者。旅行社提供信息的职能主要表现在两个方面:一方面,旅行社作为旅游产品重要的销售渠道,向旅游者提供旅游供给方面的信息咨询服务,使其了解有关线路、交通、景点、酒店、娱乐等方面的产品情况,激发其旅游动机,充当旅游决策顾问;另一方面,旅行社应向旅游服务部门提供旅游市场需求,并将之传递给相关企业,调节供给。

第二节　旅行社计调业务

一、旅行社计调的概念和重要性

(一)旅行社计调的概念

计调是计划、调度的统称。一般认为,旅行社计调有广义与狭义之分。从广义上讲,旅行社计调是对外代表旅行社同旅游服务供应商建立广泛的协作网络,签订采购协议,保证提供旅游者所需的各种服务,并协同处理有关计划变更事项和突发事件;对内做好联络和统计工作,为旅行社业务决策和计划管理提供信息服务。从狭义上讲,旅行社计调是为旅游团安排各种旅游活动和为旅游者所提供的间接性服务,包括食、住、行、游、购、娱等事宜的安排,旅游合作伙伴的选择,旅游接待计划的制订和下发,旅游预算的编制,导游的委派等①。

(二)旅行社计调的重要性

计调人员是旅游活动的幕后操纵者,计调人员代表旅行社安排旅游者的行程计划,如旅游者的用餐时间、用餐地点,导游一般不能随意改动,所以计划书的细致与周到,直

---

① 旅行社计调的定义参考林艳珍、高仁华、刘慧贞《旅行社经营管理》,2019年版。

接影响团队的服务质量。没有完整、清晰、准确地向接待部门阐明接待的细则和要求,对行程松紧安排不当,对交通工具监控不力,对住宿酒店了解不足等,都是计调人员容易犯的错误。可见,计调对保障旅游行程中服务质量所起的作用是至关重要的。

计调岗位在旅行社业务操作运营中具有重要作用。因此,旅行社计调职业岗位是一个对从业人员的素质要求非常高的岗位。相对于旅行社的其他岗位而言,旅行社计调人员必须具有很强的责任心、工作要有计划性,还应具有与合作地接社、酒店的谈判技巧,在制定线路、新产品的开发及采购方面具有较强的市场意识,具有较强的风险意识和法律意识,熟悉旅游相关法律法规等。学界也有研究者对旅行社计调人员职业能力评价构建模型,旨在丰富相关评价体系,现阶段我国旅游业计调人员职业能力评测中,统筹安排与分析调度能力占有最大的权重(见图 4-2)。

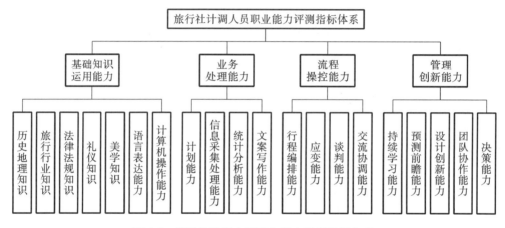

图 4-2　旅行社计调人员职业能力测评指标体系

(资料来源:边喜英.基于优质旅游需求下的旅游企业人力资源测评研究
——以旅行社计调人员为例[J].旅游论坛,2019,12(2):49-56.)

二、计调业务的范围和信息流程

(一)计调业务的范围

1. 计划工作

计调人员需要按照本社在一定时期内的客源数量,根据所需人、财、物以及如何接待等情况,再结合组团社发来的接团邀约,收集旅游团的各种资料,进行分析,并编制科学的接待计划,将制订好的接待计划与相关部门对接。

2. 协调工作

计调部门需要与社会上、旅行社内等各组织部门联系,协调服务时间、数量、内容和费用等,为旅游者提供优质的服务。例如,当组团社发来邀约后,计调部门相关人员需要去联系酒店、餐厅和车站等,为顾客确定住宿、饮食和交通,还需要联系当地的景区等娱乐场所,让顾客游程中有娱乐项目。计调人员将本来松散的旅游企业和其他部门统一协调起来,形成综合接待能力,令各个部门能有条不紊地完成接待工作。

3. 决策工作

计调部门掌握着大部分资料,不仅有旅行社接待旅游者的全部资料,而且有与其他旅游企业的交往资料。计调部门的这些资料是在长期工作中积累的重要信息,对这些数据进行分析和统计的结果能帮助旅行社决策层掌握全面而科学的统计信息,给旅行社管理者在决策时提供依据,是计划管理的依据。

4. 结算工作

旅行社和酒店、餐厅、交通部门等接待单位的经济结算是通过接待计划和合同来完成的,而这些接待计划往往会因为导游或其他人为的疏忽而产生差错,或由于交通、气候等因素的影响而发生变化,这就给财务结算带来了麻烦。在这样的情况下,计调部门的旅游团原始资料就成了团队财务结算的凭证。

(二)计调业务的信息流程

计调的主要业务是接收本社或其他组团社的计划书,安排订车票、船票和机票,下达用车计划,负责订餐、订房,制订接待计划,接待完成后协助财务部审查报销凭据等。计调业务的信息流程如图 4-3 所示。

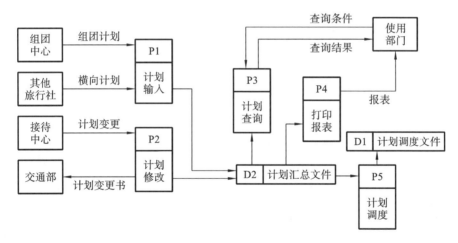

图 4-3　计调业务的信息流程

(资料来源:于世宏,关兵.旅游管理信息系统[M].北京:北京理工大学出版社,2018.)

图 4-3 中,P1 是把收到的各种计划书输入计划汇总文件中;P2 是根据各接待部收到的订单变更修订计划汇总文件,并通知票务部或车队;P3 可根据组(接)团名、旅行社名、日期、国际、人数、流量、用房数、接待方式和浏览内容等查询有关计划;P4 是根据计划及调度情况打印登记表、流量表和机票预订单等;P5 是根据计划汇总文件内容及调度方案生成计划调度文件。

图 4-3 中,D1 保存接待部门或人员名称、旅行社代码、旅行社名称、旅游者国籍、团队名称、团队人数、女性人数、儿童人数、预计到达日期、预计离开日期、用房和旅行线路等数据;D2 保存已安排的计划,其数据内容同 D1。

三、计调采购工作

(一)计调采购工作的内涵

旅行社的产品就是旅行社为满足旅游者旅游过程中的需要而向旅游者提供的各种有偿服务。在我国,目前旅行社向旅游者提供的产品除了各种单项服务外,更多地为包括食、住、行、游、购、娱等各要素在内的综合包价旅游服务。这就使旅行社的产品不可避免地将住宿、交通运输和餐饮等许多旅行社自己并不直接经营的服务项目也包括在其中,由此产生了旅行社服务采购行为。

旅行社服务采购是指旅行社为组合旅游产品,以一定的价格向其他旅游企业及与旅游业相关的其他行业和部门购买相关服务项目的行为。旅游服务采购这一工作主要由计调人员来完成,因此旅行社的计调工作实际上包含了采购工作。

(二)计调采购工作的原则

旅行社产品的采购与销售的关系是"以销定产",销与产必须完全一致,否则对旅行社将产生严重的影响。要使销与产相对一致,一方面要求旅行社购买与销售相对一致,保证充足供应,另一方面又要求旅行社必须购买到低价的产品,这才能使其有较好的利润。

1. 保证供应原则

旅行社的旅游服务采购要保证能供应旅游者所需要的各种服务。旅行社的产品是由各服务项目按一定原则编制组合而成的,这些服务项目大部分是对外采购而来的。因此,各项目采购到位,是旅行社顺利编制产品并顺利销售的先决条件。现在旅游市场竞争非常激烈,时间就是金钱,采购计划的制订要非常准确。如果该进的物料不依时间采购,则会造成停工待料,增加管理费用,影响销售和信誉。但如果过早采购囤积物料,又会造成资金的积压、土地的浪费、物料的变质,所以依据生产计划制订采购计划,按采购计划适时地进料,既能使生产、销售顺畅,又可以节约成本,提高市场竞争能力。尤其是在旅游旺季的旅游热点地区,旅游需求远大于旅游供给,旅行社能否拿到机票、客房等旅游产品要素往往成为旅行社能否销售产品的关键。

2. 降低成本原则

旅行社终归是一个企业,而企业总是要追求利润的。旅行社采购中的保证供应只是为旅行社创造利润提供了前提,并不保证旅行社一定能获利。利润是总收入与总支出的差额,在总收入不变的情况下,支出越少利润越大。计调人员对价格的确定尤为重要,计调人员多方面打探市场行情,包括市场最高价、最低价、一般价格等,然后分析各供应商提供材料的性能、规格、品质、要求、用量等才能建立比价标准。计调部门也可以成立估价小组,通常估价小组由采购、技术人员、成本会计等组成,估算出符合品质要求的、较为准确的底价标准。根据底价的资料、市场的行情、供应商用料的不同、采购量的大小、付款期的长短等等与供应商议定出一个双方都能接受的合理的价格,为旅行社获取最大利益。

(三)计调采购工作的内容

1. 餐饮和住宿服务采购

餐饮和住宿服务采购指旅行社为满足旅游者在旅游过程中对餐饮方面的需要进行采购的业务。旅行社计调人员在采购餐饮服务时,常采用定点采购方法,即旅行社对餐饮设施进行考察和筛选后,同被选择的餐馆的住宿地点进行谈判,最终达成协议,由这些餐馆充当旅行社的定点餐厅和住宿场所。

2. 交通服务采购

迅速、安全、舒适、方便的交通服务,是旅行社产品不可或缺的组成部分。所以,旅行社必须与包括航空公司、铁路、公路、水上客运等在内的交通运输部门建立密切的合作关系,并采取与有关的交通部门建立代理关系的方式,经营联网代售业务,以保证旅游者在旅游过程中的交通能够顺畅、快捷。

3. 参观游览和旅游娱乐服务采购

游览和参观是旅游者在旅游目的地进行的最基本和最重要的旅游活动。做好游览景点服务的采购工作对于保证旅游计划的顺利完成具有举足轻重的作用。组织好旅游中的娱乐活动,不仅可以丰富、充实旅游活动,还能消除旅游者在旅途中的疲劳,并起到文化交流的作用。

4. 旅游购物服务采购

购物是旅游活动中不可缺少的环节。一方面,作为旅游者或多或少都会有购物需求;另一方面,旅游购物可以促进当地的经济发展。因此,旅行社要组织好旅游者的购物活动,做到既可满足旅游者需求,同时也为当地增加经济收益和就业机会。在旅游者要求或征得旅游者同意的前提下,旅行社应该选择一批信誉好、特点鲜明、价格合理、商品质量优、售后服务周到的旅游商店作为合作单位,经过洽谈签订协议。

5. 其他旅游服务的采购

除了上述的各种旅行社必须要采购的旅游服务外,旅行社还在其产品经营中向旅游者提供旅游咨询、代办旅游保险和出境护照签证等服务,所以旅行社也必须与相关的部门建立合作关系,才能有利于旅行社的发展。

第三节 旅行社接待工作

旅行社接待工作是指对已经预定本社旅游产品或服务的旅游者(团),在其到达本地后提供这些产品或服务,使其圆满实现出游目的的过程。它的性质和核心,就是服务。具体而言,接待工作是旅行社派出导游员作为地方陪同或全程陪同,以满足旅游者吃、住、行、游、购、娱等方面的需要和服务的工作。这种工作,复杂而细致,需要导游员付出相当多的体力、智力和精力,全力以赴地服务于旅游接待的全过程。

一、旅行社接待工作的主要内容

(一)洽谈阶段

1. 介绍和受理相关咨询

接待人员在向旅游者提供旅游咨询服务时要热情,认真倾听,根据旅游者的具体情况因势利导地向旅游者推荐本旅行社的旅游产品。

2. 接受旅游者报名

接受旅游者参团报名时,接待人员应详细了解旅游者参加旅游团的目的、要求;全面介绍有关旅游团的旅游线路、价格、主要游览景点、乘坐的交通工具、旅游团出发及返回的日期和时间等;询问旅游者在生活和旅游活动等方面是否有特殊要求;在旅游者充分了解旅游合同(协议)的全部内容的基础上,代表旅行社与旅游者签订旅游合同(协议);收取旅游费用,并出具发票。

3. 处理各种文件

整理各种相关文件并存入档案,有条件的应建立客户档案,将其姓名、年龄、出游爱好、详细联系方式等记入系统中,并保持一定的联系,以做今后推荐新旅游产品和售后服务之用。

(二)处理接待计划阶段

1. 接待计划的制作与寄送

接待计划是组团社委托地方接待社组织落实旅游团活动的契约性安排,是导游人员了解旅游团队基本情况和安排活动日程的主要依据。在旅游者购买旅游产品后,接待人员就应做好接待计划,接待计划是旅行社日常接待工作的重要文字依据。接待计划回执是接待社在接到组团社计划后发给组团社的书面确认,现采用传真来确认回执。

2. 接团社书面确认

组团社发出初步行程后,一般可要求接团社在当天给予书面答复,要对各项内容进行逐一确认,同时落实车船、机票和酒店房间的情况。如接待计划需要变更,组团社在收到对方最后要求变更通知时应对原接待计划内容进行调整、修改、补充及反馈。

3. 发正式接待计划

组团社应在团队到达第一站前给接团社发出两份完整详细的正式计划,正式计划一般应包括:①发团确认函;②团队行程和各项服务标准及特殊要求;③团队旅游者资料;④各站接团社名称、联系人及联系电话;⑤旅游团委托协议书。

(三)接待准备阶段

1. 安排适当的接待人员

旅行社应根据旅游者的年龄、文化背景、职业和有关要求配备合适的接待人员。这要求旅行社全面了解社内接待人员的特点和特长,如老年团就要配备耐心细致的导游员。

2.适时检查接待计划及其落实情况

接待计划和日程安排是旅游者旅游活动的依据,其质量的高低将直接影响旅游者对旅游活动的评价,因此,旅行社管理人员要适时检查接待计划及落实情况,确保游程的顺利进行。

3.必要的提示和指导

旅行社管理人员可以适当地提醒接待人员容易忽略的问题,给予必要的指导,确保各个环节工作的落实。

(四)接待阶段

1.严格执行请示汇报制度

在旅游活动的过程中,很可能发生一些意料之外的变化,一旦遭遇这种变化,首先就要向上级进行请示汇报,取得必要的指导和帮助,尽可能地避免由个人知识、能力与经验不足而造成的失误。

2.建立畅通的信息系统

畅通的信息系统能使旅行社管理人员及时掌握各旅游活动的进展情况并及时采取有效措施,弥补服务缺陷。

3.必要的抽查和监督

实行抽查和监督可以给接待人员一种紧张感和责任感,促使接待人员更好地完成接待任务。

(五)结束阶段

1.厘清财务问题

组团社的财务人员应与全陪一起根据计划认真核查各地接团社寄来的收款账单,准时准确付清款项。

2.处理遗留问题

处理旅游者遗留问题,尽可能地延伸服务。

3.获取材料

请旅游者填写旅游者意见表,全陪填写全陪日志。

(六)总结阶段

做好旅行社接待总结可以使我们对旅行社某个阶段的旅游活动接待质量有一个全面、清晰的认识,能够找出不足,及时进行经验总结和反思。旅行社应要求每一名接待人员在完成接待工作后对接待服务过程中发生的各种问题和事故以及发生的原因、处理方法、采取的措施及其结果、旅游者的反映等进行认真的总结,对重大事件还应写出书面总结报告,必要时交总经理处理。将其中成功的经验加以宣传,能提高接待服务水平和质量;将失误加以总结,可尽量避免犯同样的错误。

二、旅行社接待人员的管理

(一)接待人员的基本礼仪规范

1. 问候及迎接礼仪

当有散客进入门市的时候,门市接待人员应立即起身迎接,给予热情的问候和接待,请旅游者到洽谈区就座,并准备茶水,让其觉得自身备受重视,以给他们留下良好的第一印象。反之,旅游者会有一种受冷落的感觉,进来咨询甚至购买的欲望就会受到影响。

2. 交谈礼仪

在和散客的洽谈过程中要注重交谈礼仪,通常用普通话进行交流,语速适中,音量大小适宜,面带微笑,与之有适当的目光接触,同时注重自身的体态,给人一种赏心悦目的感觉,让他们在整个咨询过程中有一种舒适的感觉,促进其购买欲望。

3. 电话礼仪

有时会有旅游者通过电话打到门市进行咨询,此时就要求接待人员掌握良好的电话礼仪,接电话要声音甜美,语速适中,首先"自报家门",然后对旅游者咨询的问题一一解答并给予适当的推荐和建议,尽量在电话中使旅游者产生信任感,达成购买意向。

(二)接待人员的基本能力

1. 熟练介绍旅游产品线路内容

作为旅行社接待人员,首先要掌握的最基本的业务知识就是相关旅游产品的线路内容、日程安排、交通工具安排、导游安排等问题,在旅游者进行咨询的时候,能够对答如流,并具备基本的设计旅游线路的能力,给旅游者适当的建议。

2. 快速进行旅游线路设计及报价

当旅游者确定了意向旅游线路后,门市接待人员应该根据旅游者所选择的线路和等级及旅游者的特殊要求,尽快核算出价格,报给旅游者。在报价过程中,门市接待人员应该熟悉价格策略,规范报价,不能信口开河,忽高忽低。

3. 熟悉周边食、宿、行、游、购、娱等相关信息

除了掌握旅游线路及报价等知识和业务能力外,旅行社门市接待人员还应掌握相关的食、宿、行、游、购、娱等相关信息。如果接待人员一问三不知,会严重影响旅游者对旅行社的信任程度。因此,门市接待人员应掌握相关的信息,为旅游者提供更好的解答服务。

(三)接待人员个性化服务能力

针对散客规模小、批次多、要求多、变化大、预订期短的特点,除了上述基本的旅游知识及业务能力等规范化服务能力之外,旅行社门市接待人员还应具备个性化服务能力,要会察言观色,根据旅游者的特点,分析旅游者的需求,从而在旅游者咨询的时候给予更加适合旅游者的建议,提供有针对性的个性化服务,以提升顾客对旅行社的忠诚度。

案例 4-1

带粉丝"云游"云南

"我的导游生涯从2015年开始,截至2020年1月23日结束。"嘉宁记得很清楚,2020年1月23日,她刚从缅甸带团回到国内,便因疫情闲在家。2个多月的空档期,让她想明白了许多。多才多艺的嘉宁在家做起了直播。

土生土长的昆明姑娘嘉宁,在2020年4月开始尝试做一名文旅博主,主要通过抖音向消费者介绍景点玩场、分享云南风光。

嘉宁的新媒体账号名为"跟着嘉宁去旅游",截至2022年1月10日,嘉宁已经在抖音短视频中发布了149条文旅短视频,获赞超过26.7万次。视频内容主要推荐云南及部分省外旅游地。

"2020年8月,抖音号有了8000多个粉丝,但在视频内容上始终觉得还差点什么,所以其间也做过一段时间的活动主持人。2021年春节刚过,通过拍摄昆明西山、王官湿地等视频后,逐渐摸到了一些门道,便开始专职做文旅博主。"2021年3月9日,嘉宁迎来了短视频的第一次变现,是一家旅行社看到嘉宁的抖音短视频后,主动联系她去拍摄一条宣传视频。这次变现让嘉宁更加坚定,旅行博主这条路可以继续走下去。

如今,嘉宁的抖音号已经有5万粉丝,大部分商业合作来自景区、旅游企业及政府宣传部门。"景区的宣传主要是通过视频内容分享景区玩场,发布视频时通过定位景区进行C端带货,消费者点击定位,即可买到低于市场价的景区门票。"嘉宁说,目前只有抖音平台上架了优惠团购票,消费者在浏览相关视频时均可点击定位购买。

春天赏樱、冬天观鸥,除了商业合作,嘉宁也会在自己的抖音账号发布许多时下旅游热点的内容分享。在嘉宁的抖音账号中,视频分为了很多类,有"昆明生活""爱在丽江"等。这个昆明女孩正在不断产出优质文旅短视频,来推介云南的亮丽风景。

资料来源 杨滔、彭云、杨阳,《疫情下导游们的逆袭转身》,都市时报数字报,2022年1月18日

第四节 OTA与线上旅行业务

一、OTA的发展阶段

OTA是在线旅游(online travel agency)的缩写,是旅游电子商务行业的专业词语,指"旅游消费者通过网络向旅游服务提供商预订旅游产品或服务,并通过线上支付或者

线下付费,即各旅游主体可以通过网络进行产品营销或产品销售"。OTA 的出现将原来传统的旅行社销售模式放到网络平台上,更广泛地传递了线路信息,互动式的交流更方便了客人的咨询和订购。在线旅游市场的进化过程大致可划分为以下四个时期①。

第一阶段:萌芽期(1996—1998 年)。1997 年,全球互联网投资高潮兴起,借助资本的力量,互联网开始向传统行业进行渗透,进而催生了中国第一批旅游网站,如华夏旅游网、携程旅游网、Et-China、中青旅在线等。

第二阶段:起步期(1999—2002 年)。2000 年,在线旅游服务商开始尝试新的运营模式,通过收购传统的分销商来拓展市场覆盖范围。新兴的在线旅游服务商通过与传统旅游分销商相结合,为行业的发展带来新的生机。

第三阶段:发展期(2003—2008 年)。2003 年开始,在线旅游开始明确市场定位,向旅游消费者提供全方位的简单旅游产品预订服务,中国在线旅游市场呈现细分化的发展态势(见图 4-4)。此外,以 2003 年携程成功上市美国 NASDAQ 为标志,中国在线旅游业开始吸纳资金,扩大业务发展。2005 年,中国在线业务行业呈现多元化、差异化发展态势。在线旅游企业纷纷探寻新的产品方向并创新业务模式,以期开拓新的盈利增长点,在线旅游服务业务迎来全面发展期(叶娅丽,2018)。

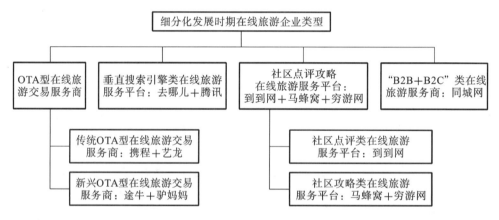

图 4-4　细分化发展时期在线旅游企业类型

第四阶段:持续完善期(2009 年至今):各种旅游垂直网站开始兴起,垂直搜索加剧了机票业务的竞争程度。点评网站有利于酒店及度假业务的线上发展。综合来讲,垂直网站的发展对整个旅游市场的发展起到了催化剂的作用,使得整个行业的竞争更加立体化。

中国整体旅游行业规模体量可观,每年稳定增长。而且随着供给需求两端互联网化程度均迅速提升,旅游的在线转化率持续快速提升。在目前的旅游各细分市场中,机票、火车票的在线转化率都已达到较高水平,住宿和度假方面仍有较大的发展空间。

---

① 在线旅游市场发展的四个时期划分依据参考《中国在线旅游研究报告(2019)》

案例 4-2

马蜂窝的发展之道

马蜂窝旅行网是中国领先的自由行服务平台。以"自由行"为核心,提供全球60000个旅游目的地的旅游攻略、旅游问答、旅游点评等资讯,以及酒店、交通、当地游等自由行产品及服务。马蜂窝的景点、餐饮、酒店等点评信息均来自数千万用户的真实分享。

马蜂窝旅行网站在自由行消费者的角度,帮助用户做出最佳的旅游消费决策。UGC(用户创造内容)、旅游大数据、自由行交易平台是马蜂窝的三大核心竞争力,社交基因是马蜂窝区别于其他在线旅游网站的本质特征。

1. 商业模式

马蜂窝旅行网是基于旅游社交和旅游大数据的新型自由行服务平台。用户通过交互生成海量的内容,经由数据挖掘和分析,这些内容形成结构化的旅游数据并循环流动。马蜂窝依据用户偏好及其行为习惯,对应提供个性化的旅行信息、自由行产品交易及服务;全球的OTA、酒店、邮轮、民宿、当地旅行社等旅游产品供应商通过马蜂窝的旅游大数据与消费者精准匹配,节省营销费用,并能获得不菲的收入。

马蜂窝自由行交易平台的出现,标志着个性化旅游——自由行时代的到来。业界通常将旅游划分为三个时代:鼠标+水泥的时代(以携程为代表)、垂直比价时代(以去哪儿为代表)、个性化旅游的自由行时代(以马蜂窝为代表)。在移动互联网语境下,"自由行"的基础是旅游社交和旅游大数据,用户通过网络获取并分享旅游信息、产品和服务。

2. 主要功能

(1)酒店预订。

通过马蜂窝,用户可以预订全球92万家国际酒店和民宿。马蜂窝站在自由行用户的角度,打破按行政区域预订酒店的传统方式,专门设计了按旅行兴趣区域划分酒店的方式,令酒店预订变得更加高效、轻松和有趣,用户在5分钟内即可完成全球各地的酒店和民宿预订。

(2)当地游。

当地游旨在为自由行用户找到全球各地最值得体验的本地游乐项目,包括景点门票、美食特产、交通票务、演出展览、当地娱乐1—5日游等,为旅行者提供超值且富有当地特色的自由行产品。通过与全球各地的合作伙伴对接,马蜂窝在当地直接采购旅游产品和服务,省去中间交易环节,让用户、马蜂窝的当地供应商都能享受到最大的利益。

(3)自由行交易平台。

马蜂窝通过搭建专门的自由行服务平台,在移动端、PC网站、微信、微博等社交媒体上,为自由行合作伙伴提供全方位的产品展示、引流、线上支付、大数据支持和销售服务体系等O2O解决方案。马蜂窝将旅游大数据与自由行合作伙伴共享,合作伙伴能够参考自由行产品销售数据,以及旅游点评、旅游问答、旅游攻略、游记等数据,开发更多贴近用户需求的产品,持续提升服务和自身的品牌建设。

资料来源　李云鹏.旅游电子商务[M].重庆:重庆大学出版社,2018.

二、在线旅游的服务内容

在线旅游的核心版块如图4-5所示。

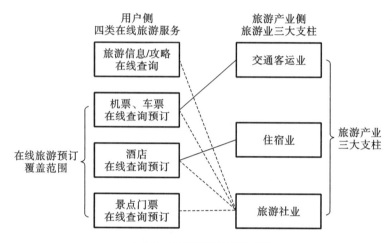

图 4-5　在线旅游的核心板块

注:实线表示用户侧某项服务的完成必须由行业侧的某支柱来实现,虚线表示用户侧该服务的完成并不必要求该支柱产业来实现。如机票等服务可以通过旅行社,也可能不通过此中介,但一定要通过交通客运业来实现。

(一)旅游信息与攻略

攻略,其实是以旅游者和网友为对象,介绍一个目的地或者一个线路和行程。第一层,要能吸引用户,即起到目的地或线路营销的作用。第二层,要起到攻略的作用,即可以让网友参考、制定行程。第三层,要起到服务的作用,即让网友能快速找到高性价比商家进行预订,也就是自然地把商业模式给嵌入了。

(二)机票、车票、船票在线查询预订

在线旅游交通是指通过互联网、移动互联网及电话呼叫中心等方式为消费者提供旅游交通出行相关信息、产品和服务。其包括在线机票预订、在线火车票预订、在线汽车票预订,以及其他旅游交通产品和服务(如租车、接送机服务等)。通过图4-6可以看出,在线交通市场规模占在线旅游市场总规模的比例远高于在线住宿市场和在线度假市场所占的比例,2017年在线交通市场规模占在线旅游市场总规模的56.3%。

(三)酒店住宿

在线酒店预订指旅游消费者通过在线旅游服务提供商的网站提交预订订单,提交

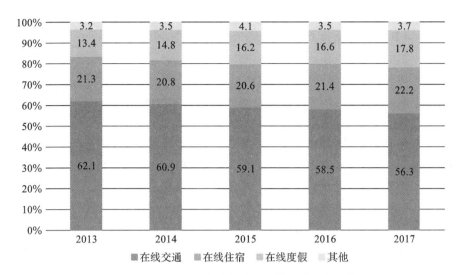

图 4-6　2013—2017 年中国在线旅游行业市场结构

(资料来源：http://www.frostchina.com/? p=8935)

成功后由消费者通过网络付费或者凭预订单号直接到预订的酒店宾馆前台付费[①]。由于巨大的市场容量，在线酒店预订平台数不胜数，就其商业模式和运作方类型的不同，可以大致分为六种类型：各连锁或单一酒店品牌的直销网站、OTA 平台、第三方买手平台、搜索引擎发展而来的预订引导平台、第三方预订推介平台、民宿酒店性质的短租平台。

(四)景点门票

如今的市场已从增量市场逐步过渡到存量市场，增量时代已经一去不复返了，如何获取流量成为旅游电子门票行业重点关注的问题。景区门口放置产品二维码展架的场景随处可见，旅游者使用手机扫描二维码即可购买景区门票，从而避开售票窗口的排队长龙，加快入园速度。这既缓解了景区的入园压力，也给旅游者带来了便利。同时，通过数据测算，因购买景区门票注册成为 OTA 会员的旅游者，后续对其他品类的贡献率也达到 20%，其复购能力不容小觑。

三、在线旅游未来发展趋势

1. 旅游用户年轻化

旅游用户年轻化趋势将推动行业及产品转型。以往旅游产业相对传统，但近年来用户的年轻化趋势愈加明显，而部分旅游资源端在销售渠道、旅游产品等方面还维持着传统的运营方式，这在一定程度上会降低年轻旅游者对旅游目的地的兴趣程度。因此，在用户年轻化的趋势下，行业及企业的旅游产品服务均需适配年轻用户，整体旅游产业面临着产品模式、服务方式等多维度改革迭代的新挑战。

---

① 该定义引用 2014 年中国旅游研究院发布的《中国旅行社产业发展年度报告》。

2. 用户习惯内容化

用户属性年轻化和用户习惯内容化推动旅游内容产业发展,内容化是时代对旅游产业转型的号召。随着我国旅游行业消费不断升级,旅游消费代理模式逐步被线上平台模式取代,在线旅游占领了更为广阔的市场空间。越来越多的消费者对在线旅游行业的内容资讯充满期待。内容是在线旅游企业的重要资产,优质内容是在线旅游企业的生命线、助推力。首先,大批优质、活跃的用户不断在网上分享旅游经历,用文字、图片、视频记录自己的生活,提供优质内容资源,获得更大影响力;其次,消费者足不出户便能通过查看旅游内容和数据了解目的地的真实情况,避免不良体验和消费陷阱,实现个性化旅行;再次,平台海量旅游内容帮助消费者"智慧决策",有助于旅游产业链集约配置;从次,旅游企业能够及时、准确地从平台内容数据中把握市场变化,优化资源配置,整合碎片化产品;最后,提供服务的商家更注重品牌和口碑经营,以赢得更多青睐。

3. 产业数字化

需求侧的数字化生活习惯推动着旅游产业数字化转型。数字化是当前时代中产业发展、人民生活等多角度的转型趋势,作为服务业的旅游产业,更应该积极应对趋势浪潮,加快旅游产业数字化转型步伐。发改委等13部门联合印发《关于支持新业态新模式健康发展激活消费市场带动扩大就业的意见》,要求把支持线上线下融合的新业态、新模式作为经济转型和促进改革创新的重要突破口,并提出要鼓励文化旅游领域产品智能化升级和商业模式创新,推动旅游景区建设数字化体验产品,丰富旅游者体验内容。总之,以智能化、数字化、体验化为特征的数字文旅新业态为文旅产业创新发展提供了全新的发展路径,是文旅产业转型升级和提质增效的重要手段,将成为未来文旅产业发展重点。

案例 4-3

数字故宫|数字化博物馆的探路者

2020年7月,故宫博物院发布了"数字故宫"小程序。"数字故宫"小程序与旅游者一同在文物世界里探索、在古建全景间漫游、在慢直播中走过故宫的四季……有近500万名来自天南海北的观众通过这一全新的渠道触达故宫、了解故宫、走近故宫。科技将旧日的古物转化为新时代的文化力量,通过"数字故宫"传达出中华优秀传统文化在时下重新焕发的无限魅力。

推荐路线,精准规划

基于LBS(基于位置服务)精确位置服务打造官方推荐路线导览,覆盖全院的精确路线规划让"寻路"不再困难。搭配官方语音讲解,一天、半天、三小时游览……无论观众是想"体验紫禁城的日常"还是"避暑""赏秋",都有相应的路线推荐。此次升级还首次在小程序这一载体中实现了AR实景导航功能。借助这一技术探索,观众可以在故宫内通过AR实景实时探路,解锁瑞兽三维模型,获得更"立体"的参观体验。

哪里人最少？看就知道

以往观众参观时,有时会遭遇热门场馆过度拥挤的情况,既在排队过程中浪费大量时间,又影响游览体验。新版小程序基于腾讯地图服务全新上线"参观舒适度指数"功能,观众可随时查询重要景点附近的参观舒适程度信息,并结合查询结果灵活调整游览路线,实现自助式"错峰"游览。

有什么问题？问就行了

全新打造的智能导览助手小狮子,AI 随身导游全程陪同讲解。融入了"数智人"解决方案的智能导览助手更加博学、灵动,不仅可以在游览过程中与观众进行实时语音问答,还可以根据内容展示不同的个性化表情、动作与情绪,为观众提供更加有趣的智能导览、讲解及闲聊服务。

更智能、更友好、更简单、更开放

"数字故宫"小程序还从视觉、交互等方面针对视障人群、老年人群进行了无障碍升级。操作方面,小程序新增视障辅助读屏功能,高效指引视障用户找到要点信息。导览方面,结合故宫博物院现有无障碍设施,小程序内置无障碍路线及设施指引服务,实现从内容到功能全方位无障碍体验。

在未来,故宫博物院将以科技为基石,不断提升服务能力,以"平安故宫、学术故宫、数字故宫、活力故宫"建设为支撑,继续努力将故宫博物院建成国际一流博物馆,世界文化遗产保护的典范,文化和旅游融合的引领者,文明交流互鉴的中华文化会客厅。用科技与创新的力量,让中华优秀传统文化永续传承。

资料来源 https://www.dpm.org.cn/classify_detail/257034.html

即将成为过去式的"大数据杀熟"

中国在线旅游市场快速增长,在线旅游企业和平台的数量不断增多,在方便公众出游的同时也促进了旅游消费,但也有一些在线旅游经营者损害消费者权益,给行业带来负面影响。为规范市场秩序,文化和旅游部印发《在线旅游经营服务管理暂行规定》(下称《规定》),于 2020 年 10 月 1 日起正式施行。

随着在线旅游平台的普及,"机票价格越搜越贵、酒店起价越看越高"已经不是新鲜事,"大数据杀熟"也成为消费者普遍热议的话题。

家住北京的周女士准备带家人到海南旅行。为节省开支,周女士提前一个月就开始通过某在线旅游平台关注航班动态和价格信息。而令她没想到的是,自己的精心策划竟然被平台大数据"盯"上了。

"机票第一次搜是一个价格,过一段时间再搜价格就涨了。"周女士向记者表示,最后订单票价比初次搜索票价高了近 1000 元,朋友在同天定到的同航班价格也比自己低几百元。即使考虑机票余量导致价格变动,自己"显然也是被大数据狠狠'宰'了一刀"。

针对"大数据杀熟"等违规使用用户数据信息的问题,《规定》第十二条明确提出,在线旅游经营者应当提供真实、准确的旅游服务信息,不得进行虚假宣传,同时要求在线旅游经营者提供交通、住宿、游览等预订服务时,应有公开、透明、可查询的预订渠道,促成相关预订服务依约履行。《规定》提出明确要求,在线旅游经营者不得滥用大数据分析等技术手段,基于旅游者消费记录、旅游偏好等设置不公平的交易条件;在收集旅游者信息时,经营者必须事先明示收集旅游者个人信息的目的、方式和范围,并获得旅游者同意。

"将'大数据杀熟'等行业积弊纳入监管,对保障旅游者消费权益,促进旅游业高质量发展有深远意义。"马蜂窝旅游研究中心负责人冯饶表示,利用行业信息壁垒进行"大数据杀熟"不仅侵犯消费者合法权益,也对市场竞争秩序造成了巨大冲击。《规定》的出台将有利于从根本上遏制这样的违法违规行为,为品质好、服务好的旅游产品提供更多市场空间。

资料来源 https://qiye.chinadaily.com.cn/a/202009/11/WS5f5ad42ea31009ff9fddf974.html

本章思政总结

习近平总书记在许多重要国际场合鲜明表示,中国开放的大门只会越开越大,欢迎各国人民搭乘中国发展的快车,推进开放、包容、普惠、平衡、共赢的新型经济全球化,以合作共赢增进人类福祉、惠及世界人民。当有的国家热衷于退群、关门、建墙的时候,中国高举建设开放型世界经济的旗帜,高质量共建"一带一路",实施开展中国国际进口博览会、拓展自贸区建设、完善外商投资法律等一系列重大举措。

党的十九届五中全会审议通过的《中共中央关于制定国民经济和社会发展第十四个五年规划和二〇三五年远景目标的建议》明确要求,以讲好中国故事为着力点,创新推进国际传播,加强对外文化交流和多层次文明对话,并提出到2035年建成文化强国的战略目标。文明因多样而交流,因交流而互鉴,因互鉴而发展。

当前我国作为国际旅游目的地的品牌形象还缺乏更广泛的国际认可,文旅营销的国际热度还比较低,未能充分形成自上而下的营销合力,文化和旅游的融合营销、旅游部门的对外宣传还有很大的潜力可以挖掘,特别在融媒体宣传推广等方面可进一步发力。

旅行社和旅行中介机构是我国向外传递文化价值的一个重要途径,要提升旅行社的服务质量,严格管制旅行社市场,为推进我国对外文化交流助力。旅行社在国内经过了从创立到快速发展的几个时期,职能也越来越丰富。旅行社计调人员是旅行社背后的操控人员,负责提供为旅游团安排各种旅游活动所需的间接服务,包括食、住、行、游、购、娱等事宜的安排,计调人员的工作直接影响整个旅游行程质量,具有重要地位。随着我国数字化建设加快,在线旅游业务也越来越发达,未来在线旅游的发展前景大好。

 **复习思考题**

1. 旅行社有哪些职能？旅行社性质是什么？
2. 旅行社计调工作的重要性体现在哪些方面？计调工作的内容是什么？
3. 旅游接待人员的工作内容是什么？
4. 旅游接待人员的基本要求是什么？如何管理旅游接待人员？
5. OTA与传统旅行社区别和联系是什么？
6. 在线旅游的特点和未来趋势有哪些？

第五章 旅游住宿接待

学习目标

1. 熟练掌握酒店的定义、业务与职能。
2. 理解酒店前厅与客房管理的要点及流程。
3. 了解酒店前厅与客房管理的发展趋势。
4. 了解衍生型住宿业态的类型和特点。

思政元素

1.《"十四五"文化和旅游发展规划》指出,要优化住宿供给,支持特色民宿、主题酒店等创新发展,推进文化和旅游业态融合、产品融合、市场融合,推动旅游演艺、文化遗产旅游、文化主题酒店、特色节庆展会等提质升级,支持建设集文化创意、旅游休闲等于一体的文化和旅游综合体。

2."十四五规划"的战略导向指出,要坚持深化供给侧结构性改革,以创新驱动、高质量供给引领和创造新需求,提升供给体系的韧性和对国内需求的适配性。

章前引例

宝龙酒店集团,"酒店+艺术"的差异品牌特色

2019年,在各家酒店都还在使用传统的布置时,宝龙酒店集团携手旗下18家酒店,将日常运营及大众日常生活中所丢弃的垃圾二次利用,用艺术创意呈现了18处独具一格的艺术空间,生动化传递了温暖、纯洁、美好的环保理念。

不止于此,品牌还同步通过线上投票、微博、微信、抖音等平台,吸引超15万人助力支持,受到近200万人的关注。其实这份环保心意,宝龙酒店集团始终在坚持。早在2018年,品牌就正式发起了以"环保·艺术·未来"为主题的环保公益活动。截至目前,宝龙酒店集团旗下八家自创艺术主题品牌连锁酒店,根据酒店所在地域特色,每期定制不同的环保主题,并融合艺术创新,已成功开展了4期共计32场特色主题环保艺术活动。相比其他传统的环保活动,独具"新艺"与"心意",把环保艺术理念体现得淋漓尽致,且一直受到来自大众消费者的支持与好评。

艺术基因推动着宝龙酒店集团在打造品牌内涵上持续发力,酒店定期举办各类展览、时尚跨界合作及各类时髦艺术衍生品展陈。顾客在享受酒店的住宿、餐饮、会务等专业服务的同时,更可领略到各具特色的艺术展览,参与酒店组织的各类活动和课程,与艺术家近距离互动,沉浸在艺术的氛围中,接受艺术、文化的感染与熏陶。

此次活动之所以能够引发公众关注,原因就在于那份"独特",那份"美好",那份"用艺术赋予环保全新生命力"的温暖初心,那份"不艺样"的空间体验。而这,是品牌环保创意所在,也是其品牌基因的价值衍生。通过艺术这个运营差异点,为大家打开拥抱美好生活的全新视角,让大家在酒店也能遇见艺术,在酒店空间里也能感受温暖与爱,而这也深度契合宝龙酒店集团"让空间有爱"的全新企业使命。

资料来源 2020年1月3日,https://mp.weixin.qq.com/s/Ym6T0B_YWMkZMhBR2q1TqQ

思考:酒店的特色如何体现,住宿接待企业如何突显自身品牌价值?

第一节 酒店的业务与职能

一、酒店的概念及特征

酒店(hotel)的基本定义是提供安全、舒适,令利用者得到短期的休息或睡眠的空间的商业机构。"酒店"一词出自法语,当时的意思是贵族在乡间招待贵宾的别墅,国内被称为"酒店""饭店""宾馆""旅店""旅馆"等。根据世界旅游组织(WTO)的定义,"酒店一般以客房的形式开展经营,客房不少于某一特定数量,接受统一管理,提供客房、铺床和卫生设施清洁等服务,并按照所提供设施及服务分为不同等级和类型"。现在的酒店,除主要为旅游者提供住宿服务外,亦提供生活的服务及设施,如寝前服务、餐饮、游戏、娱乐、购物等服务及商务中心、宴会、会议等设施。

酒店具有以下特点:首先,酒店具有独立进行经营活动的权利,以便能够灵活地适应客源市场需求的变化,满足和引导市场需求,获得理想的经济效益;其次,酒店是"独立核算、自负盈亏"的经济组织,遵循等价交换原则,通过自身的业务经营活动参与社会的经济活动,以经营的全部收入抵补全部支出,从而取得经营利润;再次,酒店企业有与经营活动和服务规模相适应的组织结构以及自己的组织章程,具有组织上的完整性。最后,酒店的经营活动是以租让酒店设备的使用权的形式进行的,酒店企业具有法人资格,是一个能够独立行使法定权利和承担法律义务的社会组织。

二、酒店业务

酒店业务活动是酒店与顾客间进行的与产品生产、销售公关、服务交付等相关的各种行为的总称,其核心是面向顾客的产品业务,这是酒店获取市场收益、维持酒店正常运转的基础内容。

酒店的业务类型会因为业态的改变、技术的改变和顾客需求的改变而产生相应的改变。常见的酒店业务包括住宿、餐饮、商务、会议、娱乐、康体、零售等。酒店通过特定的业务,向社会提供特定的使用价值,从而实现企业的存在价值。

根据是否经营所有常见酒店业务,我们可以把酒店分成全服务型酒店与有限服务型酒店两大类。全服务型酒店是指提供酒店所有常见业务的酒店,包括客房、餐饮、酒吧、会议、健身、娱乐、商务等多功能。有限服务型酒店一般只提供早餐和客房(breakfast & bed)服务,或者只有客房服务。

三、酒店管理职能

管理职能是管理过程中各项行为的内容的概括,是人们对管理工作应有的一般过程和基本内容所做的理论概括。一般根据管理过程的内在逻辑,将管理职能划分为几个相对独立的部分。划分管理的职能,并不意味着这些管理职能是互不相关、截然不同的。划分管理职能的意义在于:管理职能把管理过程划分为几个相对独立的部分,在理论研究上能更清楚地描述管理活动的整个过程,有助于实际的管理工作以及管理教学工作。对于酒店管理职能的划分,有不同的分法,通常采用最广泛的划分方法,即把酒店管理职能分为计划职能、组织职能、指挥职能、协调职能和控制职能。

(一)计划职能

计划职能是管理者用以识别和选择适当目标与行动方案的管理活动。计划的成果是战略,是关于追求何种组织目标,采取何种行动,如何使用资源来实现目标的一连串决定。管理者计划工作的良好程度决定了组织的绩效水平。计划可以分为三个步骤:一是决定组织将要追求的目标;二是决定为了实现这一目标而选择的行动路线;三是决定如何配置组织资源来实现上述目标。

酒店组织在制订某项计划前,要对酒店组织外部环境和研究内部资源能力状况进行分析。外部环境分析是分析酒店组织活动的环境特征及其变化趋势,找出环境变化的规律,并预测之后环节的变化;内部分析包括酒店组织内部对各种资源的拥有状况和主观上对这些资源的利用能力。根据研究所揭示的环境、机会、威胁以及酒店在资源拥有和利用方面的优势和劣势,确定酒店在未来某个时期内的总体目标和方案。之后,详细分析要落实这种决策酒店需要采取哪些方面的具体行动,并对涉及的各个部门做出具体要求。

(二)组织职能

组织职能是为了实现目标而对人们的活动进行合理的分工和协作,合理配备和使用资源,正确处理人际关系的管理活动。为了实现管理目标和计划,必须对管理活动中的各种要素和人们在管理活动中的相互关系进行合理的组织。从管理者角度而言,组织职能包含两层含义:一是酒店管理机构的设置,各管理层次的职能权限,人员分工及相互关系;二是为了实现酒店的管理目标,合理地组织和调配酒店的各种资源,形成接待能力,有效地开展各项业务活动。

(三)指挥职能

指挥职能是指管理者根据计划的要求,对下属部门和员工进行领导和调度,以便实现酒店预定目标的管理活动。指挥职能是计划职能和组织职能的延伸和继续,计划是指挥的依据,组织是指挥的保证。

指挥作为酒店管理的一项重要职能,在执行过程中应按照等级链原则,划分管理层次,明确权力关系,对所有经营业务活动进行统一领导;管理者应该及时给下级布置任务,并要正确、清楚地交代工作的性质,开展这项工作的时间、地点和人选等;不断激励相关人员,使他们在执行任务时能发挥最大作用,以实现酒店的预定目标。

(四)协调职能

酒店协调职能是指针对酒店内外出现的各种不和谐现象采取的调整、联络等措施的总和。其目的是保证酒店经营业务活动的顺利进行,并有效地实现酒店的经营目标。协调职能是现代酒店管理的特征之一。

酒店的协调职能包括两方面:

第一,酒店与社会存在着千丝万缕的联系,酒店应根据市场供求及竞争情况不断地调整酒店的服务内容与项目,减少酒店与顾客之间的不和谐因素,从而最大限度地满足顾客需求。与此同时,酒店是社会的一个组成部分,与社会各界存在着各种维护和制约关系,这种关系的处理是否妥当直接影响着酒店在社会上的地位和声誉。

第二,现代酒店业务构成复杂,随机性大,为提高其工作效率和专业化程度,通常都实行分工协作的原则。但是分工后每个部门和个人都只在一个有限的工作范围内从事较单一的工作,因而会产生消极观念和注重自我意识的倾向,使局部与局部、个体与个体之间产生矛盾和不协调。管理者需要及时察觉个体的变化,并进行干预和调整。

(五)控制职能

酒店的控制职能是指酒店根据计划目标和预定标准,对酒店的运转过程进行监督、检查、分析、调节,以确保目标任务完成的管理活动。控制职能需要酒店管理者对酒店业务的实际运行活动的反馈信息做出反应。当酒店运作的实际情况与目标之间的偏差超出允许范围时,管理者应及时分析和诊断,迅速采取相应的处理措施以避免更大的损失。酒店的各个管理层次都要执行控制职能,控制要求的时效性和控制的定量化程度随着管理者层次的上升而增加。而且,不管什么样的酒店经营活动和管理活动,都需要对其进行控制。因此,控制职能的范围非常广泛。

酒店管理的控制职能需要酒店提前制定控制标准,即在正常条件下,员工完成工作的方式方法与应达到的要求,控制标准的制定需要以酒店计划为依据。标准制定后,需要依据标准对各项活动进行评估,不同的对象需要采用不同的评估手法。当评估结果出现偏差时,管理者必须分析差异产生的原因及其对未来经营业务活动的影响,只有找出问题的症结所在和出现偏差的主要原因,才能进行有效的控制。最后要对问题进行纠正,不同的问题有不同的纠错手段,纠错时需要落实时间和责任,采取有效的措施以达到管理的目的。

第二节　酒店前厅管理

一、酒店前厅概述

(一)酒店前厅定义

酒店前厅,又称总服务台、总台、前台等。它通常设在酒店的大堂,负责推销酒店产品和服务、组织接待业务、调度综合性服务。顾客对酒店的第一印象和最终印象都是在前厅形成,前厅部代表酒店向顾客提供客房销售、入住登记及账务处理等各项服务,酒店的整体服务质量、服务水平都在前厅得到集中体现。酒店前厅部是整个酒店对外的窗口,也是顾客进入酒店时的第一个接触点,而且还是顾客离开酒店时的最后一个接触点,在酒店整个"服务链"中处于核心地位。同时,酒店前厅作为酒店的门面,是酒店的主要销售窗口之一,是酒店各种业务活动的神经中枢和信息集散中心。

(二)前厅服务质量特点

前厅服务质量同一般商品有很大的区别,主要表现在如下几个方面:

1. 综合性

前厅服务质量主要由设施设备、服务水平、环境气氛等组成,相较于其他商品的质量更复杂。它既有富丽堂皇的大堂等看得见、摸得着的实物,也有依靠客人感受来衡量的非实物的服务态度、服务技巧等因素。而从客人这个角度看,服务质量不仅包括了前厅门童、接待员、收银员等的服务质量,还包含着客人在店期间所接受的所有服务的质量,是一个整体。

2. 一次性

前厅的对客服务,其过程和感受都只有一次。它不像其他实物性商品,发生质量问题可以更换。每一次服务一旦结束,其影响就已发生,也就是说我们"生产"的服务,客人已经"消费"完毕,它是不能"返工重来"的。这就要求我们的服务员,重视每一次对客人的服务,每一次都生产出"高质量"的服务"产品",让每一个客人都对这个"产品"感到满意。

3. 依赖性

前厅的服务,是由员工"生产"的,服务质量的好坏,取决于员工的服务水平。良好的服务意识、丰富的专业知识、娴熟的服务技能是员工做好服务的根本保证。而造就一支高素质的员工队伍,是酒店和前厅管理者提高服务质量的首要任务。

4. 情感性

前厅服务质量取决于客人的个人爱好,带着强烈的个人感情色彩。如果客人是在十分融洽的氛围中接受服务,他们就会感到亲切、轻松和舒适,就会倾向于对服务质量给予良好的评价;反之,则认为服务质量太差。对此服务员要在规范化、标准化服务的基础上,认真研究客人的个体差异,提供具有针对性的个性化服务,以满足客人心理上的需要。

影响前厅服务质量的因素有很多,可分为信息、时间、服务/态度、规章制度和硬件/环境5个方面,其中,规章制度和硬件/环境这2个方面的因素不仅直接影响前厅服务质量,还会间接影响其他3个因素,详见图5-1。

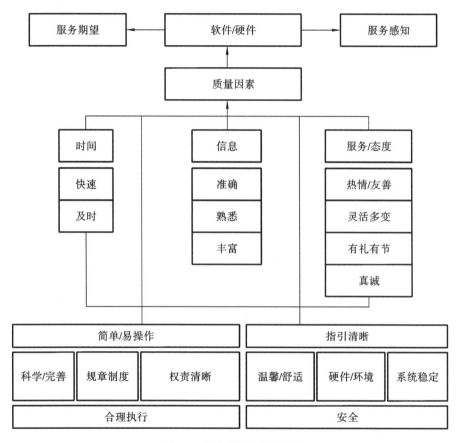

图 5-1　服务质量因素模型

(资料来源:吕三玉,郑钟强,李咪咪,等.酒店前厅服务质量影响因素研究[J].旅游学刊,2014,29(10):69-76.)

因此,酒店需要美化前厅环境,这样不仅会提高客人在酒店大堂的舒适度,还会提高员工对工作环境的满意度,提高员工的工作效率;还需要加强对服务员服务意识的引导,加强与员工的沟通,组织服务流程培训加速企业文化的传递,增加服务员与顾客的沟通和交流;在酒店培训中,建议专门开设一些心理辅导课程,或者邀请高校心理学教师到酒店进行心理方面的讲座;设计员工的职业生涯规划,让员工知道达到下一个目标需要多久,知道什么时候可以轮岗,多长时间或者达到什么样的能力可以晋升,拥有清晰的规划,让员工对酒店对自己都越来越有信心,这样员工就更愿意一直留在酒店中;要提高员工的沟通能力,制订相应的培训计划,按照程序和标准对服务员实施培训,并按照这套标准和程序,不断地去检查、纠正服务过程中出现的问题,这样就能有效地提高前厅部员工的素质和服务的质量。

(三)前厅部的组织结构

前厅部的组织结构需要根据酒店等级的不同、规模的大小、业务量的多少、酒店客源的特色而设置。一般酒店前厅部的组织结构应具备预订、接待、问询、收银、行李、商务等服务功能,酒店前厅部的组织结构图如图5-2所示。

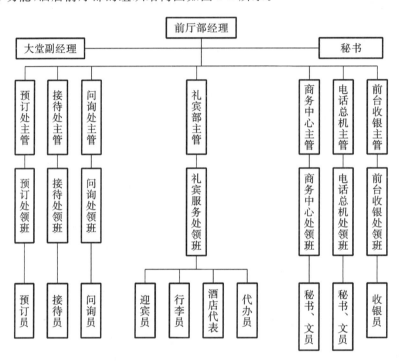

图 5-2　酒店前厅部的组织结构图

(资料来源:唐秀丽.现代酒店管理概论[M].2版.重庆:重庆大学出版社,2018.)

(四)前厅部各下属机构的职能

1.预订处(room reservation)

预订处的主要职能包括:负责酒店的预订业务;受理并确认各种预订,处理预订的更改、取消;与接待处密切联系,提供最新的预订信息;参与客情预测,及时提供贵宾、团队抵店信息;参与前厅部对外预订业务谈判及合同签订;制作预订报表,参与制作全年客房预订计划;确保预订系统的准确性,完善预订记录和档案程序。

2.问询处(information/Inquiry)

问询处的主要职能包括:回答顾客有关酒店各种服务、设施及酒店所在城市的交通、游览、购物等内容的询问;代客对外联络,代办客人委托事项;收发保管客房钥匙;处理顾客信函、电报;安排会客等。

3.接待处(reception centre)

接待处的主要职能包括:接待有预订的团体顾客和有(或无)预订的散客;办理顾客

住店手续；分配客房；安排接待事项；制作客房出租报表；保管有关秘密资料。

4. 电话总机(switch board)

电话总机的主要职能包括：转接国内电话，承办国内外长途电话业务；为顾客提供叫醒服务；提供"请勿打扰(DND)"电话服务；回答电话问询及受理电话留言；受理电话投诉；传递通知或说明；播放背景音乐，保守通信秘密。

5. 礼宾部(concierge)

礼宾部的主要职能包括：在门厅或机场、车站迎送顾客；引领顾客进房并介绍服务设施、服务特色；负责顾客的行李运送与寄存，并确保行李安全；分送客用报纸、顾客信件与留言；在酒店公共区域提供找人服务；代客召唤出租车，协助管理和指挥门厅入口处的车辆停靠，确保酒店门厅入口处的道路畅通和安全；为顾客指引方向；传递酒店有关通知单；负责顾客的其他委托代办事项。

6. 收银处(cashier/check-out)

收银处的主要职能包括：受理入住酒店顾客的预付担保手续；提供外币兑换服务；管理住店顾客的账卡；收点顾客现金、支票，打印顾客各项收费账单，及时、准确地为顾客结账并根据顾客的合理要求开具发票；为顾客办理确认包房、换房等手续，主动向顾客讲清包房最低消费价，避免顾客误解，并需做好顾客登记；为顾客提供贵重物品的寄存和保管服务；办理离店顾客的结账手续、收回客房钥匙、核实顾客信用卡等。

7. 商务中心(business center)

商务中心的主要职能包括：为顾客提供传真、电话、复印、文件制作、代办翻译等商务服务；协助收款，办理顾客商务服务收费、入账、平账工作；为顾客发送快件；协助打印由礼宾送来的接人牌及由团队联络提供的重点团队名单。

8. 大堂副理

大堂副理的主要职能包括：接待和迎送客人，向客人征求意见，处理客人投诉，接受客人对酒店提出的建议和意见；负责组织、指引、疏散大堂的客人，安排行李服务工作，保证在规定时间内设岗的岗位上有岗、有人、有服务；熟知酒店内所有营业场所的位置、营业时间、功能介绍，熟悉市内交通、旅游景点、涉外企业及其管理部门，随时为客人提供各种问询服务以及提供必要的帮助和其他服务(报失、报警、遗留物品的查寻、认领等服务)；掌握酒店重要接待任务和重大活动的安排，尽可能多地收集顾客信息、资料，建立长住客、VIP客及回头客的档案资料；每日对住店客人进行回访(回访率不低于70%)，及时了解并解决客人提出的问题，每日对网络客户的评论做出合理的解答和回复，维护好与顾客之间的关系；分管前厅部礼宾、总机班组。做好员工的日常培训及现场服务工作的指导；负责引导上门的客人参观房间，介绍房间的配套设施、酒店各项服务功能等，争取客房利益最大化。

二、前厅部主要业务管理

(一)前厅客房预订业务

客房预订是推销客房产品的重要手段之一。目前，随着旅游业的发展和酒店业的激烈竞争，订房已不仅是客人为了使住宿有保证而进行的单方面联系客房的活动，还成为酒店为了争取客源、保证经济效益的实现而进行的主动式推销,这是双向预约客房的行为。随着客源市场竞争的加剧,主动式推销客房越来越引起酒店管理人员的重视,订房已成为酒店重要的推销工作。客房预订的种类一般有以下 4 种。

1. 保证类预订

通过信用卡、预付订金、订立合同 3 种方法来保证酒店和客人双方的利益,但使用时要注意其效果。一是信用卡,客人使用信用卡,收银人员要注意信用查询,防止出现恶意透支的现象;二是预付订金,这是酒店最欢迎的,特别是在旺季,一般由酒店和客人双方商定,订金可以是一天的,也可以是整个住宿期间的;三是订立合同,指酒店与有关单位签订的供房合同,但应注意合同履行的方法、主要签单人及对方的信用,注意防止呆账的发生,明确规定最高挂账限额和双方的违约责任。

2. 确认类预订

客人向酒店提出订房要求时,酒店根据具体情况,以口头或书面的形式表示接受客人的预订要求。一般不要求客人预付订金,但客人必须在规定的时间内到达酒店。否则,在用房紧张的情况下,酒店可将客房出租给未经预订而直接抵店的客人,酒店可不保证提供房间。

3. 等待类订房

酒店在订房已满的情况下,为了防止由于客人未到或提前离店而给酒店带来的经济损失,仍然会接受一定数量的客人订房。但对这类订房客人,酒店不确认订房,只是通知客人,在其他订房客人取消预订或有客人提前离店的情况下可优先予以安排。

4. 超额预订

在用房旺季,酒店为防止因订房客人未到或住店客人提前离店而造成客房闲置现象的发生,会适当增加订房数量,以弥补酒店经济损失。但超额预订可能会因为客人全部到达而出现无法供房的现象,从而造成酒店的经济损失和酒店形象的损坏。

(二)前厅日常业务管理

1. 迎送服务管理

迎送工作是酒店显示档次与服务质量的关键。客人抵达或离店时,迎宾员应主动相迎,热情服务,将车辆引领到合适的地方,并主动帮助行李员清点客人的行李,以免出现差错。迎宾员还负责维持大厅门前的秩序,指挥、引导、疏散车辆,保证酒店门前的交通畅通无阻。

2. 问询、邮件服务管理

客人有了疑难问题,会向酒店有关人员询问,酒店有责任与义务帮助客人排忧解难。酒店应对问询处的工作人员进行相关知识的培训。而问询员除必须有较广的知识面以外,还需要掌握大量最新的信息和书面材料,以保证在工作中能给客人准确而满意的答复。

3. 行李服务管理

行李服务是由行李员负责进行的。行李服务中需要注意的问题是运送的行李,需要得到客人的确认,以防止行李出现差错而给客人的行程带来麻烦。在交接团队行李的过程,应注意行李的检查验收,并办理必要的手续,防止行李的损坏和财物的丢失。

多个团队同时抵达时,应采取必要的方法加以区分,防止出现混乱错失现象。

4. 电话总机服务管理

电话总机是酒店内外信息沟通、联络的通信枢纽。绝大多数客人对酒店的第一印象是在与话务员的第一次声音接触中产生的。话务员热情、礼貌、耐心、快捷和高效的对客服务,起到了客人与酒店之间的桥梁作用。电话总机服务包括接转电话、问询服务、叫醒服务和联络服务4个方面的内容。

5. 客人投诉管理

投诉是客人因对酒店服务工作不满而提出的意见。一般酒店前厅部设有大堂副理来接受和处理客人的投诉。通过客人的投诉,酒店可以及时了解工作中存在的问题,有利于酒店不断改进和提高服务质量和管理水平。正确处理客人投诉,可以加深酒店与客人之间的相互了解,处理好酒店与客人之间的关系,改变客人对酒店工作的不良印象。圆满处理客人投诉,可以树立酒店良好的声誉,让客人对酒店的不满降到最低限度。酒店大堂副理应掌握接待处理客人投诉的方法、原则和技巧。

6. 商务中心服务管理

为满足客人日益增长的商务需要,酒店通过商务中心向客人提供打字、复印、传真、翻译、代办邮件、会议室出租,以及文件整理和装订服务。酒店商务中心除应拥有计算机、复印机、传真机、装订机、有关商务杂志、商务报纸、办公用品和其他必要的设备外,还要配备有一定专业知识和经验的工作人员,以提供高水平、高效率的对客服务。

7. 其他服务管理

为方便客人,满足客人多方面的需要,酒店前厅还向客人提供旅游代办、机(车、船)票预订、出租汽车预约、收发邮件等服务。这些服务可以由旅行社、出租汽车公司、邮电局等专业部门在酒店设置专业机构办理,也可以由酒店代理服务。

三、前厅部发展趋势

(一)温馨带房服务的推广

酒店业是服务密集型行业,酒店的服务是影响顾客满意度的重要因素。前厅的温馨带房服务是一种对客的体贴关怀,在没有什么投入的情况下,既拉近了酒店与顾客的距离,产生更多的亲切感,也让客人更多地感受到"家外之家"的感觉。不仅提升了顾客的满意度,也提高了员工的工作积极性,符合"人文关怀"的人本理念。

(二)从"个性化服务"向"共性规则"的制度化建设转变

在以人为本的社会,提供个性化服务是各行各业的一种普遍理念。酒店开展个性化服务通常是有针对性地提供各种"物有所值"或"物超所值"的服务功能。这些"个性化服务"的实践,大多数酒店都是以"案例"形式加以归纳、汇集和总结,以供新入职员工作为"个性化"服务的参考和借鉴。

(三)预订网络化程度日益提高

随着在线旅游业的发展,作为旅游产业三大支柱之一的住宿业迅速发展。技术的发展为在线预订住宿提供了支持,越来越多的消费者选择在线预订酒店,酒店预订网络化的程度进一步提高,绝大部分门前散客在入住酒店之前多通过网络公司或订房中心采用电话或互联网方式订了房,网上预订对于散客来说是一种新的发展趋势。各类网络订房公司的发展给单体酒店和酒店集团公司的成员酒店带来一种成本较低、效益较高的营销手段。对于酒店原有的各种营销方式是一种有益的补充。它们的出现、成长和发展是经济全球一体化和国内经济市场化进程的一种必然和进步。

(四)接待环境更舒适

传统酒店的总台接待是客人站立办理入住登记,员工则站立服务客人。未来将有越来越多的酒店改变传统接待模式,将站式接待服务改为坐式接待服务。这样的改动会使长途旅行劳累的客人得到彻底放松,增加酒店亲和力,拉近酒店与客人的距离,且将商务楼层的客人待遇延展到普通客人,增加客人的满足感。而员工同样坐着为客人办理入住或结账服务,也体现和谐社会对员工的关爱。

(五)组织机构精简化

服务和管理的创新势必成为一种潮流,前厅部的组织机构将更加精简科学,讲求最大限度的人力的节省,员工的薪酬待遇得到进一步提升。如将电话总机与前台接待处置于前厅同一区域,仅有前后之隔,员工的调配安排将更加有效率,更加人性化;或将商务中心出租,追求经济实惠;礼宾处的员工兼具保安员的职能等。

(六)服务流程智能化

科技在潜移默化地改变着大众的消费习惯,同时也不断在改变有着几百年历史的古老的酒店行业。特别是 2020 年初,新冠肺炎病毒肆虐,"无接触式"服务成为市场的新兴需求,使得酒店智能化受到更多人的关注,酒店的智能化建设进程加快。酒店智能化既可以降低人工成本和能耗成本,也能给顾客提供更快速、高效的服务,现在已经应用的智能技术,如客房自助入住机、刷脸入住、服务机器人等,给客人带来优质服务的同时,也能提供新奇的入住体验。

第三节　酒店客房部管理

一、酒店客房概述

(一)酒店客房定义

客房部,又称管家部,是酒店的一个重要职能部门,其主要的工作任务是为顾客提供一个舒适、安静、优雅、安全的住宿环境,并针对顾客的习惯和特点做好细致、便捷、周到、热诚的对客服务。

酒店最主要的产品是客房,它是酒店向客人提供的住宿和休息场所,是酒店经济收入的重要来源。客房经营管理的好坏,直接关系酒店的声誉,影响酒店产品的质量。客房部担负着客人住店期间的大部分服务工作,其业务范围涉及所有客房和公共区域的清洁卫生、物资用品消耗的控制、设备的维修保养等。客房管理是连接客房产品生产和消费的纽带与桥梁。客房管理的好坏,与能否根据客人类型和客人心理尽量满足客人需求有关,是直接影响客源的重要因素。

(二)酒店客房部组织结构

客房部组织机构的模式,因酒店的性质、规模、管理和运行机制的不同而不同。大、中型酒店客房部规模大、机构健全、层次较多、工种齐全,各个分支机构及每一位员工的职责、分工很明确。大中型酒店客房部组织机构图如图5-3所示。

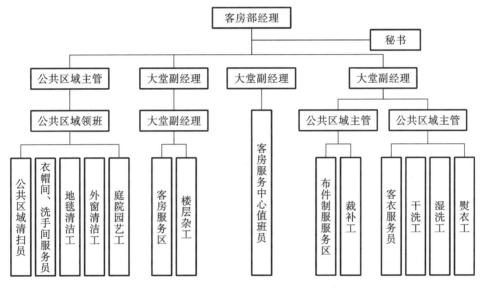

图 5-3　大中型酒店客房部组织机构图

(资料来源:尹华光,王永强.酒店管理概论[M].长沙:湖南大学出版社,2017.)

(三)酒店客房部的主要职能

1.提供基本的酒店产品

住宿是旅游酒店最基本、最主要的服务,为顾客提供客房是酒店的基本要求。客房也是顾客购买的最大、最主要的产品,是酒店存在的基础和意义。同时,标准客房内还会给顾客提供基本的物品和设施,以满足顾客基本的生活要求,例如,餐巾纸、毛巾和浴巾、洗护用品、吹风机、水杯等。

2.获取酒店主要收入来源

客房是酒店的主要商品,客房出售获得的收入是酒店收入的重要组成部分,是酒店收入的主要来源。对于一般的酒店来说,客房收入占整个酒店收入的40%—60%,占比十分可观。因此虽然客房建造投资大,却具有耐用性强、消耗低、利润高的特点。

3. 负责整个酒店的清洁工作

客房部也是酒店管家部门,客房服务是酒店服务的重要组成部分。客服务中最重要的工作就是清洁工作,客房部的清洁工作不仅包含整个酒店公共部分的清洁卫生及绿化工作,也包含整个酒店布件的洗涤、熨烫、保管、发放的重任,对酒店其他部门的正常运转给予了不可缺少的支持。

二、客房部主要业务管理

(一)客房部清洁卫生管理

1. 客房清扫原则

1)从上到下原则

抹衣柜时应从衣柜上部抹起;擦洗卫生间和用抹布擦拭物品的灰尘时也要从上到下。

2)从里到外原则

地毯吸尘,必须从里面吸起,后到外面;擦拭卫生间地面时也要从里到外。

3)先铺后抹原则

房间清扫应先铺床,后抹家具物品。如果先抹尘,后铺床,铺床扬起的灰尘就会重新落在家具上。

4)环形清理原则

家具物品的摆设是沿房间四壁环形布置的。因此,在清洁房间时,应按顺时针或逆时针方向进行环形清扫,以求时效和避免遗漏。比如擦拭和检查卫生间及卧室的设备用品的线路应按照顺时针或者逆时针规划进行,以节省体力,更重要的是可以避免遗漏死角。

5)干湿分开原则

在擦拭家具物品时,干布和湿布要交替使用,针对不同家具,使用不同的抹布。例如,房间的镜面、灯罩、电视机屏幕、床头板、卫生间的金属电镀器具等只能用干抹布擦拭,以免污染墙纸和发生危险。

6)特殊情况优先原则

住客房应先房间后卫生间,这是因为住客有可能回来,甚至带访客回来,卧室外观整洁,客人当着访客面也不会尴尬。此时,服务员留下来做卫生间也不会有干扰之嫌。走客房应先卫生间后房间,一方面可以让弹簧床垫和毛毯透气,达到保养的目的,另一方面又不用担心客人会突然进来。

2. 公共区域清洁卫生

酒店的公共区域可以分为室外区域和室内区域。室外区域包括外墙、停车场、花园、门前及门后广场等区域。室内区域可分为前台区域和后台区域两部分。前台区域主要包括酒店大堂、公共洗手间、餐厅、宴会厅、舞厅、会议室、楼梯、走廊等;后台区域主要包括员工电梯和通道、更衣室、员工休息娱乐室、倒班宿舍等。

公共区域的卫生工作涉及范围广,包括酒店内外的每一个角落,从门厅大堂到后台员工食堂,其清洁卫生的质量对酒店影响非常大,并且清洁工作项目繁杂,卫生项目既包括除尘、洗涤,又包括绿化、保养等,清洁保养的方法区别大,技术要求各有不同。在公共区域还要注意顾客行为。顾客在公共区域活动频繁,给公共区域的清洁卫生工作带来了不便和困难,相对地,管理难度也增加。

3. 清洁卫生质量控制

客房清洁卫生服务管理的特点是管理面积大、人员分散、时间性强、质量不易控制,但又要求高质量、高标准、高效率。因此,清洁卫生质量控制就显得十分重要了。清洁卫生质量控制主要由质量标准和逐级检查两部分构成。

1) 质量标准

客房部的每一项清洁卫生服务都有质量标准,一般包括四个方面,即清洁卫生质量、物品摆放、设备状况和整体效果。要求每一位员工都按质量标准开展工作。

2) 逐级检查制度

逐级检查制度主要是指对清洁卫生质量检查实行服务员自查、领班全面检查和管理人员抽查的制度。

①服务员自查。服务员每次清洁卫生工作完毕后要对自己的工作进行检查。一方面能加强员工的工作责任心和服务意识,另一方面能减轻领班查房的工作量。

②领班全面检查。服务员自查完毕后,由领班进行全面检查,并保证质量合格。领班检查时如发现问题,会要求服务员返工,直到达到质量标准,并做好记录。对于业务尚不熟练的服务员,领班检查时会给予帮助和指导,这种检查实际也是一种岗位培训。

③管理人员抽查。管理人员每天抽出一定时间进行巡视,抽查清洁卫生质量。通过巡视、抽查,管理人员可以掌握员工的工作状况,了解客人的意见,不断改进管理方法。

(二) 客房部设备用品管理

客房设备用品管理,就是对酒店客房商品经营活动所必需的各种基本设备和用品的采购、储备、保养和使用所进行的一系列组织和管理工作①。客房设备用品是保证客房部正常运转必不可少的物质条件,对这些设备用品的使用、保养是否合理,直接反映了一家酒店的管理水平。

1. 客房设备配备原则

客房设备配备应遵循协调性、实用性、适应性和安全性原则。协调性原则强调客房设备的大小、造型、色彩、格调、摆放位置等必须与客房整体环境相协调。顾客在酒店大部分时间都在客房,客房的面积有限,如果客房内部设施用品与客房整体环境氛围不一致,则会使客房失去轻松柔和、宁静舒适的气氛。实用性是设备用品的基础属性,设备用品的主要用途就是满足顾客的基本需要。酒店应根据酒店顾客的特点,配备简便、不易损坏的材料制作的设备用品,此外,要关注客房设施用品的保险和修缮。适应性需要酒店根据顾客的基本特征,选择符合顾客喜好和口味的产品,同时,还要考虑设备用品是否符合酒店的档次和文化。安全性是毋庸置疑的,安全已经成为现代旅游的重要影响因素之一,设备用品要配备必要的安全设施,定期消毒、清洁,而且一般设备也应具有

---

① 客房设备用品管理的定义参考孟庆杰、唐飞编著的《前厅客房服务与管理》(第四版)。

安全可靠的特性。如：电器的自我保护装置、冷热水龙头的标志、家具饰物的防火阻燃性，甚至包括防滑、防静电、防碰撞、防噪声污染等特性。

2. 客房设备用品的管理方法

酒店客房设备用品种类繁多，价值悬殊，必须采取科学的管理方法，做好管理工作。

1）核定需要量

客房设备用品的需要量是由业务部门根据经营状况和自身的特点提出计划，再由客房设备用品主管部门进行综合平衡后确定的。客房设备用品管理，首先必须科学合理地核定其需要量。

2）设备的分类、编号及登记

为了避免各类设备之间互相混淆，便于统一管理，客房部要对每一件设备进行分类、编号和登记。客房部管理人员对采购供应部门所采购的设备必须严格审查，审查通过后对其进行分类、编号，还需要建立设备台账和卡片，记下品种、规格、型号、数量、价值、位置，以及由哪个部门、班组负责等。

3）分级归口管理

分级就是根据酒店内部管理体制，实行设备主管部门、使用部门、班组三级管理，每一级都有专人负责设备管理，都要建立设备账卡。归口是将某类设备归其使用部门管理，如客房的电器等设备归楼层班组管理。几个部门、多个班组共同使用的某类设备，归到一个部门或班组负责面上的管理，而由使用的各个部门、各个班组负责点上的使用保管、维护保养。

分级归口管理，有利于调动员工管理设备的积极性，有利于建立和完善责任制，切实把各类设备管理好。

4）建立和完善岗位责任制

设备用品的分级管理，必须有严格明确的岗位责任制作保证。岗位责任制的核心是责、权、利三者的结合，既要明确各部门、班组、个人使用设备用品的权利，更要明确相关人员用好、管理好各种设备用品的责任。责任定得越明确，对设备用品的使用和管理越有利，也就越能更好地发挥设备用品的作用。

5）客房用品的消耗定额管理

客房用品价值虽然较低，但品种多，用量大，不易控制，容易造成浪费并影响客房的经济效益。实行客房用品的消耗定额管理，是指以一定时期内为保证客房经营活动正常进行必须消耗的客房用品的数量标准为基础，将客房用品消耗数量定额落实到每个楼层，进行计划管理，用好客房用品，达到节支增收的目的。

三、客房部发展趋势

（一）个性化发展

未来的酒店标准客房的发展趋势将会朝着个性化、精品化、主题化的方向发展。随着社会生活水平的提高，人们越来越强调自我、强调享受、强调体验。独特的设计是酒店客房标新立异的砝码，客房内将会增加更多的功能，以满足不同客人的需求。每个客人的习惯爱好不同，这就决定了酒店需要提供个性化的服务来满足客人的需求。客房部通常会建立完善的客史档案,并根据客人需求调整服务的规程和标准,以此来获得客人的忠诚度和回头率。

(二)绿色化发展

在倡导环保、可持续发展的今天,绿色低碳将是未来客房发展的主体。绿色客房指室内环境符合人体健康要求,所有物品、用具的使用也都要符合环保要求。提倡新技术、新材料的应用,在材料的选择上考虑安全性、实用性,选择环保、绿色、防火的材料。绿色客房通常有以下方面的要求:清洁、安全、舒适、节源、环保的设备、健康的客房环境、可回收的客房物品等。

(三)智能化发展

酒店标准客房的智能化是未来酒店发展的必然趋势,拥有完善的智能化系统的酒店客房本身就是一个极大的卖点。客房能够通过互联网技术,为客人打造一系列超凡的住房体验。智能化客房将给客人提供方便、舒适的休息环境,让酒店的工作人员及时、准确地了解客人的需求,为客人提供完善周到的服务。智能化客房系统的建立将是酒店标准客房的设计方向。

(四)细节化发展

细节决定成败,我国酒店标准客房室内空间设计就是要更专注细节。注重细节的客房设计,客房才会更完善,细节设计也是未来酒店客房发展的一大趋势。例如:客房家具的角最好都是钝角或圆角,这样不会给年龄小或个子不高的客人带来伤害;电视机下设可旋转的隔板,可根据客人的需要调整电视的角度等。

(五)人性化发展

酒店客房部人性化管理发展包括六个方面:

(1)对员工实施情感化管理,客房的员工拥有最佳的心态,才会真诚、热情地为客人服务,从而保证客房服务质量。通过建设富有人情味的酒店,使酒店员工关心热爱自己的工作和工作单位,使员工更具归属感。

(2)积极吸收员工参与客房部的管理。只有让员工切切实实地参与到本部门内部事务的管理,才能真正激发起员工对酒店的归属感,并将酒店的发展同自己的前途联系在一起,尽心尽力地为酒店的生存和发展贡献力量。

(3)适当对员工进行授权,倡导一种信任员工的文化氛围。要激发员工的工作积极性,客房部的管理者首先应信任自己的员工。

(4)加强与员工的沟通。客房部的员工是接触客人最频繁的人群,他们最了解客人想要的是什么,想要得到什么样的服务。尊重员工的情感、兴趣、爱好及其劳动成果等。

(5)制定合理的工作时间与科学的薪酬制度,制定弹性工作制,促进员工科学地安排自己的工作与业余生活。

(6)制定有利于员工职业发展的培训体系。客房员工的培训,不应该只注重员工的操作技能,更应该考虑员工自身发展的需要。积极为员工的发展做职业规划,才能让员工觉得客房部是重视自己的,在这里工作是有前途的。

第四节 衍生型住宿业态

一、衍生型住宿业态定义

"衍生型住宿业态"是指在传统星级酒店住宿业态母体基础上分化、演变、派生而来的住宿业态。它保留了母体业态以住宿服务为核心的特征,同时有侧重地组合住宿设施、管理、服务、营销、市场、价格、区位、规模、文化、建筑等要素,突破了星级酒店程式化标准,突显了自身鲜明的个性以及与传统星级酒店的差异。"衍生型住宿业态"在传统母体业态基础上进行扬弃,使酒店大类内出现明显差异化。2015年,国务院正式提出"积极发展绿色饭店、主题饭店、客栈民宿、短租公寓、长租公寓、有机餐饮、快餐团餐、特色餐饮、农家乐等满足广大人民群众消费需求的细分业态",这为国内住宿业态的多元化发展提供了良好机遇。

中国住宿产业的业态也日益多元化,我国已出现的衍生型住宿业态类型较为多样,包括经济型酒店、酒店公寓、精品酒店、青年旅舍、个性酒店、游船/轮、民居客栈、露营地、Loft 酒店等。经营者在空间运营方面持续创新,从最核心的住宿及过夜市场延伸到了休闲、娱乐、社交等领域,"住宿＋X"逐渐成为非标准住宿领域最具活力的一股创新力量,催生了电竞酒店、电影酒店、健身酒店、"剧本杀"酒店等"新物种"。

二、新型住宿业态类型

(一)主题酒店

主题酒店作为一种正在兴起的酒店发展新形态,在我国的发展历史不长,分布范围目前也基本在酒店业比较发达的广东、上海、深圳等地。我国第一家真正意义上的主题酒店是 2002 年 5 月在深圳开业的威尼斯酒店,它融合了文艺复兴和欧洲后现代主义的建筑风格,以威尼斯文化为主题进行装饰。广州番禺的长隆酒店是一家以回归大自然为主题的主题酒店。在上海,有些酒店以老照片、老绘画、老古董、老服饰、老环境营造怀旧主题,也都妙趣横生。此外,为配合迪士尼乐园的建设,香港兴建了迪士尼乐园酒店和迪士尼好莱坞酒店,它们都是以迪士尼为主题的主题酒店,香港的柏丽酒店则是一家以科技为主题的酒店。虽然主题酒店在我国还是新生事物,但作为国际酒店业发展的新趋势,为处于激烈竞争态势下的我国酒店发展提供了新的思路,拓宽了视野,是我国酒店未来的发展方向之一。

主题酒店的最大特点是赋予酒店以某种主题,围绕既定的主题来营造酒店的经营气氛;酒店内所有的色彩、造型、产品、服务以及活动都为该主题服务,使该主题成为酒店的特征和对消费者产生消费行为的刺激物。主题酒店除了要有特色鲜明的住宿、餐饮设施外,还应非常注重主题文化的深度开发,注重相应环境的营造,巧妙借助环境突出其主题特色。除历史文化以外,主题可以选自体育、小说、电影、名人、学科等领域,主题展示丰富多彩。在某一主题之下,装修、用具、服装及背景音乐应与之相适应,其间还可以穿插小场景助兴。无论何种文化定位都要选择一个主题,在此主题下营造相应的环境和程式,烘托出一种气氛和情调,以此产生吸引力和新鲜感。

(二)公寓式酒店

公寓式酒店也称为长住型酒店,此类酒店一般采用公寓式建筑的造型,适合住宿期较长、在当地短期工作或休假的客人或家庭居住。

公寓式酒店的特点有以下几个方面:

其一,它类似公寓,拥有居家的格局和良好的居住功能,客厅、卧室、厨房和卫生间,一应俱全。

其二,它配有全套的家具电器,同时,能够为客人提供酒店的专业服务,如室内打扫、床单更换以及一些商业服务等。它既有公寓的私密性和居住氛围,又有高档酒店的良好环境和专业服务。四星级以上的公寓式酒店提供的服务则更为周到,其在北京已经出现,它的服务包括餐饮、娱乐、健身、复印、传真、打印、翻译等。

酒店式公寓的户型,从几十平方米到几百平方米不等,可以满足使用者的个性化需求,在装修上统一为精装修,提供全套的家居设计和电器。不同户型也有不同的格调,在服务上根据住户的要求提供酒店式服务的同时,还增加了银行、会所、小超市等其他附属设施。在设计上,由于酒店式公寓项目的客户群大多是知名跨国企业高级员工、经理、总裁等,因此它的物业管理是由星级酒店直接管理或由有酒店背景的物业公司进行管理,可以为住客提供高档、到位的各种服务,这就消除了各方对物业管理公司水平的怀疑。

(三)精品酒店

精品酒店是指位于大型商业圈内,配置一整套高标准硬件设施和酒店服务系统,聘请专业酒店服务公司经营和管理,为城市高端人群提供便捷、时尚和舒适生活居住体验的业态。

精品酒店按设计风格,可以分为四类,分别是:

1. 时尚酒店或微型都市型精品酒店

这类酒店将都市的活力引入酒店内,并将一些新的元素融入大堂,大堂的中间可以是一座雕塑或喷泉,顶上吊挂巨型的插满蜡烛的烛台,一些餐饮店散布在大堂的四周。这类酒店在款待顾客的同时吸引那些不消费但有品位的当地访客聚集人气,并通过大堂内的夜总会、酒吧甚至发廊来创造所谓的室内都市化,这些大堂常会变成起居室或周围邻里的核心。

2. 梦境型精品酒店

这类酒店以经验设计手法给顾客带来一种整体的体验:一个世界中的世界、一个现代科技化的空间、一种"表演艺术型"酒店的文化天堂。设计概念中包括数码科技系统:将从渐变的色彩到图片到影像的一切信息投射在墙面上。

3. 生活方式型精品酒店

这类酒店往常被设计成超现实的室内环境，或是产品设计师将他们的个人风格展现成三维景象，应用于该酒店的设计中，利用他们的主流产品来向人们推销整体环境（如毛巾、咖啡桌、电影原声带等）。

4. 设计与时尚融合型精品酒店

这类酒店在设计过程中强调向时尚学习，并且每季都在不断更新，因为上一季的东西已经过时了。

（四）时权酒店

时权酒店就是所谓的"分时度假"，是由瑞士企业家亚历山大·耐首先提出的，指出售一定时期内使用酒店住宿或娱乐设施的权利，该权利可以在市场上转售、转让或者交换的业态。简单地说，时权酒店是指消费者或个人投资者买断了该酒店在每年某一特定时间里的若干年使用权。这种度假方式在欧美流行半个世纪之久，虽然在国内尚处起步阶段，但这种方式所带来的经济效益也必将被众多的团体客户所接受。

"分时度假"在中国才刚起步，因此许多外国公司认为中国是分时度假最大的潜在市场。对于购买者而言，时权酒店可以从增值中获益。第一，可以用低廉的价格购买到居住条件很好的房屋。如果没有这种销售方式，有的人买了别墅实际上一年也只能住几个星期，其他时间都是空置，还要雇人看房。第二，可以享受到良好的酒店式服务和适宜的旅游服务，不用再付住店的费用，而且有住在自己家里的良好心理感觉。第三，这种"第二套住宅"是居民家庭财产的一部分，其使用权（有的是分割的产权）可以抵押或继承，也可以出售或转让。

（五）民宿

"民宿"源自日本的 Minshuku，其在日本已经有一百多年的发展历史。而我国的民宿萌芽于20世纪80年代的台湾地区，最先在垦丁国家公园兴起，经过三十多年的发展，逐渐成了台湾旅游业的重要住宿业态。21世纪初，台湾地区颁布了民宿管理办法，将民宿定义为"利用自己住宅空闲房间，结合当地人文、自然景观、生态、环境资源及农林牧渔生产活动，以家庭业方式经营，提供旅客乡野生活之住宿处所"。

民宿产业虽各式各样，但按照民宿产业的规模及住宿空间，大致可以分为精品酒店式民宿、城市民宿、乡村民宿。

1. 精品酒店式民宿

此类民宿较传统酒店规模略小，但是设计上更有特色。或结合当地特色文化，或反映品牌文化，情感反映上更为浓厚。可视为传统酒店或度假村的改良存在。其也大多依托旅游景区或其他天然条件较好的地区建设。在经营管理上，依托酒店式管理的系统模式，住宿卫生及饮食标准、服务质量等进行管理，相对于城市民宿及乡村民宿更为专业。其代表作品有莫干山民宿群。

2. 城市民宿

近几年虽大多城市的房地产经济呈现萎靡趋势，但依托互联网的发展，Airbnb模式进入中国住宿产业，共享经济的发展刺激了人们多样的消费观。"90后""00后"的消费观较之前的人的消费观更为开放,追求体验的新鲜感及视觉的刺激感。凭借分享"家"的理念、互联网平台和"粉丝效应"的发展,近几年城市民宿的发展受到了刺激。城市民宿不仅较精品酒店式民宿投资规模小,而且较乡村民宿有可参观当地城市文化的先天优势,也吸引了众多投资者的目光。其发展时间短且快,是民宿产业的新兴力量。如今,在国内外一线城市及特色二、三线城市,都能见到它的身影。

3. 乡村民宿

乡村民宿的存在形式可以分为两种:传统农家乐的新式改良形式及文艺青年的心灵寄托场所。这两种民宿形式的相同点在于,同样在乡村之中,建设规模都不是太大,相对于精品酒店式民宿自然环境的"得天独厚"和硬件建设的"一掷千金",或是与城市民宿的人文气息浓厚相比,乡村民宿更加"朴实""舒心",能让人远离城市的喧嚣,亲近自然环境及体验乡村生活,这也是其一大特色。

不同点在于,传统农家乐的新式改良形式的规模大多比后一种的大,娱乐设施更完善,注重旅游者的娱乐趣味性,商业气息也更为浓厚。而文艺青年的心灵寄托场所,大多为外来文艺青年或魅力十足的房屋主人所营造。所以此形式在分享"家"的消费概念上与城市民宿形式较为类似,但在设计及体验上,更突显民宿主的个人魅力。

(六)养老型酒店

养老型酒店是顺应当前社会养老需求而兴起的一种新型酒店业态,是破解老龄化社会问题的业态创新。养老型酒店具有居家养老良好的家庭环境,又突出了机构养老的配套优势。它集合了酒店、养老院、医院、房地产、会馆等多种业态中的功能,在长期为住户提供优质居住环境的基础上,配套医疗保健、文化娱乐、温泉康体、物业管理、投资理财等全方位服务,可以一站式、高水准地满足中老年人的养生养老需要。

相比较市面上的养老产品,养老型酒店的标准要求非常高,它需要给予住户优质的居住环境,但更重要的是要提供完善的医疗健康保障,并满足住户几乎所有可以想到的物质及精神生活需要。养老型酒店要求有舒适的居住生活环境、科学的健康体检服务、及时的医疗救护服务、完备的康复疗养服务、丰富的文化娱乐生活、全面的生活托管服务和专业的投资理财服务。

开发老年市场是酒店业谋求发展、增加社会效益和经济效益的重要途径。养老型酒店的开发在我国才刚刚起步,面临着诸多挑战。首先,养老型酒店市场尚未真正形成。老年人是一个比较特殊的群体,养老型酒店较其他酒店存在很大的差异,如建设成本高、操作难度大、风险大等,这些特殊性直接影响着养老型酒店的开发与建设。此外,"居家养老"的传统观念尚未完全转变,老人及其子女对于养老型酒店这一新生业态的认同还有提升的空间,目前对此类酒店的设施及提供的服务仍然存在较大顾虑。第三,缺乏专业的养老型酒店服务与管理人才。老年人普遍希望养老机构从单纯提供住养服务,转变成提供集住养、康复、娱乐和教育为一体的综合服务,并慢慢向规模化、专业化、品质化的方向发展。老年人的生理和心理都比较脆弱,较普通顾客而言,需要更加细腻周到的服务及更加专业的养护知识。而当前养老型酒店的管理明显不够成熟,服务人才明显匮乏,难以满足行业发展的需求。

武汉旅游酒店联盟与武汉援鄂医护接待

2020年1月,随着新冠肺炎疫情的持续,武汉的医护人员几近透支精力和体力。为了支援武汉的一线医护人员,1月24日,当地的酒店业人士自发组织"武汉医护酒店支援群",征集不带中央空调的酒店,自愿为武汉地区各大医院的一线医护人员免费提供住宿。截至2020年1月30日21点,联盟合计为6056位医护人员提供超4万个间夜的住宿。

"当时觉得医护人员太辛苦,很多住得远,交通又不方便,一般的酒店可能担心风险不让他们入住,还有很多酒店又处于停业状态。我的酒店当时空着,我就想,拿出来给医护人员住,想法很简单。"联盟第一发起人、酒店业主肖雅星表示,"尽管因缺乏急需的物资和资金,多数酒店工作人员已经极度疲惫,酒店的物资和卫生状况亦达到供应或服务极限,联盟部分酒店停止接待,但我们连锁酒店依然在接待。后面陆续还有物资到,会优先给连锁酒店分发,我们对医护人员的接待工作会更好。我们还募捐到了旅行睡袋、体测仪,等火神山、雷神山医院建好后,我们可以代为捐赠给他们。"

希尔顿:你们在前方奋战,我们在后方支援

武汉光谷希尔顿酒店、武汉世贸希尔顿酒店和湖北十堰希尔顿花园酒店从1月底开始,陆续接待了来自全国1369位援鄂医护人员和防疫抗疫相关人员。168名希尔顿团队成员全天候在岗,为一线医疗专业人员提供安全、整洁的环境,确保他们住得安心、吃得舒心。此外,酒店为医护人员烹饪家乡风味,提供周到服务,竭尽全力确保医护人员在酒店得到充分的休息和营养补充。

2月9日晚上,上海华山医院医疗队到达了武汉光谷希尔顿酒店,酒店运营总监杨波带领同事们完成所有医护人员登记入住,并将所有行李和用品运到他们的房间,忙到次日凌晨2点。"我们的辛苦跟医护人员比起来,不算什么。我们希望为战胜疫情做出自己的贡献。"杨波说道。

希尔顿团队成员的热情好客给医护人员们留下了深刻印象,医护人员们以同样的热情和温暖回馈希尔顿团队成员。欢送抗疫英雄离开后,酒店团队成员回到客房,看到的景象,令他们既惊讶又感动。所有的房间床铺整齐,物归原处,还有许多医护人员亲笔写的感谢信。其中一封这样写道:"特别感谢希尔顿酒店全体工作人员为我们提供的无微不至、细致周到的服务。在餐饮上,你们费尽心思、绞尽脑汁调换口味。在武汉物资紧缺的情况下,我们能吃上新鲜的水果……每天早晨不到6点,同事们就可以去取饭了……不管多晚下班,同事们打开温箱,都能取到热腾腾的宵夜……从贵酒店每名员工的身上,我们看到了希尔顿闻名全球的原因……你们是幕后的英雄,是热情好客的最佳代表。非常感谢你们所做的一切,希望明年再与你们相聚,共赏武汉的樱花!"

碧桂园:你保护世界,我守护你!

2020年2月7日晚上,武汉碧桂园凤凰酒店也迎来了从广州千里驰援武汉的300多名医护人员。连日来,为助力打赢新冠肺炎疫情防控阻击战,碧桂园酒店集团旗下多家酒店克服人员不足、物资短缺等多重困难,竭尽全力为超800位"抗疫战士"

提供温暖舒适的休憩之所。

"全部房间已完成消毒!"

"物资正在不断采购中!"

"入住指南已经做好!"

"300多份晚餐正在准备!"……

接到全力支援接待援鄂医疗队的任务后,武汉和随州的碧桂园凤凰酒店的员工们迅速到岗。尽管时间紧、任务重,但每个人都干劲十足,希望尽快做好一切保障工作,好让医护人员一到达就能吃上热饭、感受到温暖。

江西援鄂医疗队的一位医生说,本来以为会很冷,结果进房间发现,酒店提前把空调的暖风打开了。

"比起奋战在一线的医护战士,我们所能做的太少,能够在此非常时期,为医疗队保障后勤和提供服务是我们的荣幸,即使累一点,心里都觉得很值得。"随州碧桂园酒店的员工小方说。

"辛苦了,感谢对武汉的驰援!"这是武汉碧桂园酒店员工对医护人员说得最多的一句话。在他们心中,一批批前来驰援的医疗队给这个城市带来了新生的希望。

资料来源 http://www.ahtyjz.com.cn/article/View_3619.html,https://www.sohu.com/a/390292502_393368

本章思政总结

受益于国家经济的快速发展与人民生活消费水平的提高,我国酒店业规模持续增长,我国的酒店业正逐步走向大规模、高质量的发展时代。受深化供给侧结构性改革的号召,我国的酒店业务不断精细,前厅管理和客房管理系统化。在数字化变革进程下,大量智能技术被逐渐应用至酒店管理中,体现了酒店接待的创新精神,创造了与时俱进的优势。随着市场不断细分,越来越多的住宿业态出现在大众视野,这体现出我国酒店供给侧结构在不断变革,在为实现人民的美好生活前进。但是酒店业态类型增加也带来管理上的困难,相关机构需要严格把控酒店行业市场,让酒店服务业发展得更好。

文化和旅游部党组成员王晓峰在全国加强旅游住宿业行业监管工作会上指出,需要不断加强行业监管工作:一是要提高政治站位,充分认识加强旅游住宿业行业监管的重要意义。要牢记发展旅游住宿业的"初心"是为了服务国家改革、开放、发展的大局,不断满足人民群众的美好生活需求;发展旅游住宿业的"使命"就是不断创新监管手段,引导行业持续、健康、高质量发展,不断提升行业管理水平和服务质量。二是要筑牢安全底线,严格把握加强旅游住宿业行业监管的正确方向。要严格落实意识形态工作责任制,夯实星级酒店企业安全主体责任,督促指导星级酒店牢牢守住政治安全和生产安全底线。三是要加强创新担当,积极探索加强旅游住宿业行业监管的有效手段。要加大暗访检查力度,加大标准规范引导力度,加大教育培训力度,加大宣传引导力度,积极构建旅游住宿业信用监管机制。

复习思考题

1. 简述酒店的职能及酒店的业务。
2. 简述酒店前厅质量的特点,酒店前厅部下设机构的职能。
3. 简述客房业务管理的主要内容。
4. 简述前厅部和客房部的发展趋势。
5. 衍生型住宿业态的类型有哪些?

第六章 餐饮管理

1. 掌握餐饮管理的概念、基本特征。
2. 熟悉餐饮管理的内容和基本方法。
3. 掌握餐饮成本的概念、内容。
4. 了解餐饮成本的分析、核算与控制。
5. 了解菜单的概念和作用。
6. 掌握菜单的设计知识,能根据企业经营管理的实际设计菜单。
7. 熟练掌握餐饮采购、验收、存储和发放。
8. 掌握餐饮服务管理的要求。

思政元素

1. 中共中央办公厅、国务院办公厅印发了《粮食节约行动方案》并发出通知,要求各级党政机关、国有企事业单位要落实中央八项规定及其实施细则精神,切实加强公务接待、会议、培训等公务活动用餐管理。按照健康、节约要求,科学合理地安排饭菜数量,原则上实行自助餐。严禁以会议、培训等名义组织宴请或大吃大喝。

2. 习近平提出,各级党委和政府及有关部门要全面做好食品安全工作,坚持最严谨的标准、最严格的监管、最严厉的处罚、最严肃的问责,增强食品安全监管统一性和专业性,切实提高食品安全监管水平和能力。要加强食品安全依法治理,加强基层基础工作,建设职业化检查员队伍,提高餐饮业质量安全水平,加强从"农田到餐桌"全过程食品安全工作,严防、严管、严控食品安全风险。

北京前门大街的餐饮出路在哪里?

旅游业中的餐饮产品的开发可以为旅游者提供当地仅有的特色饮食,充分引发并满足旅客对独特餐饮产品的心理需求。餐饮产品是旅游中的一项特色,其质量是影响旅游者对本次旅游评价的关键因素。饮食文化始终被旅游者追崇,是一项很有吸引力的旅游资源。通过对传统饮食文化进行探究和创新可以丰富当地旅游特色文化内涵。

前门大街位于北京市中心南侧,自古就是有名的商业街。如今也有多家餐馆、店铺,还有各地的小吃汇集,适合逛街购物、享用美食。另外街上建筑都很古老,搭配了老招牌、红灯笼等物件。

前门大街新开的庙街小吃城里,引入了数十家小吃档口,除了北京特色小吃外,还售卖长沙臭豆腐、酸辣粉、花甲粉、过桥米线等。除了部分档口是连锁品牌店外,大部分档口都并非大品牌,价格也比较亲民,例如有档口挂出"炸串一元一串"的标牌吸引顾客。守着整条大街入口的重要位置,庙街在工作日时段客流不多,但在周末和节假日比较热闹,前来用餐的几乎都是外地旅游者。"逛街逛累了,看到这儿有可以歇脚的地方就进来了,以为有很多地道的北京小吃,想不到最先看到的竟然是波希米亚烟囱卷、长沙臭豆腐。"一位来自湖南的旅游者认为,小吃城没有太鲜明的北京味儿,和普通商业街或者商场里的小吃城并无两样,比较适合图实惠的旅游者歇脚,但很难吸引到回头客。

新冠肺炎疫情以前,前门大街上的饭馆主要以老字号为主;疫情之后,前门大街新增了大量餐饮和食品零售业态,目前已有20多家餐厅以及近20家食品零售店铺,其数量在整条街的占比达到一半。前门大街上的食品零售店以老字号为主,不过,北京稻香村只在这里开设了一家店,苏州稻香村开设了两家店,此外街上还有家"京稻糕点"。有消费者在大众点评里吐槽,各类糕点店让人很难分清哪个才是地道的北京特产。

作为北京最具文化底蕴的历史商业街区,前门大街一直在朝着文化体验式消费街区努力。近几年,前门大街围绕文化体验式消费街区的定位进行调整升级,引入了故宫文创、非遗体验馆等文化业态,但这类文化体验业态的客流并不乐观,和餐饮业态呈现出客流两极分化的局面。伴随疫情给商业带来的冲击,前门大街近来开始新一轮业态调整,但五花八门的餐饮商户渐渐盖过了文化体验。如何守住文化体验式消费街区的定位? 前门大街面临着新的考验。

资料来源 https://culture-travel.cctv.com/2021/04/25/ARTINvC4kufRQxCz2ibgAHnu210425.shtml

思考:历史商业街区的餐饮业如何发展才能满足旅游者的文化体验需求?

第一节 餐饮管理基本概述

一、餐饮管理的性质和基本特征

(一)餐饮业的发展

餐饮业主要为国民经济的发展提供社会生活服务,是国民经济的重要组成部分。

人类的饮食消费主要在家庭、工作单位和社会餐饮服务业中进行。餐饮业的迅速发展,为人们的社会饮食消费创造了条件,促进了其消费方式和消费结构的改变。同时,餐饮业利用餐饮设备技术,通过食品原材料加工制造产品,本身可以增加产品价值,创造社会财富。餐饮业的发展也为大批人员提供了就业机会,成为解决我国职工就业和下岗职工再就业的重要出路之一。餐饮业的发展规模、速度和水平,往往直接反映一个国家、一个地区的经济繁荣和市场活跃程度。它是国民收入和人民生活水平迅速提高、消费方式和消费结构发生深刻变化的重要体现。

我国加入世界贸易组织以后,国内外的政治、经济文化交流更加频繁,大批外国政治家、科学家、实业家和经济、文化界人士前来访问,不论是从事经商贸易活动,还是进行科学考察和学术交流,都要品尝风味饮食,需要餐饮业为其提供生活服务。旅游作为幸福产业,有利于提高国民生活质量。发展旅游业,可以加强国际、国内交流,吸收外汇,满足国内人民日益增长的物质和精神生活需要,促进国民经济的发展。行、游、住、食、购、娱是旅游业的六大要素。大批国内外旅游者前来游览观光、探亲访友、科学考察,需要品尝风味饮食,领略当地人民的生活情趣。餐饮业为其提供独特风味、优美环境和优良服务,不仅可以满足客人的需求,而且高超的烹调艺术、独具特色的饮食产品,也是饮食文化的代表,本身又可以成为旅游资源,广泛吸引国内外旅游者。

(二)餐饮管理基本特征

餐饮管理是餐饮企业经营管理的简称,包括经营和管理两个方面。经营是以市场需求为依据,对企业的经营目标、经营内容、经营方式、经营策略做出科学决策的活动过程。管理则是为了达到企业经营目标,对企业内部资源进行合理组织、配置,使企业业务有效运转的活动过程。

餐饮管理是餐饮经营管理者在了解市场需求的前提下,运用各种管理方法,对企业所拥有的有限资源进行有效的计划、组织、指挥、协调、控制,形成高效率的服务生产系统,以实现既定的企业目标的活动的总和①。

餐饮管理和一般企业管理比较,有四个基本特点。

1. 生产过程短,随产随销,产销定制性强

餐饮管理需要通过组织厨房产品生产来满足客人的消费需求而获得经济收入。餐饮产品不同于其他产品,它生产过程很短,生产种类却很多,并且产品烹制完成后必须马上销售,随产随销,具有很强的产销即时性。从生产和销售的关系来看,它又具有产销定制性很强的特点,即每天每顿饭餐饮企业生产什么产品、生产多少、生产顺序如何都是根据客人点菜或事先预订来安排的。

2. 依赖市场,技术质量要求高

餐饮业是一种完全和充分竞争的服务行业。在信息爆炸时代,品牌忠诚度低、专利保护困难,餐饮产品很容易被模仿、抄袭、仿制。餐饮产品受到不同口味、地域和文化的影响,同一类食物可能会有上千种花色和口味,对餐饮从业者的技术要求高。

3. 影响因素多,客源营业收入波动大

餐饮业是以旅游流动和外出就餐的客人为服务对象的。经营管理过程中,必然要

---

① 餐饮管理的定义参考赵顺顶、马继刚、刘芳的《餐饮管理》。

受到旅游季节波动、原材料价格季节变化、一年四季的客人消费需求变化和天气、气候、节假日及餐厅的地理位置和交通条件等多种因素的影响,因而必然具有影响因素多、客源和营业收入波动性大的特点。

4. 服务流程复杂,管理不易控制

餐饮管理的业务过程包括市场开发、客源组织、原材料采供、厨房生产、餐厅销售和成本控制等几个环节,客源构成、市场竞争、餐饮产品品种、烹调制作和口味控制等因素共同导致了餐饮管理复杂的现状。

案例 6-1

肯德基盲盒套餐风波

2022年1月,肯德基与泡泡玛特联合推出盲盒套餐,"限量联名""稀有手办""先到先得""二手涨价"等信息,引发消费者抢购及社会广泛关注。

本次肯德基与泡泡玛特联名推出的盲盒活动,主要在一、二线城市开展,且只有旗舰店才有资格参与这次活动。每个门店的盲盒数量有限,为36个,每个套餐的价格为99元,一个套餐内将随机赠送一个公仔,因此很多人为了公仔而购买整个套餐。活动上线后半个小时所有名额就已经卖光了,并且不会再补货。

99元的指定套餐里包含3个小百事可乐、1份小薯条、1个老北京鸡肉卷、1个香辣鸡腿堡、5块黄金鸡块和2个葡式蛋挞。看似很有诚意的买套餐送盲盒,在绝大多数粉丝眼中,就是"买盲盒送套餐",这个套餐全国限量总计263880份,隐藏款买到的概率为1/72。

限量让人疯狂,想要集齐推出的7款形象玩偶,至少要购7套"泡泡玛特桶",合计要693元,前提还是你足够幸运,七连抽也能完全不重复。由此肯德基盲盒被持续爆炒,黄牛、"职业代吃"纷纷上场,还衍生出庞大的"炒娃团",这也引起了不少的争议。

据《证券日报》报道,一位闲鱼卖家透露,昨天刚以750元的价格卖出一套,目前就剩最后一套了。而盲盒主要来自自己在肯德基工作的朋友。

对此,中消协点名肯德基:诱导并纵容消费者不理性、超量购买食品套餐,有悖公序良俗和法律精神。"君子爱财,取之有道",商家要追求利益最大化,前提是要有基本的社会责任,而不是使得铺张浪费之风横行。中国自古就崇尚节约粮食,反对铺张浪费。2021年正式实施的《中华人民共和国反食品浪费法》明确要求"餐饮服务经营者不得诱导、误导消费者超量点餐"。在如此大背景之下,肯德基偏要"逆流而上",自然难逃口诛笔伐。针对导致浪费的行为及时警告和处理,才不会让更多商家争相模仿,让食物浪费的奢侈之风愈演愈烈。

资料来源 https://m.gmw.cn/2022-01/15/content_1302764459.htm

二、餐饮管理的内容

(一)餐饮企业人力资源管理

人力资源管理指的是通过人力资源的计划、招聘、选拔、培训和发展、业绩评估、制定工资和福利制度等一系列活动,向组织提供合适人选和职工最大优化组合并取得高水平绩效和发挥员工最大积极性的各项组织管理活动的总称。餐饮人力资源管理的根本目的就是调动员工的积极性,用尽可能少的劳动消耗,生产出更多的劳动产品。餐饮人力资源管理的内容包括员工的招聘、岗位的定额和定员、员工的激励、员工的培训和员工的监督。

餐饮人力资源管理有其自身特点,但基本内容与多数企业大体相同。餐饮人力资源管理具有三个特点:

(1)员工类型多样,工作内容差异大。在餐饮企业中,员工有经理、经理助理、厨师长、领班以及各个班组的一线服务员等,存在着不同的分工类型。同时各个不同的岗位对员工学历、教育层次等均有不同的要求,不同岗位需要不同的服务技术和要求。工作内容的千差万别无疑增加了餐饮企业人力资源管理的难度。

(2)员工工作性质灵活,绩效考核难度大。餐饮企业涉及各个部门和岗位,员工的工作性质也非常灵活。员工工作时间多在服务场所,人力资源管理人员和服务人员的工作场所存在一定的距离,管理者很难了解员工工作的全程;同时,餐饮企业在提供有形产品的同时,也提供无形的服务,因此对服务质量的考核和评价大多来自消费者的内心感受,这增加了人力资源管理部门绩效考核的难度。

(3)员工流动性大,招聘、培训任务比较重。餐饮行业是一个人员流动性极大的行业。对于餐饮企业员工的流动问题,从整个社会的角度来看,它有利于实现人力资源的合理配置,从而提高人力资源的使用效率;从餐饮企业的角度来看,适度的人员流动,可优化餐饮企业内部人员结构,使餐饮企业充满生机和活力。但若员工大规模流动,餐饮企业就必须花费大量的精力来培训新员工,以适应本企业的操作规范、企业文化和价值理念。因此,餐饮企业的招聘、培训的任务就变得比较繁重。

(二)餐饮企业经营效益管理

餐饮企业经营效益管理是餐饮管理最为量化、餐饮企业投资者最为关注的内容。企业会进行企业经营效益评估,即分析企业的经营业绩和资产状况。也就是说,通过对企业的损益结算表和资产负债表进行分析,来判断企业的收益能力、活动能力等,并明确资金、资产和负债的均衡状态。进行效益评估的根本目的,是要通过分析结果认识并纠正经营上的缺点,进一步提高效益。

进行经营效益管理,是为了实现企业效益最大化。餐饮企业利用现有的资源制定经营计划,协调公司内部各部门活动,保证企业的利益。企业经营效益管理的内容有:经营计划管理、经营指标管理、营销策划管理。

(三)餐饮企业物资原材料管理

餐饮企业物资原材料管理是指对餐饮企业中各种生产资料的购销、储运、使用等，所进行的计划、组织和控制工作，主要包括设备设施管理、餐具和用具管理、食品原材料采供管理等。餐饮企业与其他企业的不同在于，餐饮企业的原材料采购、运输、储存和使用的周期很短。为了保证原材料的新鲜，提供更优质的产品，食品原材料采供管理尤为重要。

餐饮企业食品原材料采供管理，就是对食品原材料的采购、验收、发放、储存等环节进行有效的计划与控制，其目的在于为厨房等加工部门保质保量完成任务及时提供原材料，并使采购的价格和费用最为经济合理。通过对餐饮原材料的严格管理，可以为菜肴质量奠定坚实的基础，同时通过制定和落实采购、验收、保管、领发、盘存制度，可以尽可能保证原材料质地优良，减少原材料的不合理使用，为做好餐饮部成本控制提供基础。

(四)餐饮企业产品质量管理

现代餐饮产品由满足顾客某种需求的物质实体和非物质形态服务构成。有形产品从产品外观可以看到，无形产品从外观看不到，顾客可以感受到。有形产品和无形产品同等重要，互相不能代替。现代餐饮产品主要由三个部分组成：

(1)核心产品，即餐饮可食性。
(2)实际产品，包括餐饮卫生、味道、颜色、数量、地点、外观、温度、营养等。
(3)外部产品，包括环境、设施、外貌、安全、环境、礼节礼貌、效率等。

餐饮产品质量是指以良好的设施、设备所生产的饭菜及以其为依托所提供的劳务，在使用价值(可食用、娱乐等)方面适合和满足客人的物质和心理需要的程度。

当代餐饮企业经营理念的特点是重视产品开发与创新，重视餐饮文化建设，提供有特色的优质产品。我国餐饮企业产品质量管理发展经历过质量检验阶段、质量统计阶段和全面质量管理阶段三个阶段。现如今，顾客是餐饮产品质量的鉴定人。顾客满意与不满意的信息对餐饮企业十分重要，消费者对产品质量的要求由原来的尽可能完美发展到适度质量的要求。同时餐饮产品质量还存在着时间性。当自然环境与社会环境随着时间而发生变化时，顾客的价值观、需求也随之变化。在当前能够满足顾客要求的质量水平的餐饮产品，经过一段时间后可能被顾客认为是不符合质量标准的产品。

(五)餐饮企业工作秩序管理

"没有规矩不成方圆"，在酒店的日常经营中，员工需要明确目标，全力维护经营环节中的经营秩序；管理人员要明确员工的行事准则，在范围内规范员工行为，使整个经营秩序得以正常的运转。好秩序的建立，需要全体员工的参与和遵守。餐饮企业工作秩序管理包括：规划工作流程、制定生产规范、制定管理制度、设计运转管理表格、建立督导机制等。

餐饮业作为一个服务密集型行业，为许多人提供了就业机会。同时，由于时代的发展，顾客对于员工的服务有了一定的要求，所以餐饮企业需要进行工作流程管理。工作流程管理是餐饮企业工作秩序管理的一部分,是指系统化地实现公司日常办公的工作流程审批和管理,包括行政、财务、人事、采购等审批流程,通过工作流程的信息化管理提高企业的工作效率。

(六)餐饮企业安全卫生管理

食品安全一直是社会关注的重大话题,国家也颁布了相应的规章制度,例如《餐饮服务食品安全监督管理办法》,餐饮企业安全卫生管理的重要性不言而喻。餐饮企业的餐饮经营活动环节众多,饮食安全涉及的方面很多,是极具复杂性的一项业务活动。做好安全卫生管理是餐饮企业经营管理的重要环节。

餐饮企业安全卫生管理主要包括:食品卫生安全管理,生产、操作卫生安全管理,设备及其使用的卫生安全管理,产品销售与环境卫生安全管理。

三、餐饮管理的基本方法

餐饮管理方法是履行餐饮管理职能、完成餐饮管理任务、实现餐饮管理目标的方式、手段和措施的总称。无论是在酒店,还是会展、餐厅等,餐饮部作为一个综合性很强的部门,其管理的基本方法主要有以下几种:

(一)制度管理法

制度管理,就是通过制度的制定和实施,来控制餐饮业务经营活动。要使制度管理真正切实可行,关键是要注意以下三个问题。

1. 制度的科学性

即制度必须符合餐饮业务运转的客观现实规律,必须根据餐饮经营管理的需要和全体员工的共同利益来制定,服从餐饮经营管理的目标。

2. 制度的严肃性

即维护制度的权威性和强制性。制度是全体员工共同遵守的准则,是员工行为的依据。所以,制定制度必须有科学严谨的态度,定什么制度、定到什么标准,均应认真研究,仔细推敲,切忌随心所欲。

3. 制度管理的艺术

俗话说,制度无情人有情,一方面,我们要严格按照制度办事,另一方面,要把执行制度和思想工作结合起来,注意批评和处罚的艺术,同时要把执行制度和解决员工的实际问题结合起来。

(二)"感情管理"法

"感情管理"是一种形象的比喻,实际上就是行为合理方法。它是通过对员工的思想、情绪、爱好、愿望、需求和社会关系的研究,对其给以引导,并给以必要的满足,以实现预期目标的方法。在餐饮管理中,人与人之间的关系不仅是经济关系,而且还是一种社会关系。所以,要激发员工的工作热情,调动员工的积极性,就必须注重对员工的"感情投资",通过各方面的工作去正确处理各种关系,引导和影响员工的行为,使企业目标的实现变成员工的自觉行动。

(三)定量管理法

定量管理就是通过对管理对象数量关系的研究,遵循其量的规定性,利用数量关系进行管理。餐饮的业务经营活动,要用尽可能少的投入,取得最有效的成果,不仅要有定性的要求,而且必须有定量分析。无论是餐饮质量标准,还是资金运用、物资管理以及人力资源组织,均应有数量标准。应该说,运用定量方法管理经济活动,一般具有准确可靠、经济实用、能够反映本质等优点。当然,这种管理方法切实可行的关键是定量要科学合理,执行要具体严格。

(四)表单管理法

表单管理是通过表单的设计和传递处理,来控制酒店餐饮业务的经营活动。表单管理法的关键是设计一套科学完善的表单体系。餐饮的表单一般可分为三大类:第一类是上级部门向下级部门发布的各种业务指令,第二类是各部门之间传递信息的业务表单,第三类是下级向上级呈递的各种报表。表单管理必须遵循实用性、准确性、经济性、时效性的原则。

(五)"走动管理"法

"走动管理"也叫现场管理,就是要求管理者深入现场,加强巡视检查,调节餐饮业务经营活动中各方面的关系。我们知道,餐饮企业业务经营的特点之一,就是提供服务和消费服务的同一性。要有效地控制餐饮的业务经营活动,提高服务质量,餐饮的管理者就必须经常深入服务第一线,目的是了解情况,掌握动态,及时发现和处理各种疑难问题,协调各方面的关系。同时,也是为了及时和下属沟通思想,联络感情,实施现场激励。

第二节 餐饮成本控制与菜单设计

一、餐饮成本的概念、构成、分类和核算方法

(一)餐饮成本的概念

餐饮成本有狭义和广义之分,狭义的成本仅指餐饮产品的成本,即指餐饮企业在生产餐饮产品时所占用和耗费的资金。广义的餐饮成本指餐饮企业在经营餐饮业务时的各项消耗,既包括生产餐饮产品时所占用和耗费的资金,如食品饮料原材料消耗、餐饮生产人员的工资和福利费用等,也包括经营餐饮业务的其他消耗,即营业费用和管理费用等,如折旧费、大修理费、燃料费、水电费、办公费、差旅费、推销广告费、洗涤费、一次性客用品费(如餐巾纸)等。在进行成本管理时一般指广义的成本概念,在提及产品成

本时一般指狭义的成本概念。

(二)餐饮成本的构成

明确餐饮成本构成要素、明确餐饮成本支出比例,是按一定比例要求控制餐饮成本支出的前提。

从成本核算的会计科目来讲,餐饮成本由以下几项构成:

(1)原材料(食品、饮料)。

(2)燃料。

(3)物料用品。

(4)低值易耗品摊销。

(5)商品进价和流通费用。

(6)工资(基本工资、附加工资、奖金津贴)。

(7)福利。

(8)水电费。

(9)企业管理费。

(10)其他支出费用。

以上会计科目依据餐饮企业的隶属关系、资金来源性质、接待对象性质的不同会有所区别。

(三)餐饮成本的分类

餐饮成本与其他成本一样,可以按多种标准进行分类。餐饮成本分类的目的在于根据不同成本采取不同的控制策略。餐饮产品成本根据考虑问题的角度不同,有不同的分类方法[①]。

1.按是否与业务量有关,划分为固定成本和变动成本

1)固定成本

固定成本是指不随业务量(产量、销售量或销售额)的变动而变动的那些成本,如图6-1 所示。固定资产折旧费,即在一定时期内按财务制度规定所提取的折旧费的大小,是不随业务量的变动而变动的。

2)变动成本

变动成本是指在一定时期和一定经营条件下,随着业务量的变动而变化的那些成本。例如,原材料成本、水电能源支出等会随着餐饮菜点的生产和销售的增加而增加。因此,原材料成本和水电能源支出属于变动成本。

此类划分主要是为损益分析和成本控制提供理论论据。高层管理以固定成本控制为主;中低层管理以变动成本控制为主,尽量降低成本费用。在划分固定成本和变动成本后,就可利用数学方法分析业务量、成本及利润(简称量本利)三者之间的盈亏平衡关系,对成本费用进行分析,加强对成本的控制和管理,提高企业的经济效益。

---

① 餐饮成本的划分方式有很多,基本上划分为文中所说的三类,该说法也在林小岗和吴传钰的《餐饮业成本核算》、邓爱民的《旅游接待业管理》、吉根宝的《餐饮管理与服务》等书中得到支持。

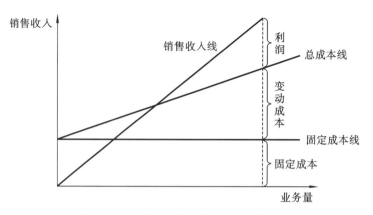

图6-1　固定成本、变动成本和利润的关系

2. 按成本可控程度,划分为可控成本和不可控成本

1)可控成本

可控成本是指在餐饮管理中基层和部门通过自身的努力所能控制的成本,即在短期内可以改变其数额大小的那些成本。一般而言,变动成本属于可控成本。管理人员若变换每份菜的份额,或在原材料的采购、验收、贮存、生产等环节加强控制,则餐饮产品成本会发生变化。某些固定成本也是可控成本。如,广告和推销费用、大修理费、管理费等。对可控成本的管理是餐饮成本控制的重要方面。

2)不可控成本

不可控成本是指基层和部门人员通过努力也难以控制,只有高层管理才能掌握的那些成本。固定成本一般是不可控成本。例如,租金、维修费、保险费、固定资产折旧费及按规定提取的福利费等。这些均是按有关制度规定支出的,都是经营管理人员无法通过努力来改变其数额大小的,因此,属于不可控成本。

此两类成本主要是为成本控制的分工和重点掌握提供论据。基层部门以可控成本控制为主,中高层则以不可控成本控制为主。

3. 按与产品形成的关系,划分为直接成本和间接成本

1)直接成本

直接成本是指在产品生产过程中因直接耗用而加入成本中去的那些成本。其主要包括原材料成本、酒水成本和商品成本三部分。如,餐厅烹制菜肴和制作点心所需的各种原材料费,包括主料、配料、调料等。

2)间接成本

间接成本是指那些不属于产品成本的直接支出,但必须用其他方法分摊的各项耗费。如工资、水电费、燃料费、修理费、固定资产折旧费、销售费用等。

此类划分的作用,在于为部门和企业成本核算提供理论依据。部门以直接成本核算为主,企业以间接成本核算为主。

(四)餐饮成本的核算方法

餐饮产品成本根据厨房产品生产方式和花色品种不同,有不同的核算方法。其成本核算方法分为三种类型:一是按产品生产步骤核算成本;二是按产品生产批量核算成

本;三是按产品类别核算成本。其具体方法有四种。

1. 顺序结转法

这种方法是根据产品生产步骤来核算成本,适用于分步加工、最后烹制的餐饮产品的成本核算。方法是将产品的每一生产步骤都作为成本核算对象,依次将上一步骤的成本转入下一步骤的成本,逐步计算出产品成本。净料在烹制时还要加配料和调料,顺序转入,最后得到产品成本。

2. 平行结转法

这种方法也是根据产品的生产步骤来核算成本的。它和顺序结转法的区别在于在适用于本方法的餐饮产品的生产过程中,食品原材料成本是平行发生的。原材料加工一般一步到位,制成净料或直接使用的食品原材料。这时,只要将各个生产步骤的原材料成本相加,即可得到产品成本。

3. 订单核算法

这种方法是按产品生产批量或客人订单来核算成本的。前者如生产包子、点心、酱肉等。这类产品大多是批量生产的,其成本核算只要先核算出每批产品各种原材料成本,然后相加,即可得到批量产品成本和单位产品成本。

4. 分类核算法

这种方法是按产品类别来核算成本的,主要适用于产品类别和花色品种较多的零点餐厅。其方法是根据产品类别、性质、耗用原材料的不同加工方式,将原材料成本分成若干档,先分类核算出不同档次或不同类别的总成本,再按单位产品用量核算其主料、配料和调料成本,然后相加,即可得到单位产品成本。

餐饮产品成本核算方法为实际管理过程中的成本核算指明了方向,可以帮助管理人员根据厨房产品生产方式和花色品种不同,分别采用不同的成本核算方法,以提高成本核算的准确性和科学性。

二、餐饮成本控制

餐饮成本控制是餐饮经营管理的重要内容,由于餐饮的成本结构制约着餐饮产品的价格,而餐饮的价格又影响着餐厅的经营和餐厅入座率,因此,餐饮成本控制是餐饮经营的关键。在餐饮经营中,保持或降低餐饮成本中的生产成本和经营费用,尽量提高食品原材料成本的比例,使餐饮产品的价格和质量更符合市场要求、更有竞争力,是保证餐饮经营效益、竞争能力的具体措施。

(一)餐饮成本控制的含义

餐饮成本控制[①]指在餐饮生产经营中,管理人员按照餐厅规定的成本标准,对餐饮产品的各成本因素进行严格的监督和调节,及时揭示偏差并采取措施加以纠正,以将餐饮实际成本控制在计划范围之内,保证实现企业成本目标的过程。此外,现代餐饮成本控制还包括控制餐饮食品的成本,使之不低于相同级别的餐厅的食品成本。同时,控制餐饮经营费用,使之不高于相同级别的餐厅,以提高餐厅在市场上的竞争力。

---

① 餐饮成本控制定义参考王天佑、张威《饭店管理概论》。

(二)餐饮成本控制原则

餐饮企业在构建成本控制体系和方法时,为了发挥好成本控制的作用,实现成本控制目标,应遵守及时性原则、节约性原则、责权利相结合原则、互相协调原则。

1. 及时性原则

及时性原则是指成本控制系统能及时反映成本控制过程中实际发生成本与控制标准之间的偏差,使企业能及时消除偏差。当成本控制系统中出现偏差而没有被及时发现并采取措施予以纠正时,间隔越长,企业遭受的经济损失就越大。因此,在成本控制过程中,应及时纠正偏差,以减少失控期间的损失。

2. 节约性原则

实施成本控制一般会产生一些费用,如人员工资费、办公费等,这些费用一般称为控制成本。实施成本控制的目的就是通过实行有效的控制活动,在支出的同时为企业带来更大收益。如果控制成本超出控制收益,则该项控制活动是不可行的。实施成本控制一定要符合节约性原则。

3. 责权利相结合原则

为调动企业内部各单位的积极性,许多企业都在推行责任会计制度。因此企业在实施成本控制时,就要与实行的责任会计制度相结合,对于成本控制的结果要进行具体的分析,落实奖惩措施。这样才能促进成本控制和加强责任会计制度,调动各单位的积极性。

4. 互相协调原则

成本控制是一项系统工程,既然是一项系统工程,就会涉及企业的各个部门、每个职工,要做好成本控制工作,仅靠成本管理部门的努力是不够的。

(三)餐饮成本控制内容

1. 食品原材料成本控制

食品原材料的成本是中餐和西餐菜肴的主要成本,它包括主料成本、辅料成本和调料成本。餐饮食品原材料成本通常由食品原材料的采购量和消耗量两个因素决定。因此,餐饮食品成本控制的主要环节包括两个方面:食品原材料采购控制和食品原材料使用控制。

1)食品原材料采购控制

食品原材料采购控制是食品成本控制的第一个环节。食品原材料的采购,首先应符合菜肴的质量要求,然后是价廉物美。应本着同价论质、同质论价、同价同质论费用的原则,合理选择食品原材料。严格控制因生产急需而购买高价食品原材料的行为,并且从管理制度上规定食品原材料的采购价格,控制食品原材料采购的运杂费。

2)食品原材料使用控制

食品原材料使用控制是食品成本控制的第二个环节。对于食品原材料的消耗量控制,常采用的方法是:厨房根据食品原材料的消耗定额填写领料单,在规定的限额内领用一定数量的食品原材料。此外,厨师长还要控制食品原材料的使用情况,及时发现原材料的不合理使用情况。一旦发现问题,管理人员应当分析原因,采取有效措施,及时纠正。为了不断掌握食品原材料的使用情况，并做好食品成本控制，管理人员和厨师长应实施日报和月报食品成本制度，必要时要求厨房按工作班次填报相关信息。

2. 人工成本控制

人工成本主要包括用工数量和职工的工资率控制。所谓用工数量主要指用于餐饮生产和经营的工作时间数量，职工的工资率是餐饮生产和经营全部职工的工资总额除以职工生产和经营的工时总额。人工成本控制就是对餐饮生产和经营总工时和工作人员工资总额的控制。现代化的餐饮经营和管理应从实际生产和技术出发，充分挖掘职工潜力，合理地进行定员编制，控制非生产和经营用工，防止人浮于事，以定员、定额为依据控制餐饮生产和经营职工人数，使工资总额稳定在合理的水平上。

3. 燃料和能源成本控制

燃料和能源成本是菜肴生产和经营中不可忽视的成本，尽管它在一般菜肴中可能占有很少的比例，但是，它在一个餐厅的经营中，仍然占有一定数额。控制燃料和能源成本主要是教育和培训全体职工，使他们重视节约资源，懂得节约燃料和能源的方法。此外，管理人员还应当经常对职工的节能工作及其效果进行检查、分析和评估，并提出改进措施。

除了食品成本、人工成本和能源成本，餐饮生产和经营成本还有许多项目，如固定资产的折旧费，设备的保养和维修费，餐具、用具与低值易耗品费、排污费、绿化费及因销售发生的各项费用。这些费用中有的属于不可控成本，有的属于可控成本。经营费用的控制只有通过加强餐厅的日常经营管理才能实现。

三、餐饮菜单设计概述

(一)菜单的含义及作用

菜单指餐厅等餐饮企业向市场提供的有关餐饮产品的主题风格、种类项目、烹调技术、品质特点、服务方式、价格水平等经营行为和状况的总的纲领。

菜单是餐饮经营与管理的关键和基础，是餐饮经营的中心环节，一份成功的菜单应体现餐厅的经营宗旨、主题特色、服务精神和市场形象。同时，菜单还是饮食文化的浓缩，应发挥其时尚导向和审美情趣的功能，传递美食的情感和经历。

(二)菜单工程

菜单工程，也称为ME(menu engineering)分析法。它是指通过对餐厅菜品的畅销程度和毛利率高低的分析，确定出哪些菜品既畅销、毛利率又高，哪些菜品既不畅销、毛利率又低，哪些菜品虽然畅销但毛利率很低，而哪些菜品虽不畅销但毛利率较高，如图6-2所示。

1. 畅销、高毛利率菜品

畅销、高毛利率菜品既受顾客欢迎又有盈利，是餐厅的盈利项目，在计划菜品时应该保留。

2. 畅销、低毛利率菜品

畅销、低毛利率菜品一般可用于薄利多销的低档餐厅，如果毛利率不是太低而又较

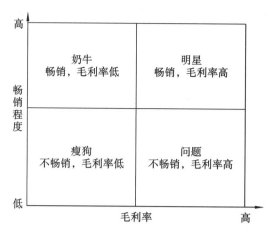

图 6-2　菜单工程分析矩阵

受顾客欢迎,可以保留,使之起到吸引顾客到餐厅来就餐的作用。顾客进了餐厅后可能还会点别的菜,所以这样的畅销菜品有时赔一点也值得。但毛利率很低而又十分畅销的菜品,也可能转移顾客的注意力,让那些毛利率高的菜品不受关注。如果这些菜品明显地影响毛利率高的菜品的销售,就应果断地取消这些菜品。

3. 不畅销、高毛利率菜品

不畅销、高毛利率菜品可用来迎合一些愿意支付高价的顾客。部分菜品毛利率高,如果不是太不畅销的话可以保留。但是如果销售量太小,会使菜单失去吸收力。所以在较长时间内销售量一直很小的菜品应该取消。

4. 不畅销、低毛利率菜品

不畅销、低毛利率菜品一般应取消。但有的菜品如果受顾客欢迎度和销售额指数都不算太低,又在营养平衡、原材料平衡和价格平衡上有优势的,仍可保留。

(三)菜单设计原则

1. 要以客人需求为中心

在策划菜单前,要确立目标市场,了解顾客需求,针对顾客对食品的口味和喜好来设计菜单。菜单要能方便顾客阅览、选择,要能吸引顾客,刺激他们的感观。

2. 要适应市场需求与利益

菜单的设计要体现企业对消费市场和顾客需求的准确把握,通过选择有卖点、利润率高的菜点来吸引顾客。因此其设计的成败,必然成为能否保证餐饮利润目标的关键。

3. 菜单设计要简单明了,符合标准

设计菜单时要注意菜品信息要干净利落,让人一目了然。同时,菜色的内容形式、菜点数量、菜单规格等,都要符合一定标准。

4. 要突出餐厅特色,具有独特个性

菜单设计要尽量选择反映本餐厅特色的菜肴,菜色的配制和菜单外形设计必须风格独特、吸引力强。

5. 菜单适应市场需要发展

菜单设计要灵活,要注意各类花色品种的搭配;菜肴要经常推陈出新,使人总有新鲜的感觉;还要考虑季节因素;同时,要顾及顾客对营养的需求,充分考虑食物对人健康与美丽的作用。

6.要讲究菜单的艺术性和美观性

设计菜单时,菜单的形式、色彩、字体、印刷格调、版面安排和封面设计都要从艺术的角度去考虑,而且还要方便客人翻阅,对顾客要有吸引力,要让菜单成为美化餐厅环境和渲染就餐气氛的"道具"。

第三节 食品原材料供应链管理

一、餐饮采购管理

(一)餐饮采购的目标

原材料采购的根本目的是保证向顾客提供佳肴美食,具体而言主要体现在以下几个方面。

1.找到正确的商品

贵的原材料并不一定适合餐饮发展的需要,餐饮部要对各种原材料做出详细的规定,制定出食品原材料采购规格标准以指导采购工作。采购规格标准是餐饮企业根据餐饮业务的特殊需要,对所要采购的各种原材料做出的详细的规定,如原材料产地、等级、包装要求、切割要求、色泽、肥瘦状况、冷冻状态等方面的规定,必要时可附以照片说明。按照采购标准进行采购,既有助于控制采购原材料的质量,也有助于控制采购的价格,但要以保证质量为前提。

2.得到最好的价格

在保证质量的前提下,采购时要充分考虑价格因素,做到货比三家,或者通过其他有效方法获得较低的采购价格。

3.得到最佳的品质

很多餐饮原材料的季节性强,储存要求高,有些还容易腐烂变质。在采购的过程中,要进行季节性采购,同时考虑原材料的储存能力,购买品质最好的原材料。

4.找到最佳的供应商

考察供应商的地理位置、设备条件、财务状况及其诚信程度等,保证供货的及时可靠。

5.在最适当的时间进货

餐饮部一方面要提高资金的利用率,另一方面还要保障原材料供应的不间断,在尽可能减少库存的情况下,考虑合理和及时的采购时间。因此,餐饮部要区分鲜活食品、干货及冷冻食品原材料,对于鲜活食品原材料应当采取在当天使用、第二天重新购买的方法进行采购,对于干货及可冷冻食品原材料则应分别制定原材料的最低储存量,在接近最低储存量时进行采购。

(二)餐饮采购管理的步骤

餐饮采购管理可分为三个阶段。

1. 制订采购计划阶段

在这个阶段,采购部门大量收集各种信息,进行市场调查,研究餐饮企业内各业务部门提出的物资采购申请,确定需采购的物资种类和采购数量,以及采购原则、采购渠道、采购日期,制订采购工作计划。

2. 采购执行阶段

在这个阶段,采购部门广泛征集所需各类物资的供货商信息,并谨慎审查,认真比较各供货商的优劣,结合餐饮企业经营的实际情况选择合适的供货商,实施订货与采购。

3. 控制阶段

这一阶段的工作是要将采购活动的资金流动和实物流动严格控制在计划之内,它包括采购成本控制和采购程序控制。采购成本控制是指对采购全过程的总成本进行控制,包括所有物资的采购成本、订货成本、仓储成本及缺货的机会成本等,这些成本都必须通过严密的核算程序控制在采购计划之内。采购程序控制主要是指对物资的实物交接环节进行严格的控制,包括监察每批订货与到货的数量、价格、日期、质量、供货商是否相符等。

二、餐饮验收管理

餐饮业的验收是指物资原材料经过检查或检验后,接受合格的过程。然而物料合格与否的结果,必须以餐饮业的验收标准作为依据,来决定是否受理。物资原材料的验收是一种手段及过程,而不是目的,所以餐饮业必须考虑时间及成本,来确定验收的标准。餐饮业的验收标准,可依物料的好坏和检验两种标准来分:

(1)以物料的好坏为标准,可能因人而异,并不具体。

(2)以检验为标准,不同的物料有不同的检验标准,有的目测,有的用器具衡量。

(一)餐饮验收工作的基本要求

餐饮原材料采购的验收工作,既要求有合格的验收人员,又要求有相应的验收设施、设备,同时还要有匹配的验收方法。

1. 验收人员的基本要求

第一,验收人员要有责任心。餐饮原材料完成验收程序后,意味着原材料采购工作得到认可,后厨部门就能直接使用原材料制作菜品,这些原材料便可能进入生产过程并最终成为顾客的消费品。因此,如果验收人员不能坚持原则,势必给企业造成经济和声誉上的损失。

第二,验收人员需要熟悉企业经营对餐饮原材料的各种技术性要求,并具有较高的鉴别能力、计算能力、度量衡换算能力和报告撰写能力。

2.验收场所和设备的要求

验收场所和设备也有一定的讲究,好的验收场所应具有宽敞的空间以便于交通工具的运行和货物的装卸,具体的验收位置要定在确保验收员方便地看到每次货物的进出的地点。为了方便验收人员的工作,验收场所需要配备验收室和工作台以及其他办公用具用品,设置独立舒适的办公区间。对于一些靠感官难以鉴定原材料质量的验收工作,还应配备必要的仪器以帮助测定原材料的某些性能指标。

(二)餐饮验收的基本程序

科学合理的验收程序,是提高验收工作效率、保证验收工作质量、减少失误与差错的关键。

1.根据订单核对原材料与票据

首先要依据订单或订购记录来检查货物,对未办理过订购手续的物品不予受理,以杜绝盲目进货等现象。同时,供货发票通常是随同货物一起交付的,发票是付款的重要凭证,一定要逐一检查。核查票据上食品原材料的品种、规格、单价、数量、金额、供货时间、供应商和印戳等内容是否与订购要求相符。

2.检查原材料的品种、数量与质量

根据送货单检查原材料的品种是否符合要求,检验原材料的质量是否优良,核对原材料的数量是否准确,并检查包装是否规范等,并对每一项目做好验收记录。

首先,进行品种验收,验收人员必须根据订单或订购合同书核验原材料品种。由于食品原材料种类繁多,有些食品原材料的品种不是验收人员能够准确识别的,对有异议或辨认不清的原材料应请有经验的厨师帮助识别验收,以免出现验收失误。

其次,进行数量验收,对于零散的食品原材料,按计件、计量的规格逐件验收,还要注意有无注水、是否掺杂其他物质、是否有多余包装物、是否表里不一等问题。

最后,进行质量验收,针对不同品种、数量的原材料做不同的质量检查,确保食材的质量。

3.受理货物,开具单子

如果一切项目与订单或订购合同书所规定的完全相符,并且完全符合验收要求,验收人员应根据验收记录填写验收单并在发货票上签字。对于不符合验收要求的,如质量、数量或价格等要求,若是由供应商送货的,则应拒绝验收,办理退货手续,开具原材料退货单,并由送货人签字,将其中一联退货单随同原材料退给供货单位。自提和代运的原材料,应根据验收记录做验收异议处理,并对这类食品原材料妥善保管,加贴封条予以封存,不可随便动用,留待供货方来人或采用其他方式进行协商处理。

4.办理入库,分流物品

食品原材料验收合格后,应及时与仓库保管员根据食品原材料的品种办理入库手续,交由保管员分类入库保管,及时填写双联标签,注明进货日期、货品名称、货品重量、货品单价及其保质期等。对于部分鲜活原材料、蔬菜原材料可直接发放给使用部门,但申领手续要齐全。

5.填写相关表单

验收人员在对食品原材料进行验收的过程中,除了需要在发货票上签字外,还应根据企业的规定对验收过的原材料填写相应的表格、单据等。

三、餐饮储存管理

(一)餐饮储存管理的概念

餐饮储存是指对各类食品原材料的分类妥善保管,旨在确保生产和销售服务活动能均衡、不间断地正常进行。

首先,餐饮原材料储存是为了保持适当数量的食品原材料以满足厨房生产的需要。

其次,餐饮原材料储存是为了通过科学的管理手段和措施,确保各种食品原材料的数量和质量,尽量减少自然损耗,防止食品的擅自挪用和偷窃,及时接收、储存和发放各种食品的原材料,并将有关数据资料送至财务部以保证餐饮成本得到有效的控制。

餐饮储存管理储存环境的要求。

1. 温度和湿度要求

仓库里应该保持一定的温度和湿度。不少餐厅的仓库是暖气管、排水管交接的场所,这致使仓库温度过高或水管由于冷凝作用而产生滴水,影响库房湿度,从而破坏原材料的储藏环境。仓库湿度对维持食品原材料质量有着极大的影响,储存湿度过高或湿度过高时导致温差过大,会加速食品原材料的变质过程。一般来讲,食品原材料干藏仓库应保持相对凉爽。温度至少应保持在 21 ℃,最好能保持在 10 ℃左右,这样的温度对大部分原材料来说,更能保证其品质。因此仓库应该安装温度计、湿度计,并且经常检查温度和湿度是否合乎储存要求(见表 6-1)。

表 6-1　不同原材料储存温度、湿度要求

食品原材料	温度	相对湿度
新鲜的肉类、禽类	0—2 ℃	75%—85%
新鲜的鱼类、水产类	−1—1 ℃	75%—85%
水果和蔬菜	2—7 ℃	85%—95%
奶制品	3—8 ℃	75%—85%
厨房操作过程中的一般冷藏原材料	1—4 ℃	75%—85%

(资料来源:吴秀沛,欧静. 餐饮旺店成本核算与控制一本通[M]. 北京:中国铁道出版社,2017.)

2. 通风和照明

干藏仓库应保持良好的通风,因为良好的通风有利于保持适宜的温度和湿度。按照标准,干藏仓库每小时应换 4 次气。冷藏和冷冻储存时,原材料与原材料之间应该留有空隙,不要堆放得过于紧密,这样可以使冷空气始终分布在原材料周围,有助于保持原材料的品质。

仓库在设计时,应该防止阳光直接照射而使得某些原材料的温度高于周围室温。阳光直接照射会引起食品原材料品质下降。所以仓库如有玻璃门窗,应尽量使用毛玻璃,这样可以有效避免阳光直射。

(二)餐饮储存管理的程序

1. 入库验收

入库验收主要侧重于物品质量的检查和分类工作。质量检查工作的重点有两个方面:一是把好物品自身质量关;二是对物品储存条件的分析,确认订购的货品是否适合存放在储存仓库里。

2. 储存保管

储存保管是库存管理工作的中心环节。有效的储存保管可以使物品在保管期内质量完好无损;使耗损和管理费用降低;使物品正常发放,有利于餐饮生产和销售服务工作。

库存物品保管的原则有:库存物品的储量应与生产、销售、消费量相吻合;库存物品应分区、分类集中存放在明确的地点,并编列号码;库存物品应建立健全的保管、养护、检查制度;应对仓库保管员加强管理,进行培训、检查、监督。

3. 库房盘点

对库存货物进行定期盘点,是仓库管理员的一项重要工作。它能保证账、货、卡相符,纠正入库验收和发放时可能出现的差错;有利于保管员熟悉库存物品,及时发现储存中原材料的质量变化、短缺和丢失问题,调整养护措施;有利于核查库存量和食品原材料消耗,进行成本核算。

4. 出库管理

在食品原材料出库管理中坚持"三先一不原则",即先进先出、易腐易变的先出、有效期短的先出,腐烂变质的不出,及时上报处理。

四、餐饮发放管理

食品原材料的发放控制与管理的目的有3个,即保证厨房用料的及时、充分供应;控制厨房用料数量;正确记录厨房用料成本。

1. 直接进料的发放管理

直接进料的发放是指食品原材料经验收后,直接进入厨房用于生产而不经过仓库储存这一环节。直接发放的原材料大多是新鲜蔬菜、奶制品、面包等易坏原材料,而且在进货后的当天基本上就会被消耗掉。这一部分原材料的进货价格计入当日食品成本。

2. 仓库原材料的发放管理

1)定时发放

为使库管人员有充分的时间整理仓库,检查各种原材料的库存情况,不因为忙于发料而耽误了其他工作。餐饮企业应规定每天固定的领料时间。有的酒店规定早晨两小时(8:00—10:00)和下午两小时(14:00—16:00)为仓库发料时间,其他时间除紧急情况外一般不予接受领料。还有的餐饮企业规定,领料部门应提前一天提交领料单,以便库管人员有充分的时间提前准备,以减少或避免差错。这样既节省了领料人员的时间,也可以让厨房管理人员对次日的顾客流量做出预测,计划好次日的生产。

2）凭领料单发放

领料单是仓库发料的原始凭证，它准确地记录了仓库向厨房发放的原材料数量和金额（见图 6-3），能控制仓库的库存、核算各厨房的食品成本，以及控制领料量。领料单是领料的凭证，如无领料单，任何人都不得从仓库取走原材料。即使有领料单，也只能领取领料单上规定的原材料种类和数量。

贮藏_____		领料部门_____		日期_____	编号_____	
品名	规格	单位	数量		单价	小计
			申请数量	实发数量		
合计						

审批（部门主管）：
领料人：
库管员：

图 6-3　领料单

3）准确如实地记录原材料的使用情况

厨房人员经常需要提前几日预备生产所需的原材料。例如，一次大型宴会的菜品往往需要数天甚至更长的准备时间。因此，如果有的原材料不在原材料领取时使用，则必须在领料单上注明该原材料的使用日期，以便把该原材料的价格计入其使用日的食品成本中。

第四节　餐饮服务管理

一、餐饮服务的特点

1.服务态度具有价值

餐饮服务中，"态度"是一种服务因素，它本身具有价值，同时也能为餐厅带来效益。微笑是服务态度的重要组成部分，也是积极态度的表现形式，备受餐饮业的重视。微笑作为无言的服务，会对顾客起到积极的引导作用。在服务的情感交流中，微笑是必不可少的。微笑是员工的脸面，是内心情感的表露，也是一种服务的表现方式。从微笑中，可以将友好、融洽、和谐、尊重、自信的形象和气氛传染给顾客,为成功的服务打下良好的基础。

2. 服务对象的广泛性

由于顾客的层次不同、职业不同、风俗与文化背景不同,他们在观念上和诉求上容易产生差异,这就要求餐饮服务要从多方位满足顾客的不同需求。餐饮企业的顾客来自不同国家、地区和民族,顾客的社会文化背景、风俗、习惯、禁忌以及个人喜好等的差异,使餐饮服务的标准及其适用性表现出不同的特征,形成了不同的行为规范。

3. 餐饮服务标准的相对性

我国餐饮服务的形成与发展经历了一个漫长的过程,它与人民生活、社会环境、外来文化、顾客需求等都有密切的关系。我国目前的餐饮服务规范是中西餐饮服务的融合。因此,餐饮服务既有已经形成的方式和标准,同时又在不断发展变化之中,所以我国的餐饮服务又具有相对性。

4. 餐饮服务的统一性

统一性是指餐饮服务是直接服务与间接服务的统一,是一线行为与二线行为的统一,是对顾客的照顾、款待与食品的制作、卫生与安全的统一。顾客选择到某餐厅就餐可能有信赖的因素,即在一定时间内将自己托付给了餐厅。餐厅则应本着对顾客负责的精神,把直接服务与间接服务有机地统一起来。

二、餐饮服务管理要求

餐饮服务是直接的面对面的待客服务,服务人员的表现和服务质量对企业的形象和声誉都有着十分重要的影响。

加强餐饮服务管理应做好以下几方面工作。

(一)真正了解顾客的需求

每一位顾客入店消费都有自己的消费原则。所以一名优秀的管理人员就应该时刻关注该市场,随时掌握市场的动态和在每个特定的时间段内各种类型的顾客的不同需求,同时也要抓住顾客心理,从他们的角度来考虑问题,不要一味地只考虑自己一方面的因素,要想顾客所想。

(二)有效地调动和利用内部员工的积极性

任何企业只会先有了满意的员工才会有良好的客源,所以,作为餐饮管理人员,首先要做到尽量地满足员工的需求,有效地调动员工工作的积极性,再通过员工的真诚服务感染每一位顾客。同时,管理者也应该充分相信每一位员工,信任他们,这样他们才能更好地发挥工作的主动性,从而提供更优质的服务来满足顾客的需求。

(三)不断进行餐饮菜品的创新

企业要生存,就必须不断加强产品的开发创新,不仅要适时推出新品种,而且还要对老品种在保持其传统风格的基础上,不断提高生产工艺和产品质量,使产品精益求精。菜品创新应在原材料上兼容出新、口味上博采众家之长,并在此基础上创制出多种新味型。选用盛器应本着"一菜一格，百菜百味"的原则，使每道菜都具有自己的特色。最好的方法就是鼓励和支持厨师多去参加一些社会节目和技能比武，当然也可以在企业内部比武，并设立奖励基金。

（四）建立一套严格合理的服务规程

俗话说"没有规矩不成方圆"，为了提高和保证服务质量，制定一系列切实可行的服务规程是必不可少的。而餐饮服务规程应该根据顾客的生活水平和服务要求的特点来制定。首先确定服务的环节和程序，再确定每个环节服务人员的动作、语言姿态、时间要求，意外情况处理要求，临时要求等。但在制定服务规程时应广泛地吸取国内外先进管理经验，在接待方式的基础上与大多数顾客的饮食习惯和当地风俗相结合，以此来推出全新的服务规程。通过这些处理可以统一各项服务工作，使服务标准化、服务岗位规范化、服务工作程序系列化。

思政案例

制止顾客消费的服务员

节约粮食、反对浪费是中华民族的优良传统，是社会文明的重要体现。餐桌文明是对传统美德的传承，是社会素质与个人修养的重要缩影。在过度点餐时受到提醒，应主动接受劝导，及时改正浪费，这也是市民文明素质提升的体现。不是有钱就可以肆无忌惮地想怎么点就怎么点，不是花了钱就可以心安理得地浪费。

2021年2月，北京丰台区某火锅店迎来了一对情侣客人，其中男顾客两次坚持加菜，服务员看到桌上还有很多剩余菜品，提醒顾客合理点菜，避免造成浪费。谁知男顾客不仅不听劝，反而一边拍桌子一边发怒："你有完没完啊？我多点点怎么了？我愿意点，我又不是不结账！你管得着吗？"面对如此不领情的顾客，服务员不敢顶撞；涉事火锅店也委曲求全，向这名顾客赔礼道歉，并做了免单处理；但同时表示将坚持引导顾客合理就餐、杜绝浪费，并为受委屈的服务员颁发"安慰奖"。根据餐厅提供的菜单，当事的两名顾客除点了羊蝎子火锅之外，还点了20多种菜品、主食及饮料，总计1125元。

此事得到了广大网友的关注，网友"一棵大柳树"说，"服务员做得没毛病，杜绝浪费不是说花没花谁的钱，而是资源是公共的，你浪费的也许是别人珍惜的。这单不该免，服务员值得点赞，客人必须批评。"许多网友表示，希望相关部门可以根据这一案例，完善《北京市制止餐饮浪费规定》，给引导顾客合理消费、制止餐饮浪费的餐饮服务经营者一定的激励，让他们的腰杆"硬起来"。

丰台区青联委员、丰台区餐饮住宿服务行业协会会长穆慧妍接受记者采访时表示："餐厅在这件事上没有做错，我不倡导为浪费者免单。"穆慧妍认为，餐厅和顾客并不是站在对立面的，道歉可能是考虑到这件事会对顾客的就餐体验造成不好的影响。

事后，当事男顾客联系到餐厅，通过手机补付了此前被免除的账单，并向服务员道歉。涉事餐厅向媒体表示，该服务员将获得晋升。

资料来源　https://culture-travel.cctv.com/2021/02/22/ARTI1J79NrFcSM4jSNClRvCH210222.shtml

本章思政总结

　　2018年10月1日起新修订的《餐饮服务食品安全操作规范》施行，规范鼓励和支持餐饮服务提供者采用先进的食品安全管理方法，建立餐饮服务食品安全管理体系，提高食品安全管理水平。规范提出，鼓励餐饮服务提供者明示餐食的主要原材料信息、餐食的数量或重量，开展"减油、减盐、减糖"行动，为消费者提供健康营养的餐食，降低一次性餐饮具的使用量，提示消费者开展光盘行动、减少浪费。

　　粮食安全是国家安全的重要基础，是治国理政需要解决的首要民生问题。餐饮浪费现象直接危及粮食安全。必须时刻紧绷粮食安全这根弦，把节约粮食作为新时代公民道德建设的重要内容，在全社会营造浪费可耻、节约光荣的浓厚氛围。杜绝餐饮浪费不能局限于消费端，餐饮企业对于原材料的采购、储存、发放等都要贯彻不浪费原则。

　　餐饮消费作为食品从农田到餐桌的最后一个环节，已经成为公众日常生活的重要组成部分。随着时代的发展和社会的进步，消费者对安全饮食、健康生活的要求越来越高，餐饮安全也越来越多地受到社会舆论的关注。

复习思考题

1. 餐饮管理的基本特征是什么？基本方法是什么？
2. 餐饮管理的成本构成是什么？如何控制成本？
3. 餐饮菜单的作用是什么？浅谈一下菜单工程的应用。
4. 餐饮原材料的采购方式、验收程序是什么？有哪些因素会影响储存效果？
5. 餐饮服务的要求是什么？如何做到服务创新？

第七章
旅游景区接待

学习目标

1. 掌握旅游景区的概念。
2. 理解旅游景区服务质量评价模型。
3. 掌握旅游景区的发展趋势。
4. 熟悉旅游景区服务的内容。
5. 熟悉旅游景区接待管理的内容。
6. 掌握旅游景区容量的概念体系,并了解其测量。
7. 理解常见的旅游景区容量管理方法和机制。

思政元素

1. 供给侧结构性改革:我国经济运行的主要矛盾仍然是供给侧结构性的,必须坚持以供给侧结构性改革为主线不动摇,更多采取改革的办法,更多运用市场化、法治化的手段,在"巩固、增强、提升、畅通"八个字上下功夫。

2. 习近平总书记的"两山"理论:宁要绿水青山不要金山银山,既要绿水青山又要金山银山,绿水青山就是金山银山。

3. 可持续发展观:既满足当代人的需要,又不对后代人满足其需要的能力构成危害的发展的思想和观念。

"走心服务"应是景区发展底色

因为电影《大红灯笼高高挂》和电视剧《乔家大院》得以扬名,素以"皇家有故宫,民宅看乔家"之说的誉满海内外的乔家大院最近摊上事了。2019年7月31日,文化和旅游部发布公告,对复核检查严重不达标或存在严重问题的7家5A级旅游景区进行处理。其中,对山西省晋中市乔家大院景区作出取消旅游景区质量等级处理。

5A级作为旅游景区质量评定的最高等级,是衡量景区管理水平、服务质量、硬件设施的重要指标,也是景区吸引旅游者的"金字招牌"。此次乔家大院被取消旅游景区质量等级,意味着被摘去了 5A 级这个最高等级,这也是此次全国唯一一家被摘牌的 5A 级景区,不仅使得景区损失惨重,对当地旅游业的杀伤力也非常大。

既有热点影视剧的带动,又有文化加持,本应该风生水起的乔家大院怎么了?

被摘牌的具体原因,从目前的公告上来看,尚不得知。但从公告点明的几个整改要点,倒足以一见端倪——旅游产品类型单一,更新换代较慢;过度商业化问题严重,影响景区品质提升;购物场所众多,有效管理不足;出入口景观效果差……

以上种种问题,集中反映了景区综合管理方面的不走心、不到位,由此衍生的负面情绪大大冲抵了旅游者旅游兴致,严重影响旅游者的旅游体验。

资料来源 张衍,"走心服务"应是景区发展底色,江西日报,2019 年 9 月 6 日

思考:如何重建景区的"走心服务"?

第一节 旅游景区及景区接待服务

一、旅游景区

旅游景区是旅游活动的核心和载体,是旅游系统中重要的组成部分。它是旅游服务、景区生态、酒店及餐饮、娱乐等不同接待业态的综合体。国内外学者对旅游景区的定义基本上可分为广义和狭义两大类。广义的旅游景区几乎等同于旅游目的地,尽管旅游目的地要比旅游景区的功能完善得多,空间尺度也要大得多。旅游目的地一般是一个较大的地理区域,如一个国家、一个海岛和一座城市等,而旅游景区只是旅游目的地的核心部分。但是两者之间也并非总是泾渭分明、非此即彼的,如一些小型的旅游目的地和超大型的旅游景区也可能出现亦此亦彼的情形。而狭义的旅游景区则是一个吸引旅游者休闲和游览的经营实体。美国学者沃尔什·赫伦(Walsh Heron)和特里·史蒂文斯(Terry Stevens)在《旅游景区与节事管理》中认为,旅游景区是具备以下特征的地点或举办活动的场所:

(1)吸引各类型的旅游者,如当地居民中的旅游者、一日游旅游者等,并对其进行相应的管理;

(2)提供一种娱乐或愉悦的体验或打发休闲时间的方式;

(3)满足这种潜在需要的开发;

(4)其管理侧重为旅游者提供满意的服务;

(5)提供相关设施和服务以满足旅游者各方面的需求、需要和兴趣;

(6)可以是收费或免费的。

而《旅游景区质量等级的划分与评定》(GB/T 17775—2003)的旅游景区是指具有参观游览、休闲度假、康乐健身等功能,具备相应旅游服务设施并提供相应旅游服务的独立管理区,包括风景区、文博院馆、寺庙观堂、旅游度假区、自然保护区、主题公园、森林公园、地质公园等各类旅游景区。其具有一定的资源影响力和市场影响力,其中资源影响力包

括观赏游憩价值、主题特色魅力和综合消费能力,市场影响力包括知名度、美誉度和市场辐射力。旅游景区服务质量的提升的主要途径是构建标准化服务模式。2016年我国修订版《旅游景区质量等级的划分与评定》涵盖了旅游设施和服务的8个大类别:旅游交通、游览服务、综合服务、特色文化、信息化、旅游安全、资源和环境保护、综合管理,如表7-1所示。

表7-1 服务质量评价体系《旅游景区质量等级的划分与评定》(2016修订版)

序号	主类别	分类别	序号	主类别	分类别
1	旅游交通	外部交通与景区距离、依托城镇与景区距离、抵达景区的公共交通、通景的公共交通、外部交通标识、景区停车场	5	信息化	信息化基础、信息化管理、信息服务、电子商务
2	游览服务	游览设施、游客中心、导游服务、标识系统、环境卫生、洗手间	6	旅游安全	旅游者容量管理、安全管理、安全救援与应急处置、安全设备设施、安全宣传与教育
3	综合服务	购物、餐饮、住宿、娱乐休闲	7	资源和环境保护	环境控制、资源保护、景观与环境氛围、生态化举措
4	特色文化	文化主题性、文化内涵挖掘、文化展示、文化体验	8	综合管理	机构与制度、规划、门票及价格、培训、旅游者投诉及意见处理、景区宣传、企业文化、社会效益

旅游景区是由核心旅游吸引物、服务设施和工作人员结合而形成的综合型服务场所。旅游景区的服务质量常作为评价景区服务的依据,具体可以参考服务质量测量方法(第十章第四节)。

景区服务由核心服务与接待服务构成,如图7-1所示。旅游景区服务的内涵丰富,可以将其分为两大类:第一类为核心服务——景区游览服务;第二类为接待服务,主要包括票务服务、解说服务、餐饮服务、交通服务、购物服务、安全服务、娱乐设施服务等,也包括在标准化服务的基础上,提供个性化的服务或延伸服务。

二、旅游景区接待服务

景区接待服务是塑造顾客满意度的重点。正如King(1995)准确指出的那样,"在任何类型的组织中,接待业的有效管理都必须从对接待业的明确定义开始"。接待业曾被设想为一个产品、一个过程或一种体验,或者三种都有。接待业管理的定义大多倾向于以特定产品/服务为关注重点。

在景区服务过程中,从旅游者购买门票、进入景区、提供咨询,到"吃住行游购娱",达成体验送客离开,贯穿整个景区服务过程的便是接待服务。就是说,有服务接触的地方就有接待服务。Reuland等人(1985)反映了Burgess提出的交换问题,认为接待是一个交换过程,其中交换事务包括三个要素:产品、员工行为和物理环境。它是非惯常情境下的,互动涉及聚在一起,由有形和无形的因素混合而成,主人为客人提供安全、心理

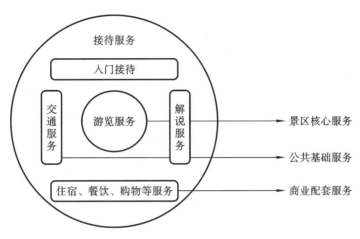

图 7-1　景区服务构成

（资料来源：根据行业资料自行整理）

和生理上的舒适。因此，可以说，景区接待服务是以一定物质资料为依托（有形的服务设施和无形的工作人员服务），为满足旅游者不同消费需求，通过交互提供的服务。景区吸引物是旅游者消费的目的，景区接待服务则是促进旅游者消费的必要的手段，主要包括基于景区接待设施的方便性服务、人性化服务、景区容量管理等。

景区接待服务呈现出以下特征。

1. 接待服务范围的广泛性

旅游景区涵盖了多种类型的接待服务，如入门接待、咨询服务、解说服务等，大型景区更是拥有完善的生态服务系统，覆盖全方位的服务。

2. 接待服务理念的关联性

景区接待服务被视为人文形象的缩影，关联景区的文化形象，与景区游览、娱乐等相互依存，相互作用。

3. 接待服务方式的多样性

接待服务要考量不同类型旅游者的需求，如独自出游的旅游者和跟团游的旅游者需采取不同的验票方式、游览模式等。

4. 接待服务管理的复杂性

不同于单一的接待业企业，景区涉及餐饮、住宿、娱乐等多种接待服务。在整个接待服务过程中，并不是每次接待都对顾客具有同等的影响，最重要的接待事件可能出现在任意的层次或阶段。加之旅游者的需求复杂，如希望热闹的就餐、清静的住宿环境，都使得景区接待管控难度上升。

三、旅游景区发展趋势

随着我国旅游业的发展，作为旅游业四大支柱之一的旅游景区也得到了飞速的发展。从全国范围来看，大小不同的旅游景区数量在 2 万个左右。李志飞、汪绘琴（2013）提及旅游景区可分为四种类型：第一类是自然类旅游景区，以名山、大川、名湖和海洋为代表；第二类是人文类旅游景区，以人类在长期的历史演进过程中留下的遗迹、遗址为代表，如北京的故宫、颐和园、八达岭长城等；第三类是主题公园类旅游景区，是人类现代科学技术和劳动的结晶,如深圳华侨城的几个主题公园;第四类是社会类旅游景区,它区别于传统的旅游景区,是传统概念的发展和延伸,如工业旅游景区、观光农业旅游景区、科教旅游景区、军事旅游景区等。在景区发展中逐渐呈现基建细节化、管理智慧化、产品体验化、服务人文化、投资多元化等趋势(张河清,2018)。

1. 基建细节化

无论从市场竞争还是旅游者的需求来看,对景区基础设施建设的精细化要求都将成为未来景区开发与管理的发展趋势。开发上要求景区做到关注细节,每一个景观节点、游憩平台、服务设施的设置既要从旅游者心理出发,基于人本主义进行设计,又要与周边环境、当地文化相契合,杜绝千篇一律的现象,从而形成自身的特色和优势。此外,景区还要注重将完善的、有特色的硬件设施与精细化的软性服务相结合。

2. 管理智慧化

智慧旅游是我国正在大力提倡的一种依托于新技术的旅游支持系统。很多对市场比较敏感的景区正在抓住这一市场趋势,依托原来的数字化发展,在景区管理、景区营销、景区产品设计方面实现智慧化。通过对高新技术的利用,景区将打造更具有吸引力的适应市场需求的旅游产品,增强旅游者体验感和产品的黏性,提高管理效率,节约管理成本。

随着智慧旅游的发展,景区管理已经从门票经济走向了旅游资源综合信息服务提供商,这将是景区的未来发展趋势。该趋势对现代景区接待管理提出了新的要求,如何实现景区的经济效益(景区)、社会效益(顾客)与生态效益(环境)的协调发展逐渐成为景区可持续发展需要关注的焦点。景区智慧接待管理的意义就在于提高旅游业技术含量,通过要素整合、营销整合、智能检测和保护,赋能景区服务,加大接待产品的增值服务能力,增强旅游者旅游体验,以实现景区、顾客、环境三者效益的可持续发展,如图7-2所示。

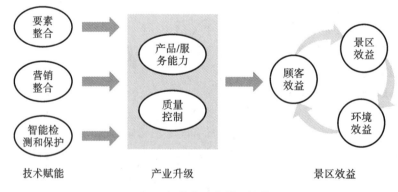

图7-2　技术赋能景区接待

(资料来源:根据行业资料自行整理)

3. 产品体验化

传统的以观光为主导功能的景区经过长时间的发展,逐渐显露出弊端来:盈利模式较为单一,主要是门票经济;旅游者很难形成共鸣,往往是去过一个知名景区后,就没有了重游的意愿;产品开发较为低级,旅游者停留时间较短、花费较少等。传统的旅游景区已经不能适应当今旅游行业新形势下的发展要求,越来越多的旅游景区、管理者正逐步探索免门票的经营方式,通过免门票来增加旅游者量,再通过进一步开发旅游体验产品促进旅游者二次消费,实现景区的收益。因此,未来的景区更多的是依托自身优质的资源、环境及市场条件,打造更多休闲、体验的旅游产品,延长旅游者停留时间,满足旅游者的需要,加深旅游者的印象,进而实现旅游景区多元化盈利模式的构建,加快实现旅游景区的投资回报。

4. 服务人文化

景区管理的细节化和人性化是景区提升服务质量的一大"法宝"。比如华山景区在不断提升景区基础设施的同时,提出了"关注普通人需求"的口号。在关注旅游者需求的同时,华山景区把"情"作为服务理念的核心,以"真源华山、待客如亲"为景区文化,推出了60岁以上老人不排队、70岁以上老人免购门票、向80岁以上老人赠送纪念品的人性化服务措施;在山门、索道购票和候乘区域安装电扇、电视,播放音乐,并为老人和小孩设置休息专座。这样的人性化服务必将得到旅游者的认可和称赞,成为景区发展前进的动力。

5. 投资多元化

国家旅游局(现更名为文化和旅游部)发布的《2015年全国旅游业投资报告》显示,2015年全国旅游业完成投资10072亿元,同比增长42%。全国旅游投资依然延续了民营资本为主、政府投资和国有企业投资为辅的多元化投资格局。民营企业投资旅游业5779亿元,占全部投资的57.4%,投资热点从传统制造业、房地产业向现代旅游业转变。2015年旅游投资还呈现出几个特点:景区类投资占比最大,新业态投资实现高速增长;东部地区为全国旅游投资重点,西部地区旅游投资潜力巨大;大型非旅集团加速进军旅游业,跨行业投资态势明显;旅游企业加速资源整合,并购重组和走出去步伐加快。旅游投资热点集中在乡村旅游、在线旅游、旅游综合类项目、邮轮游艇和体育旅游等领域。接下来,旅游投资的热点还将在休闲度假、智慧旅游、文化旅游、健康养生旅游、特色小镇等领域涌现。

案例 7-1

网红长沙太平街

北京的前门大街、三里屯,上海的思南公馆,哈尔滨的中央大街,广州的永庆坊,潮州的牌坊街,南京的夫子庙,长沙的太平街,重庆的磁器口,成都的宽窄巷子,还有新疆乌鲁木齐的大巴扎……这些具有地方特色的"网红打卡点"和街区,这些人流量和消费的集聚区,如今有了一个新名称——国家级旅游休闲街区。

2022年1月10日,文化和旅游部与国家发改委公示首批国家级旅游休闲街区名单,55个街区入选。为什么要建设国家级旅游休闲街区?这既能促进文化和旅游发展和消费,也能提升城市生活服务品质,提高人们生活品质,因此还被写入了"十四五"规划:推动文化和旅游融合发展,建设一批富有文化底蕴的世界级旅游景区和度假区,打造一批文化特色鲜明的国家级旅游休闲城市和街区。

以长沙市天心区太平街为例,太平老街得名于清朝嘉庆年间,当时清代政府为了满足居民和货物进出长沙城的需要,在原大西门和小西门之间开辟了一道城门,取名为"太平门",意指"天下太平,世道昌盛"。

现街区存有省级文物保护单位贾谊故居、乾益昇粮栈、辛亥革命共进会旧址、四正社旧址等6处文物古迹和近代历史遗迹,以及利生盐号、美孚洋行、宜春园戏台、洞庭春茶馆等31处老字号旧址,充分体现了长沙"湖湘文化发源地""辛亥革命首应地""长沙商贸聚集地"三大特征。

街区发展至今,沿街铺面共有200余家,以旅游产品、特色休闲和名特老字号等传统产业为主。引进了天心区非遗馆、太平里文创社区、前行美术馆、文和友臭豆腐博物馆等一批文化旅游企业,培育了文和友集团、茶颜悦色、承源百年古酒馆、桃花源礼记等一批新兴的网红企业。其中,文化企业数量约占61.8%,其余业态为餐饮、娱乐、购物、住宿、休闲等。

目前街区既是主流媒体的推介地、网红打卡的新圣地,也是夜间经济的集聚区,90%的门店营业时间至深夜12点,日均人流量近10万人,全年接待旅游者量近3000万人次,人气旺、商气足、文气高,是长沙历史文化名城的一张靓丽名片,也是"湖南旅游休闲网红地"。

> 资料来源　长沙共青团,这个国家级名单,长沙一地入选!2022-01-13

第二节　旅游景区接待服务管理

一、旅游景区接待管理

Brotherton(1999)认为接待业管理的定义应该包含接待业和管理本身的元素,以PHM(专业、管理、接待)组合为核心的模型定义了接待业管理的基础,如图7-3所示。英国高等教育基金委员会(HEFCE)于1998年将接待业管理定义为:"在服务环境中,以管理食品、住宿等服务为核心。"基于此,我们将景区接待管理定义为在景区服务情境下,专业的管理者为了实现"好客"的目标,运用一定的职能和手段来对景区所拥有的物理环境、氛围和人力资源及旅游者行为进行有效协调控制的过程。只有当管理职责、人员和物质资源以及景区体系结构三者之间相互配合协调时,才能保证顾客满意。

(一)管理职责

景区接待管理旨在提高旅游接待业务的综合管理和运营能力,创建优质的旅游生态环境,做好旅游者服务。为实现这一目标,管理者需要对接待服务做好规划、协调、控制。对于景区,管理者需要对景区接待服务流程和特征有清晰的认识和了解,对可能的管理活动及影响做出规划。对于旅游者,管理者需要在一个复杂环境下协调景区与顾客之间的互动关系,以及接待过程中所发生的一系列事件。对于员工,管理者在制定和实施旅游服务战略和策略的过程中,要努力探索和开创服务文化的道路,通过制定政

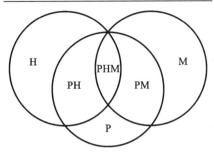

图7-3 接待(H)、管理(M)和专业(P)

(资料来源：Brotherton B. Towards a definitive view of the nature of hospitality and hospitality management［J］. International Journal of Contemporary Hospitality Management,1999,11(4)：165-173.)

策、程序、制度和行动方针来规范和约束景区员工在服务中的行为。

(二)人员服务

在服务主导逻辑下,消费者是价值创造者,企业是价值创造的合作者。旅游者在产品生产和服务的过程中扮演更加重要的角色,景区接待人员需要用人性化、专业的服务引导旅游者参与价值共创。景区接待员工的服务表现更是展现了景区的营销观念、城市的价值导向和国家的文明水平。因此,景区的服务人员应符合以下要求：

1. 行为规范化

景区接待人员要遵守旅游行业、旅游企业的法规制度和组织纪律。标准化服务能减少供求双方的不对称,降低顾客对服务的感知风险。标准化服务蕴含着可靠性与一致性,意味着企业能以规范、准时、无差错的方式提供该服务。旅游景区可以通过服务的标准化,提高整体运营效率。

2. 服务意识

具有服务意识的员工比产品、技术等资源在服务过程中发挥着更加重要的作用,他们在服务过程中与旅游者互动的质量,决定旅游者对服务产品的态度和以后购买的决策。

3. 价值弘扬

旅游业作为典型的服务型行业,如何爱岗敬业、如何传递积极的正能量、如何弘扬优秀的中国传统文化需要在景区接待服务中有效地体现出来。

(三)景区接待管理体系

景区接待管理体系是为适应旅游者在旅行游览中的需要而建设的各项物质设施/服务的管理总称,是发展旅游景区不可缺少的部分。景区接待管理除了入门接待服务管理,还包括旅游交通、解说服务等公共设施/服务管理,以及餐饮、住宿、商品零售等商业性设施/服务管理。旅游基础设施和服务的建设随着旅游业的发展日趋完善和多样化,不同的景区应视实际情况对此进行设计。

二、旅游景区入门接待服务管理

接待服务是景区中难度最大的服务工作，也是较难管理和控制的环节之一。从接待旅游者进入景区、提供咨询、安排导游、安排食宿、联系娱乐，到送旅游者离开景区，整个工作过程始终直接面对旅游者。

入门接待是旅游者对景区产生第一印象和最后印象的关键环节，可以说是景区对外服务的窗口，其地位和作用类似于酒店中的前厅服务。服务人员接待管理的工作内容包括：票务服务、入门服务、咨询服务等。

（一）票务服务

票务工作是景区实现收入的直接环节，虽然工作相对比较单调，但职责重大，一旦发生差错，对景区、员工和旅游者都会产生消极影响。因此，票务人员必须具有很强的工作责任心和良好的职业道德，并具有一定的会计、出纳知识和相应的服务技巧。票务服务的工作程序包括：售票前准备、售票和交款统计。

（二）入门服务

景区入口导入包含为了让旅游者愉快、顺畅地进入景区而采取的必要的设施和管理手段。景区入口是旅游者进入景区的第一印象区，是关系到景区形象的重要环节。由于旅游的季节性较强，经常会出现旺季旅游者集中到达的情况，造成旅游者长时间排队等候。此外，景区内旅游者必玩项目也很容易出现排长队的情况。如果分流措施不力，会降低旅游者的满意度，损害景区的声誉。

入门服务的一个重要环节就是排队服务。排队服务是在不同的景区或景区的不同区域根据旅游者流动规律采取不同的队形和接待方式。一般队形分为单列队形、多列队形、主题队形等形式，各有优缺点，如表7-2所示。

表7-2 景区排队方式对比

排队方式	示意图	特点	优点	缺点	改进方式
单列单人形	栏杆 检票员 队列	一名检票员	成本低	等候时间难以确定；旅游者进入景区时视线有阻碍	设置座位或护栏；标明等候时间
单列多人形	栏杆 检票员 队列	多名检票员	接待速度较快	人工成本增加；队列后面的人仍然感觉视线较差	设置座位或护栏；队列从纵向改为横向，如图中的虚线所示

续表

排队方式	示意图	特点	优点	缺点	改进方式
多列多人形	栏杆 检票员 队列 队列 队列	多名检票员	接待速度较快;视觉进入感提升;适用于旅游者量较大的场合	成本增加;队列速度可能不一	不设栏杆可以改善旅游者视觉进入感
多列单人形	栏杆 检票员 队列 队列 队列	一名检票员	视觉进入感提升;人工成本低	队首是否排好非常关键;栏杆多,成本增加,旅游者需要选择进入哪一队列	外部队列位置从纵向改为横向(如图中的虚线所示),可以改善视觉效果
主题或综合队列形	检票员 栏杆 队列	队列迂回曲折,一般为单列队;闸口处不少于两名检票员	视觉进入感提升,时间改善;有表演或信息展示的时间和空间,适度降低了排队的枯燥感	增加了硬件建设成本	单列变双列

(三)咨询服务

向旅游者提供咨询服务是景区每一位员工应尽的职责,不少景区还实行"一站式"问询服务,即要求景区工作人员对旅游者的问题绝对不能说"不知道""不清楚"等模糊的用语,而是要尽力帮助,自己解答不了的,也应主动联系能够满足旅游者问询需求的部门或员工。例如,景区内经常有旅游者询问卫生间在哪里、餐厅怎么走等。回答旅游者的最低要求是员工能够正确、清楚地向旅游者说明白,回答旅游者的期望要求是能够把旅游者准确地引导到其要去的地方。

一般旅游景区将问询服务的功能放在游客中心。游客中心向旅游者提供接待导览、咨询、失物招领、投诉受理、免费寄存物品、婴儿车出租、医疗救护、电子触摸查询系统、放映厅、展览厅、旅游纪念品展示和销售等多种设施和服务,功能类似于酒店前厅中的礼宾部。

三、旅游景区公共设施设计与管理

随着人们对旅游品质要求的提高,景区公共设施/服务也越来越得到人们的关注。

公共设施/服务的设计主要是为了满足人们必备的接待服务需求。其中,游客中心和景区交通是最基础的公共设施/服务,作为景区必不可少的一部分,其设计需要在满足基本服务需求的基础上进行创新,以便捷、系统性、人性化、保护景区特色为原则。

(一)景区交通管理

1. 景区交通的概念

景区交通指旅游者从居住地到参观游览地和来往于游览地之间所使用的各种交通工具,是发展旅游景区重要的物质条件。运用先进的交通工具,能够缩短旅游者旅途时间,促进旅游业的发展。景区交通类型颇多,设计需结合景区定位、交通特征和旅游者需求进行。旅游者主要是根据旅程的距离和是否安全、迅速、准时、方便、舒适进行选择。运输条件较差、运力较弱将对旅游事业产生阻滞效应。交通管理是景区接待管理的主要内容之一。接下来主要讲述景区交通管理的特点、目标及具体内容。

2. 景区交通的分类

景区交通随景区的不同而有很大差异,或在联系区域上有差异,或在旅游交通运输方式上有差异,但可以从不同侧面分为以下几类。

1)按其联系区域划分

(1)旅游通道。

这种交通联系的是景区内与景区外的旅游者。

(2)景区交通。

景区交通是指景区内部各区域之间的联系方式,是旅游者完成观光、游览、食宿、消遣、康乐、购物等旅游活动的物质基础。

2)按其运输方式划分

(1)现代交通运输方式。

我国景区的现代交通运输方式种类较多,但一般以公路运输方式为主。景区交通的主要方式有公路运输、水路运输、索道运输三种。

(2)民间运输方式。

这是一种古老的运输方式,一方面可以出现于景区交通之中,完成景点之间的连通;另一方面古老的运输方式本身也是一种旅游资源,可以成为一种极具吸引力的旅游项目。如四川峨眉山登山过程中的人力滑竿、内蒙古沙漠中的骆驼、某些景区中的马等。

3. 景区交通的特点

景区的交通线路、交通方式和交通终端设施都具有鲜明的区域性和整体功能,以区别于常规的交通运输。下述几个景区交通特点是景区交通管理的依据和管理原则制定的基础。

1)客流量时间变化的节奏性

旅游者进入和离开景区,客流量上具有时间变化大的特点。一天之中的早晨进入景区的旅游者量增大;傍晚离开景区的流量增大,中午进出景区的客流量减少。一周之中,周末进出景区的客流量增大。一年之中的旺季、小长假、黄金周等进出景区的客流量远远大于淡季进出景区的客流量。这一特点是管理者安排运力所必须考虑的。

2)运输方式的多样性

大多数景区内的交通方式具有多种多样的形式;同一交通方式具有高、中、低档次的差异。不同的景区的景区交通方式组合不同。这些特性决定了管理者须考虑如何优化组合特定景区内的交通并增加旅游者的可选择性。例如四川乐山大佛景区的交通方式就是汽车—水运—滑竿—步行形式的组合。

3)旅游者需要的多层次性

旅游者的结构具有多元性,对于景区交通和旅游通道的交通方式要求不同。例如收入较高、出于精神享受需要的旅游者,要求豪华型、高档次的交通方式,对价格较高的民间运输方式也非常青睐。因此管理者对不同层次需求的交通的运量和运力要进行合理规划,采取不同的管理方法,这样才能满足旅游者不同需求。

4)中转变化的多次性

大中型景区都是由数个景点组合而成的,同时交通方式组合也是多样的。因此旅游者在整个景区的旅游过程中产生了中转变化的多次性。旅游者要求在中转途中达到节省时间和购买车票的极度方便。管理者应对中转站合理规划、布置和管理。

5)旅游通道时间上的单向性

旅游通道是景区与外部区域主要城市、车站、码头或航空港联系的主要途径,也是旅游者进入或离开景区的必经之地,这样形成了旅游通道在时间上客流量的单向流特征。这要求管理者合理规划进入或离出的车辆,协调好旅游者流向与交通运向。

6)计划安排的准时性

由于旅游交通带有严密的连贯性,前一站的误点和滞留会影响下一站的旅游活动,由此会发生一系列的经济责任事件,如房费、餐费和交通费的结算问题;对国际旅客还可能诱发一定的涉外事件,如有些入境旅游者不能按时出境返回本地,影响就业、工作等。从根本上说,计划安排的准时性是反映旅游服务质量优劣的重要标志。

7)旅游者对旅游交通的陌生性

旅游者皆来自异地,对所到达的景区全然不知或知之甚少。因此,管理者如何在交通管理上对旅游者起导向作用也是交通管理的一大课题。

4.景区交通管理目标

具体而言,景区交通的管理目标有两个方面:

第一,相对于景区来说,交通管理的目标应该围绕下列指标设定:

①布局是否合理;②设施是否完善;③交通网络是否四通八达;④道路是否畅通;⑤景区交通是否直达、方便;⑥旅游通道的可进入性怎样;⑦旅游交通质量的优劣;⑧运力强弱;⑨运量大小;⑩旅游交通的盈利能力强弱;⑪交通对环境的干扰和破坏程度。

第二,相对于旅游者而言,期望景区的交通管理应该在以下几个方面设立目标:

①价格是否合理;②方便程度怎样;③是否安全舒适;④周转是否流畅;⑤旅游活动的效率怎样;⑥是否节省时间;⑦行走与观赏是否统一;⑧服务质量如何。

5.景区交通管理的内容

景区交通管理的内容有以下几项。

1)旅游通道管理

增大旅游通道的运量、增强运力、合理布局旅游通道是景区交通管理的主要内容。

应当遵循以下几个原则进行景区旅游通道的规划：

①通畅性原则；②多方位性原则，指旅游通道应该从不同方位进入景区，丰富进入景区的途径；③直达性原则，要求旅游通道与周围交通港口、车站、码头、航空港相通直达，真正起到旅游通道、专线专用的效用；④高速性原则，旅游通道无论是在工程设计时，还是在通道走向选择时，应该达到高速、运力较大的目标。在具体布局规划旅游通道时，应兼顾景区及其周边地区的地理交通条件，因地制宜，合理布局。

2) 景区交通线路管理

管理者在对特定景区进行交通线路的规划和布局时，应该遵守五个原则：

①最大连通性原则；②多种方式相组合的原则；③线路与景点风格一致性原则；④行走与观赏相结合的原则；⑤方便、舒适性原则。合理规划与布局线路，达到交通线路与景区的景点、旅游设施的最佳配置，最大限度地满足旅游者的交通需求。线路连通景点的程度，用连通比(α)来表示，其公式为

$$连通比(\alpha)=连接景点之间的线路途经数/景区内景点总数$$

连通比(α)越大，说明连通程度越高，反之则越低。

(二) 环境解说服务

环境解说服务最早起源于美国国家公园服务中心(visitor center)的解说服务，第二次世界大战以后，发展成为在那些科学价值高的风景区或公园内的专门服务。景区的环境解说既能运用导游、标识、视听、书面材料等媒介将景区的信息予以语音化及视觉化展示，强化和规范旅游者在景区的行为活动，同时又能提高景区的文化品位。景区应通过有效的介绍让旅游者认识到景区的重要性、意义及其主要特征。为提高景区的形象，我国著名景区在20世纪90年代末配合申报世界遗产活动，率先开始进行环境解说系统的建设。

景区构建环境解说体系的目的主要有：

第一，向旅游者提供基本信息和导向服务，提高旅游者在景区观赏和游玩效果。景区是否有完善的解说服务，解说质量的高低，是衡量景区管理水平的重要标志。每一个景区，无论是以自然旅游资源为主的，还是以文化旅游资源为主的，都有自己独特的自然和文化价值。经营管理好的景区，具有完备的文字、图片、人员解说等，甚至还设置了更为现代化的解说系统。

第二，促进景区旅游资源的保护。环境解说构成了旅游资源和旅游者之间沟通的桥梁，提高了旅游者对景区景物价值的认识，使旅游者改变了对环境的态度，从而改变了旅游行为。环境解说系统有利于引导旅游者遵循旅游指南提供的游览线路，不进入生态敏感地区，减少对资源与设施的破坏，并自觉地支持景区的各项政策与措施，主动配合景区对旅游资源进行保护。

第三，促使旅游者获得更高的旅游价值。环境解说服务使旅游者对景区内的线路、景观及整个环境更为熟悉和了解，帮助旅游者了解并欣赏景区的资源价值，指导旅游者发现平时自己不太注意的事物，并使旅游者在对景物进行更加细致、更加深入的了解的过程中，得到充分的旅游体验与满足感，提高旅游活动的质量和愉悦程度。

第四，能使旅游者在随机教育中获得新知识。良好的环境解说服务可采取各种方

式开展,能让一般的旅游者轻松地获得有关历史、考古、生物、地质、民俗风情和生态等方面的知识,使旅游者对景区旅游资源及其所具有的科学和艺术价值有较深刻的理解。

旅游者的活动是一种心理和生理的经验,大致可以分为行动前、景区现场中、返回和回忆等几个过程,在哪一个过程运用哪一种解说方法,对于旅游者在该阶段产生的体验有很大的影响。表 7-3 介绍了几类不同解说方法的优缺点,各景区应根据自己的实际情况合理选用。

表 7-3 各类解说方法优缺点的比较

解说方法		优点	缺点
人员解说		1. 人际交流,具有亲切感; 2. 可以根据旅游者或旅游团的文化程度和兴趣调整讲解内容; 3. 现身说法,即时解说突发现象和旅游者提问,双方能交换意见; 4. 可以利用群体反映,提高个人的好奇心或兴趣	1. 招募和培训人员需要花费较高的成本; 2. 解说效果取决于解说人员的文化水平、思想水平和解说技巧; 3. 服务的人数有限,人数多则效果不好; 4. 讲解时间受限制
视听解说	影视	1. 效果好而持久,适合解说特定主题; 2. 可用于介绍生疏的题材和复杂的景物; 3. 便于携带,可在区内区外使用	1. 制作难度大,需经费多; 2. 修改困难
	语音	1. 用语言播出,可增强效果; 2. 手提式耳机解说,可减少周围干扰; 3. 可借个人的声音、地方色彩和习俗等使音响效果戏剧化	1. 音响的效果受设备影响; 2. 有时可能造成噪声
展示与陈列	陈列室	1. 集中展示,参观方便; 2. 真品实物往往配以图表、模型,容易理解; 3. 不受天气及蚊虫等外界因素干扰	1. 旅游者长时间参观易疲倦; 2. 陈列项目多而细,对旅游者的吸引力会递减
	指示牌	1. 对照性强,能产生触景生情的效果; 2. 耐久性、稳定性强,不懂的时候可反复阅读; 3. 不受时间限制,旅游者可根据自己的时间和兴趣阅读	1. 无人看管,易受破坏; 2. 露天放置,易受天气、光线等因素影响,受到损坏; 3. 文字有限,信息量有限
出版物		1. 使用时间长久,可用于旅游之前的初步了解、旅游中的引导和旅游后的回味; 2. 可对景区做全面、详细、深入的介绍,如景区的历史文化、线路、设施分布等,还可配以图表解释,加深理解; 3. 可以用多种语言撰写,满足国际旅游者需要; 4. 具有纪念价值	1. 关于景区的出版物一般在景区出售,许多人在旅游之前不易获得; 2. 旅游者要有一定的文化水平,否则,不太会购买出版物去阅读; 3. 需要考虑出版成本

续表

解说方法	优点	缺点
网站	1.事先解说； 2.详细； 3.易于提供动态信息； 4.可做到图、文、声并茂； 5.艺术性强	1.容易使旅游者产生解说与事实不符合的感觉； 2.市场有限； 3.信息不及时更新会误导旅游者； 4.需要专门设计。技术要求高，成本高

四、旅游景区商业设施和服务管理

景区作为旅游者活动的空间载体，不仅要为旅游者提供游憩体验，还应提供完善的配套服务。景区功能性接待设施一般包括住宿设施、商业服务设施、游客中心等。住宿设施主要是指景区内能为旅游者提供住宿服务的酒店、疗养院、度假村、民居旅馆、野营地等设施。商业服务设施指在景区内设立的能为旅游者提供食品和旅游商品购买的商业网点设施。游客中心主要作为旅游者的集散地，提供交通中转、信息咨询等服务。

(一)住宿设施

旅游酒店是旅游者临时居住场所，各种服务设施要求清洁、实用，使客人有舒适、愉快、安全的感觉。按照景区住宿接待设施的档次和运作模式，我们可以将其分为如下类型：星级酒店式、自助或小型旅馆式、特色小屋式以及露营式。以下将分别介绍不同类型住宿设施的设计与管理要点。

服务质量是衡量酒店经营管理水平的重要内容，优质服务能弥补某些设备不足的缺陷，使旅游酒店客源增长，经济效益提高。建设旅游酒店，要进行可行性研究，酒店地点的选择要考虑交通是否方便、客源是否充足。在建筑形式上要因地制宜，反映民族风格和地方特色，要和当地的景观相辉映。酒店的经营管理要采用现代化科学技术，使信息通达，有竞争能力。

1.星级酒店式住宿接待系统

星级酒店型住宿系统是所有景区住宿接待系统中档次最高的类型，其按照国家星级酒店标准建设，并严格执行标准化服务，可以使旅游者获得较为舒适的旅行生活。如亚太地区最大的豪华酒店集团香格里拉已在中国 50 多个著名景区建立五星级酒店。

酒店型住宿设施通常具有较大的体量，对周围环境影响较为明显。吴翔等(2013)在《景区开发与管理》中也提到在景区内设立该类住宿接待设施应格外注意可能造成的对景区生态环境和视线环境的破坏。并且，这类接待设施适用范围有限，只有在规模较大的景区和高级商务度假旅游区才能拥有市场。

酒店型景区接待设施在内部设施的安排上应从数量规模、质量等级以及设施类型等三个方面考虑。其中，景区酒店的接待规模直接关系着酒店的规划设计和经营过程中盈利目标的实现。明庆忠(2003)认为在规划时，酒店接待规模通常是按照客房数来衡量的。

酒店床位或客房需求量的计算公式如下：

床位需求量＝（旅游者总人数×住宿平均夜数）÷（年或月总数×床位占用率）

客房需求量＝所需床位数÷房间的平均床位数

从上面两个计算公式中可以看到，景区酒店在确定接待规模时的一个相当重要的依据是旅游者人数。景区接待的旅游者人数是一个变化的量，以下公式可以供酒店在进行规模设计时参考：

$$C \cdot K = R + \frac{T}{N}$$

其中，C 为床位的需求数，K 为床位的平均利用率，R 为住宿总人数，T 为全年可游天数；N 为旅游者平均住宿天数。这里主要是考虑床位使用率以及景区可游天数对床位需求量的影响。

$$D = \frac{T \cdot P \cdot L}{S \cdot N \cdot O}$$

其中，D 为平均每夜客房需求数，T 为旅游者总数，P 为住宿者与旅游者总数的百分比，L 为旅游者平均逗留天数，S 为每年旅游景区营业天数，N 为每个客房的平均住宿人数，O 为客房的平均出租率。

2. 自助或小型旅馆式住宿接待系统

自助或小型旅馆式接待设施是指景区中，在设施和环境要求上比星级酒店低的住宿和餐饮提供方。成本对于此类旅游接待设施来说尤为重要。此类旅游接待设施的特点之一就是价格便宜、交通便捷。旅游者在此获得住宿的空间、设施以及部分基本服务，通过自己的劳动来获得另外的服务，如餐饮、热水供应、做床服务、整理房间等。这样的接待设施有汽车旅馆、青年旅馆以及家庭旅馆等，在景区中已较为普遍。经过十多年的发展，"青年旅舍"已在中国年轻人中成为知名品牌。其中，YHA China 国际青年旅社已在国内著名景区设立 100 多家分旅舍。

3. 特色小屋式住宿接待系统

特色小屋式住宿接待系统是根据景区的自然和人文环境设计出的具有当地特色的住宿系统。该类住宿接待系统在为旅游者提供住宿服务的同时，让旅游者感受景区内特有的自然和文化氛围。但是该类接待设施往往较为简陋，服务内容也较为有限。根据我国民族特色设计的吊脚楼、小竹屋、小木屋甚至小石屋、小陶屋等都是该类接待设施的代表。这些接待设施还构成了景区中风格鲜明的风景。这种特色小屋的最初形态可以追溯到北欧丹麦、挪威、瑞士、芬兰的登山小屋（lodge），它是专门为登山或滑雪者避难、取暖、休息之用的。

4. 露营式住宿接待系统

露营式接待设施是景区中相对最为简陋的住宿接待设施。即景区开辟专门一块营地作为旅游者夜间露营休息的场所，旅游者则使用自带露营设施，如露营车、帐篷，或租用景区内提供的露营设施实现住宿。露营式接待设施较容易受外界环境的干扰，因此，一般只有在特定的季节或旅游旺季时才对旅游者开放。作为一种象征"新奇"和"自由"的住宿接待项目，湖泊、沙滩、草原、高山成为其最适用的场所。

(二)餐饮接待服务

这里引用王绍喜(2005)的定义,景区餐饮服务是指针对旅游者参观游览过程中的餐饮需求而提供的服务。餐饮服务是景区服务的重要组成部分,餐饮服务的质量水平和风格特色在很大程度上反映了景区经营的总体质量水平和风格特色。从旅游者的角度来看,菜品的烹调技术和餐厅的服务两大因素决定餐饮服务的水平。烹调技术的高低决定了菜品的味道好坏,而餐厅的服务水平则影响了旅游者消费该产品时的心理状态。餐厅的服务除了服务人员的态度和技能,还包括餐厅的环境氛围、餐饮器皿等的质量水平,而这些都和景区的经营管理水平密切相关。景区内的餐饮类型主要包括街边小吃、地方菜馆、连锁餐馆、主题餐厅等。

1. 街边小吃

可以说,不管在哪个景区,周边或景区内都少不了街边小吃的存在,它可以解决旅游者紧迫的饱腹需求。街边小吃由于花样繁多而且价格低廉,特别受旅游者的喜爱。例如,南京的夫子庙是秦淮小吃的发源地和独具秦淮传统特色的饮食集中地,这里的小吃历史悠久、品种繁多。如今,几乎每个旅游城市都不可或缺地拥有一条或多条"特色小吃"街,差异化缩小,使得旅游者更容易吃到原真性的特色小吃的同时,也丧失了新奇感。

2. 地方菜馆

地方菜馆是指采用当地特色的菜品、口味或者烹饪手法的特色菜馆。每一个地方菜都是一个IP。品牌公司打造一个IP,或许要花很长时间,但每一个地方菜本身就是一个IP,比如重庆火锅,既是一个产品,也是一个IP。地方菜就是地方文化的集中呈现,"在原产地品尝食物,你眼睛看到的、耳朵听到的,都是食物不可分割的一部分。"对于地方菜餐企来说,最可持续的战略,就是成为城市名片。当餐厅成为城市美食名片,本地人往往就会首先推荐,这些推荐就成了活广告。

3. 连锁餐馆

小型连锁餐馆如兰州拉面、黄焖鸡米饭、麻辣烫等,大型的如肯德基、麦当劳等,以方便、卫生、快捷为特点遍布城市各地。旅游者到景区的主要目的是参观游览,因此在游览过程中会选择食用简便、易携带的快餐来节约用餐的时间。同时,快餐服务点的设置还可以省出大量的就餐空间,减少投入,增加销售额。由于快餐服务符合旅游餐饮的特点,在国外许多著名景区的餐饮服务大都以快餐服务为主。

4. 主题餐厅

主题餐厅往往围绕一个特定的主题对餐厅进行装饰,甚至食品也与主题相配合,为顾客营造出一种或温馨或神秘、或怀旧或热烈的气氛,千姿百态,主题纷呈。例如在三亚景区,比较有民俗代表性的黎寨餐厅,以"黎寨风情"为主题,餐厅装饰多以茅草盖顶,有木制墙裙,服务风格引入黎族待客风俗,清秀的黎家少女身着民族服装进行服务。

(三)旅游商品服务

旅游商品是景区中重要的收入来源,也是旅游六大构成要素中的重要一环。从旅游商品的定义上来看,可以分为广义的旅游商品和狭义的旅游商品。广义的旅游商品种类多、范围广,根据其自身的性质和特点,可分为艺术品、文物、装饰品、土特产、日用品、零星用品、旅游食品等。而狭义上的旅游商品则是我们一般意义上的旅游纪念品。

景区在商业服务设施的设计与管理上应当重点关注旅游商品的开发模式和销售渠道。我国景区在开发时,没有真正树立大旅游的观念,往往对于景区的规划建设较为重视,而对旅游商品的开发创新研究不够,甚至没有纳入景区发展规划。因此旅游商品的生产与开发创新的观念没有协调发展,造成旅游商品研发、生产、销售脱节,形成恶性循环。在长期的无规划发展过程中,旅游商品逐步丧失了自己所在景点、区域、所属文化、习俗的特色,造成我国旅游商品品种单一、各地雷同的现象。

景区管理者不仅要关注旅游商品的开发,还要注重旅游商品销售网点的分布,旅游商品购物网点选址将直接影响到旅游者购买旅游商品的热情。在选址过程中,要考虑的重要因素就是旅游者的行为方式。此外,随着现代商业网络的不断发展,旅游商品的采购和销售已经出现了一定程度的变革,旅游商品销售网络也不仅仅停留于景区的旅游商品商店,定牌生产、虚拟销售等新的旅游商品生产和销售方式正逐步发展起来。这种创新化的旅游商品营销网络是我们旅游商品购物网络建设和管理中的新内容。

1. 旅游商品的分类

1)旅游纪念品

旅游纪念品是指旅游者在旅游活动过程中所购买的,具有地域文化特征、富有民族特色、具有纪念性的所有物品。旅游纪念品是一个地方文化和印象的缩影,是旅游中不可缺少的一项内容。

2)旅游实用品

旅游实用品是指旅游者为实现旅游目的所需要购买的在旅游体验过程中使用的商品,如棉袄、雨衣、登山杖等。它主要是为了满足旅游者在旅游活动中的日常需要,所以是旅游者外出的必需品,包括服饰和旅游专用品两大类。

3)旅游消耗品

旅游消耗品是指旅游过程中所消耗的商品,主要有食品、饮料,以及盥洗用品、当地特色风味食品、日常生活必需品等。

2. 设施设计和服务管理

1)布局和选址

旅游商业设施的布局和选址主要应考虑旅游者在景区内活动的生理和心理习惯。通常来说旅游购物网点的空间布局和选址有两种模式:

其一,设置于旅游过程的结束阶段,如景区出入口处。

其二,分散设置于旅游过程当中,如各分区的接待服务处。

从旅游者的行为方式来看,其购物的行为并非只发生于旅游过程的最后阶段。实际上,在旅游过程当中,如果有具有吸引力的旅游商品,旅游者同样会乐于选购。将旅游购物网点设置于旅游过程当中就必须要将购物网点和景区中的游憩、休闲设施紧密结合,即把握旅游者在旅途过程中适当休闲、游憩的需求,让其在休憩过程中参与旅游商品的选购。

2)景区购物环境管理

景区购物环境是景区内围绕购物活动存在的,影响着购物活动结果的一切外部条件的总和。它包括与购物活动相关的一切政策、法规、人文、社会、基础设施等方面的因素。这些因素相互作用、相互影响而形成一个有机整体,是旅游购物健康发展的支持和保障体系。

规划景区商业店铺时,要注意不能阻碍旅游者的游览,为景区旅游购物的发展营造一个良好的政策环境;不能与旅游者抢占道路和观景空间;购物场所的建筑造型、色彩、材质应与景观环境相协调;创造一个有利于景区可持续发展的良性生态环境。景区购物的内部环境主要指景区内购物网店的设置、购物设施的配备、购物氛围的营造等。

3)服务标准

由专门的管理机构对旅游商品的质量、价格、计量、位置、售后服务等进行统一管理;旅游商品种类要丰富,本地区及本旅游区特色突出;商品购物服务人员要注意自己的着装和仪容仪表,还要善于与旅游者沟通;服务人员还应主动向旅游者介绍富有本景区特色的旅游商品,明码标价,无价格欺诈行为;能提供至少一种外语的购物服务。

案例 7-2

智慧景区华清宫

华清宫景区作为国家首批 5A 级旅游景区、全国重点文物保护单位,深受旅游者的喜爱。2019 年以来,在陕旅集团的带领下,景区成立了集团系统内第一个数字信息中心,全力推进智慧景区、数据分析、信息系统构建等工作。

在基础设施方面,华清宫综合管理系统将景区内监控、安保巡检、票务、门禁、停车场、Wi-Fi 等已有系统数据打通,将景区各项工作进行一体化管理。其中的景区巡检管理系统针对管理人员开发相应定位管理软件,实现景区巡检及区域管理人员实时定位,通过安保人员运动轨迹实现择近救援,及时解决旅游者遇到的问题,提高景区突发情况响应速度。停车场智能管理系统对景区周边分散设立的七个停车场定制开发了多级引导屏,在交警部门进行交通疏导时,实现七个停车场的实时监控、分流及调度功能,同时采集车辆信息形成营销支持,实现不停车快速进出场。

在改善旅游体验方面,华清宫景区智慧导览系统采用微信小程序为服务平台,将景区内 40 余处景点进行整合,极大地方便旅游者搜索、寻路;全面支持票务预订、智能讲解、线路推荐、景区导览等功能。梨园艺术坊互动体验区提供"梦回大唐""千里逃亡""一夫当关""穿越的证明"四款不同风格的 VR(虚拟现实)游戏。此外,景区还布置 VR 互动游戏区,增强景点的趣味性。

华清宫将在陕旅集团的支持和帮助下,打造精品旅游产品,全面拥抱数字化时代,从传统旅游服务企业向现代文旅企业转型,增强华清宫的品牌知名度与市场影响力,为陕西文旅产业贡献更大的力量。

资料来源 房小颖,喜报!华清宫景区上榜"2021 中国智慧景区影响力 TOP300"榜单第四名,2021-12-25

第三节　景区容量管理

在景区管理中,旅游容量是常常被用到的概念,但迄今为止,国内外旅游界对旅游容量的定义还没有一个明确的界定。在国外,David W. Lime 和 George H. Stankey 将旅游容量定义为"一定的游憩区,在某种开发程度下及一段时间内,仍能维持一定水准,且不致对环境或旅游者的体验造成过度的伤害。"由此可见,旅游容量的概念与环境和旅游者的旅游体验密切相关。

目前,我国布达拉宫、黄山等景区已经进行了旅游容量测算,并采取限流措施进行旅游容量管理。布达拉宫旅游容量的测算结果为日最高旅游容量值 2300 人次,严格进行限流管理,目前旅游资源保护完好。而同样作为世界文化遗产的故宫,虽然规定其日极限旅游者容量为 8 万人次。但是,黄金周期间,故宫的日均旅游者接待量接近 10 万人次,最高的日接待量已达到 14.8 万人次。由于常年超载,故宫目前已出现地砖开裂等文物损毁现象。除了已经采取的各项措施,故宫还将以一系列新举措,应对黄金周观众参观的高峰。特别是,自 2020 年新冠肺炎疫情暴发后,故宫每日接待量限流从原本的 8 万人次降低到 5 千人次。目前,故宫门票只支持网上实名制预约购票,不支持现场购票。以上案例表明,旅游容量的管理对于景区的可持续发展甚为重要。

一、旅游景区容量的概念体系

生物种群在环境中可利用的资源有一个最大值,因此种群数量也有极限数值,这个极限数值在生态学中被定义为环境容量。由于旅游业对人类自然环境、人文环境有着严重的依赖性,因此可持续发展对旅游业尤为重要。为此,必须坚守"绿水青山就是金山银山"的理念,必须加强环境的治理与生态的修复工作,重新恢复"绿水青山"。景区的社会责任要求开发商在进行旅游开发时,兼顾经济发展与环境保护、旅游者体验与景区保护、企业盈利与当地居民增收等责任。而景区在接待运营中的不合理容量引发了一系列的问题,"黄金粥"诸多的"哀"与"稠"迫人深思。正确认识旅游容量与景区发展的关系、调控景区容量是寻求可持续发展的必要举措。

在国内,与旅游容量相关的常用提法有旅游环境容量和旅游环境承载力,这主要与人们对旅游容量的认识程度有关。过去,旅游容量被认为仅仅与生态容量相关,在此理念的引导下,旅游容量被称为"旅游环境容量"或"旅游环境承载力"。随着旅游开发所引起的经济、社会问题日益显著,旅游容量的经济影响和社会影响逐渐被人们所关注。相应地,旅游容量概念从自然环境领域拓展到经济、社会领域,如图 7-4 所示(郭亚军,2006)。

保继刚、楚义芳(1999)界定的旅游基本容量包括 5 类。他们认为旅游环境容量是一个概念体系,它包括的基本容量有:旅游心理容量、旅游资源容量、旅游生态容量、旅游经济发展容量、旅游地域社会容量。接下来,本节将对这 5 个容量展开理论回顾和测量介绍。

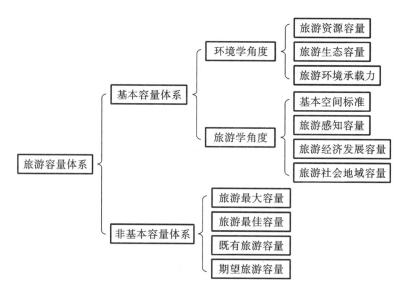

图 7-4 旅游容量体系

二、旅游景区容量的概念及测量

旅游容量指某一特定的空间或区域,在保持自然生态环境不受影响(或保持稳定)的条件下所能容纳的最大旅游活动量或旅游者数量,亦称旅游承载力。超过这个容量,旅游活动的质量和旅游地环境就会受到影响。旅游容量受旅游系统内社会、经济和环境等各种因子的影响,另外,景区的供给条件,如水资源、能源、土地、劳动力、资金等的供应能力是制约景区容量的关键因素。

旅游容量涉及许多有形无形的量的测定,并需要根据旅游地类型、旅游活动类型、市场定位和旅游地经济可行性等因素来加以权衡,所以实际工作中常根据景区的特点各有侧重。

旅游容量的评价标准是判断各个指标是否超过阈值,旅游容量评价指标数据的多元、异构和波动性决定了评价标准的多样性和相对性,指标体系评价标准的确定依据多源于我国相关部门颁布的法律法规、条例、标准及规划等,如景区(点)质量等级划分与评定、环境质量标准、景观规划标准、旅游资源分类、地表水环境质量标准、环境空气质量标准。在制定评价标准时,一般采用技术标准与感官标准相结合的方法,如物元分析法、模糊综合评价法等(林祖锐等,2017)。

(一)旅游心理容量

旅游心理容量是指单位时间内旅游者在旅游活动中感到舒适时的空间需求量,是旅游者对旅游地空间的心理评价。它通过旅游者旅游活动中人均空间的需求量来反映区域空间的承载能力。

旅游者的心理容量一般要比旅游资源极限容量低得多,这有深刻的环境心理原因。旅游心理容量的大小由个人空间和旅游空间大小决定。旅游空间是一定的,而个人空间的大小受3个方面因素的影响:活动性质和活动场所的特性;年龄、性别、民族、社会经济地位与文化背景等个人因素;人与人之间的熟悉和喜欢程度、团体的组成与地位等人际因素。由于影响旅游者个人空间的因素复杂多样,大多数情况下难以有一个使所有旅游者都能满意的个人空间值。

由于旅游心理容量的因素很难构造一个统一的测算公式具体测量,在测量方法上,通常采取实际测算与问卷调查相结合的方法来测量旅游者满意度。例如,将旅游者对某一旅游体验的态度分为非常满意、满意、基本满意、不满意、很不满意5类,并将这些态度按照满意程度分别量化为数值5、4、3、2、1。边际满意度达到0时,是最理想、经济的满意度。

(二)旅游资源容量

旅游资源容量指在保持旅游资源数量不变的前提下,一定时间内旅游资源所能容纳的旅游活动量。罗明义(2001)总结了两种常用的计算方法,即面积法和线路法。

1. 面积法

面积法是根据景区的空间规模、旅游者周转率和标准容量进行计算的。

$$Cr_1 = \frac{S_A}{S_B} \cdot R$$

其中,Cr_1为景区旅游资源容量(日容量面积法);S_A为景区游览规模(m^2);S_B为景区游览空间标准(m^2);R为旅游者周转率(每日开放时间/每个旅游者滞留时间)。

2. 线路法

$$Cr_2 = \frac{2L}{I} \cdot R$$

其中,Cr_2为景区旅游资源容量(日容量,线路法);L为景区游览线路总长度(m);I为景区游览线路间距标准(m);R为旅游者周转率(每日开放时间/每个旅游者滞留时间)。

(三)旅游生态容量

旅游生态容量指在一定时间内旅游地域的自然生物链不被破坏、自然生态环境不致退化的前提下,旅游场所能容纳的旅游活动量。

中国旅游规划通则提到三种生态容量的测定方法:既成事实法指在旅游行动与环境影响已达到平衡的系统中,选择旅游者压力不同的时间调查其容量,所得数据用于测算相似地区环境容量;模拟实验法指使用人工控制破坏强度,观察其影响程度,据实验结果测算相似地区环境容量;长期监测法指从旅游活动开始阶段做长期调查,分析最适容量。

刘肖梅(2004)提出,因旅游消费行为会直接和间接地污染环境,因此,通过测算旅游者所产生的污染物和环境自净与人工治理污染的能力,就可以测算出旅游者数量保持在何种规模上能使生态环境不受到损害。据这个思路即可得到两个测算生态环境容量的计算公式。

$$Ce = \min(WEC, AEC, SEC, EEC)$$

其中,Ce为环境生态容量;WEC为水环境承载量;AEC为固体废弃物环境承载量;SEC为大气环境承载量;EEC为植被环境承载量。

公式表明环境生态主要由水环境、固体废弃物环境、大气环境与植被环境四个方面构成，它们有各自的环境承载量，而最终的生态容量是四个容量中最小的一个。而固体废弃物环境承载量 AEC 常是四个限制性容量中的最小容量，由景区自然净化垃圾与人工处理污染物能力决定，景区污染物主要由旅游者带来，污染物的种类与产出数量由旅游者的数量决定：

$$Ce = \text{AEC} = (\sum_{i=1}^{n} N_i S + \sum_{i=1}^{n} Q_i) / \sum_{i=1}^{n} P_i$$

其中，Ce 为旅游地生态环境容量（日容量）；AEC 为固体废弃物环境承载量；N_i 为旅游地每天单位面积土地对 i 种污染物的自净能力；S 为旅游地总面积；Q_i 为旅游地每天人工处理 i 种污染物的能力；P_i 为每个旅游者每天产生污染物的数量。

（四）旅游经济发展容量

旅游的经济发展容量指一定时间一定区域范围内经济发展程度所决定的能够接纳的旅游活动量。对旅游地社会经济容量的测算比较复杂，因为社会经济容量涉及许多相关因素，如住宿设施、食品供应能力、交通条件、服务水平、供水供电条件，等等。通常社会经济容量是用床位数或食品供应能力来代替的，但近来有许多学者研究提出应该用更为复杂的模型测算社会经济容量。如我国学者陈德昌等人就提出了"旅游规模地区经济容量数学模型"，综合考虑了旅游地的旅游收入乘数、消费物价指数、旅游从业人员、旅游投资、交通、能源、邮电等各种因素。下面是以食宿为基础而测算社会经济容量的公式：

$$Ch = \sum_{i=1}^{n} F_i / \sum_{i=1}^{n} D_i$$

其中，Ch 为旅游地的社会经济容量（日容量）；F_i 为第 i 类食物（或住宿设施）的日供应能力；D_i 为每个旅游者每天对 i 类食物（或住宿设施）的消费量。

（五）旅游地域社会容量

旅游地域社会容量是指由旅游接待地区的人口构成、宗教信仰、民情风俗、生活方式和社会开化程度所决定的当地居民可以承受的旅游者数量。冯晓华等（2007）提出的旅游地居民心理承载容量测算模型如下：

$$Cp = A \cdot Pa$$

其中，Cp 为旅游地居民心理承载容量；A 为旅游区或其依托的居民点（城镇）面积（hm^2）；Pa 为旅游地居民不产生反感的旅游者密度最大值（人/hm^2）。若居民点与旅游区合二为一，则 Pa 值较大，即旅游地居民对旅游者密度承受值较大；若居民区与旅游区基本分离但是其依托区，则 Pa 值较小；若旅游区与居民区不关联，则 Cp 取无穷大。

"木桶原理"指出，一只由诸多长短不一的木板组成的木桶，其盛水功能不取决于最长木板的高度，也不取决于木板的平均高度，而是取决于最短一块木板的高度。同理，一个旅游地环境容量并不是由各个景点环境容量简单相加得到的，而是由环境容量最低的景点决定的。

三、旅游景区容量管理方法

在旅游容量研究的发展过程中，研究者们逐渐意识到如果将旅游容量简单理解为数字问题或数学计算的话,在实践中往往会遭到失败。不同的行为类别、资源敏感度、空间分布、时间和管理水平都会对旅游容量产生影响。随着研究的深入,旅游容量"可接受的限度""可调控性"的特点逐渐成为专家学者的共识,旅游容量管理的概念开始出现(林祖锐等,2017)。

国外的旅游容量管理实践更多关注"什么样的环境改变是可接受的",本质是为保证旅游者体验和资源的持续利用而发展出来的国家公园管理模型。工具有LAC(可接受改变的极限)、VERP(旅游者体验与资源保护框架)、ROS(游憩机会谱)、VAMP(旅游者活动管理规划)、VIM(旅游者影响管理)、TOMM(旅游管理最佳模型)等,广泛应用于国家公园、环境脆弱区、边缘地区以及海洋公园等区域,大大缓解了资源保护和旅游利用之间的矛盾。

(一)可接受改变的极限(LAC)

可接受改变的极限(limits of acceptable change,LAC)认为如果允许一个地区开展旅游活动,那么资源状况下降是不可避免,也是必须接受的,关键是要为可容忍的环境改变设定一个极限。当一个地区的资源状况到达预先设定的极限值时,必须采取措施,以阻止环境进一步恶化。

其实施步骤主要有:①确定规划地区的特殊价值、问题与关注点;②确定和描述游憩机会种类或规划分区;③选定评价资源状况和社会状况的指标;④对资源和社会现状的调查;⑤确定每一机会种类中资源状况和社会状况的评价标准;⑥确定待选的机会种类部署方案;⑦确定每一待选方案中的管理措施;⑧评价并确定一个优选方案;⑨推行优选方案中的措施并进行指标监测。

该方法的优势在于它引入了较为完善有效的公众参与机制,与确定游憩资源的某种承载力阈值相比,确定社会与生态资源性能理想标准值要更容易。

其缺陷则有:①各利益相关者难达到对社会与生态状况认识的统一;②指标及衡量标准的确定比较困难;③需要一系列的基准数据和长期的监测。

(二)旅游者体验与资源保护框架(VERP)

旅游者体验与资源保护框架(visitor experience and resource protection,VERP)是一种容量规划框架和监测管理工具。VERP主要关注旅游者游憩活动(包括旅游者的行为、使用水平、游憩类型、游憩时间和游憩地点等)对旅游者游憩体验质量水平和公园资源保护状况的影响。具体包含如下步骤和要素。

1. 建立框架

组织一个跨学科的项目团队;制定一个公众参与战略;确立公园的目标、重要性、首要的工作主题,并确定规划的限制条件。

2. 分析

分析公园的资源和现有的旅游者活动状况;描述旅游者体验和资源状况的潜在发展空间(潜在发展区域)。

3. 操作

为潜在发展区域选定其在公园内的特定区位(管理分区);为每一个分区选择指标,

确定各指标的评价标准,并设计一个监测规划。

4. 监测与管理

监测资源和社会的各项指标,实施管理行动。

VERP 是一个监测、评估和实际调整的循环反复动态过程,管理者必须详尽分析以上要素,及时调整具体操作措施,通过监测指标来进行检验以做出合理决策。VERP 与 LAC 相比,更多地考虑了资源种类和环境因素,如旅游者行为、活动强度、活动类别、活动时间、活动地点等的影响。其优势还在于:囊括整个团队的才智,并以政策和公园目标为指导;通过重要性及敏感性的阐述指导资源分析;通过确定旅游者体验的要素来指导旅游者机会分析。

缺陷则有:在不同的环境下要想利用 VERP 指导管理规划还需要额外的工作;未对"旅游者体验"做出定义,且缺乏相关指标。

(三)游憩机会谱(ROS)

游憩机会谱(recreation opportunity sequence,ROS)是一种新的规划和资源游憩管理方法,用于解决保持资源质量和生态完整与提供满意的游憩体验之间的矛盾。

游憩机会谱包含六个游憩机会要素:①可达性;②非游憩资源的使用状况;③现场的经营管理;④社会互动(即拥挤度测量);⑤可接受的旅游者冲击程度;⑥可接受的制度化管理程度(尽可能少用制度化管理)。根据对这些要素的分析可将游憩机会谱分类为城市、乡村、通路的自然区域、半原始的有机动车、半原始的无机动车和原始区域六种。Boyd 和 Butler 还在 ROS 的基础上提出生态游憩机会谱(ECOS),将生态旅游分级为一般生态旅游、中间生态旅游和专业生态旅游。刘宁宁则结合我国森林旅游资源特点,构建了中国森林游憩机会谱系。

ROS 是一种很实用的方法,它迫使管理者做出合理化管理,将供给与需求联系起来,并易与其他管理工具相结合;它为环境资源分类提供了系统的依据,让分区管制更有成效,其渐变式思想方法突破了以往旅游地开发中非此即彼的二元思维。其局限性在于其指标和标准必须在管理者做出任何选择与决定之前被其完全接受,且游憩机会谱系图需要与各区的环境生物特征联系起来。

(四)旅游者活动管理规划(VAMP)

旅游者活动管理规划(visitor activity management process,VAMP)是加拿大国家公园局于 1985 年制定的一种旅游容量管理模式,在北美、澳大利亚和新西兰的保护区管理中被广泛应用。VAMP 主要关注旅游者活动管理,如日常旅游者管理的具体细节。其实施步骤有:①根据参考资料制订计划;②确定公园目标;③建立公园数据库;④分析现状;⑤提出备选方案;⑥制定公园管理规划;⑦实施。

VAMP 是一种以层次等级为基础的完善的决策支持程序,它将社会科学原理与市场原理相结合,重点研究旅游机会。它可以在特定的区域进行或在更广泛的区域如整个国家公园中分析。其缺陷是在管理规划层面上没有突破;且"旅游体验机会"的定义并不明确。

(五)旅游者影响管理(VIM)

旅游者影响管理(visitor impact management,VIM)关注特定区域的旅游者影响,倾向于对管理者的感知进行调整。

其实施步骤为:①进行评估前的资料数据回顾;②回顾管理目标;③选择关键指标;④为关键影响指标选定评价标准;⑤对现状与标准进行比较;⑥确定影响的可能原因;⑦确定管理策略;⑧实施。

VIM的优势在于对管理决策进行了分级,提供了评价矩阵,且容易运用到模型中。不足之处在于未与ROS关联,且对潜在影响关注不足。VIM与VAMP是两个互补的旅游者管理过程,它们一起帮助管理者为达到理想的环境状态或结果确认指标和标准。

(六)旅游管理最佳模型(TOMM)

旅游管理最佳模型(tourism optimization management model,TOMM)使用环境和内部资源的最优化概念替代极限概念,使公众参与作为框架中更加明确的部分,并通过不断获取的信息激励人们为达到一个共同的远景规划和成绩而努力。

其步骤如下:①背景分析。确定战略要求、社区价值、产品特点、发展趋势、市场趋势和机会,定位与树立品牌,确定备选方案。②监控反馈。设置优化条件、指标和参数可接受范围,制定监控方案、基准条件,监测年度状况,预测未来状况。③反馈管理。建立旅游反馈选择机制或向相应部门提供反馈结果,分析所需要的旅游或其他部门的反馈结果,研究效果和原因之间的关系,确定不良的绩效指标。

TOMM将目的地管理的最佳实践和经营标准相结合,将现代管理技术和旅游地管理相结合,在实施和开发过程中征求了所有利益集团的意见,代表了一种新的目的地管理思维方式。其特别贡献在于,通过优化状态概念、指标、可接受的范围和基本准则了解目的地,并通过长期监测,深入了解旅游管理活动是否发生重要改变。然而由于该方法实施起来较为复杂,因此没有得到广泛应用。

(七)其他容量管理方法

随着旅游实践的深入,旅游容量管理方法越来越丰富。除上述几种著名的容量管理方法外,还有由适应性生态系统管理模型(AEM)和旅游者容量多种指标评分法(MASTC)构成的容量量化评价模型系统,基于灰色系统理论的旅游者量灰色动态模型,基于RFID的旅游者人数实时监控方案,基于系统论、控制论、决策论的旅游容量预警系统,基于系统动力学的旅游容量系统分析和管理等方法。从微观层面而言,容量管理应从需求、供给、体验、收益等方面对容量进行调控,具体方法如表7-4所示。

旅游地在采用各种容量管理方法时需同时考虑环境影响、社会影响、旅游者体验和成本收益等方面,应明确景区可以采用的调控技术;注意多种调控技术的配合使用;降低各种调控技术的负面影响。

表 7-4　容量管理具体方法

方法	具体措施
数量控制法	门票总量控制法;门票提价法;"热点"控制法;抽签法;休游制;旅游费用折扣机会控制法
时空分流法	前信息发布法;通过增加项目或活动分流;信息公告法;规定旅游者的旅游路线、旅游时间、活动范围和活动方式等
供给管理法	分区管理法;出租容量;共享容量;租用分设备;改变资源分配;改变经营时间;提供区外通道;使用自动化技术;实行容量弹性化;增加实际旅游容量;采取定点保护措施等
体验管理法	队列管理;允许等待;允许速度缓慢;拒绝旅游者进入;提供奖励;提供分散注意力或互补的服务;隐藏排队;为 VIP 通道付费;改变旅游者参与水平;安排旅游者日程/预订;通报/教导可选的服务项目
收益管理法	成本管理;产出管理;收入管理
其他方法	生态环境意识教育法

（资料来源:张影莎,罗振,苏勒.基于应用视角的旅游容量测算和管理方法回顾[J].安徽师范大学学报(自然科学版),2011,34(3):275-281.）

四、旅游景区容量调控主要机制

景区容量调控机制指从旅游地的可持续发展角度考虑,为将旅游地容量控制在合理的范围之内而采取的种种行动、手段的总称。刘亚峰(2006)总结景区容量调控的对象主要包括两种:其一是"主体"旅游景区,通过合理管理调控可提升景区的自身环境容量以及适应旅游者人数变化的能力;其二是"客体"旅游者人数,既包括对旅游人数过多可能对旅游环境造成危害进行控制,也包括对旅游者人数过少造成旅游经济效益过低进行调控。

(一)景区容量调控的主要机制

由于景区容量的复杂性,要及时有效地对景区容量进行调控,必须建立科学的调控机制,使不合理的旅游活动及产生的问题得到及时控制。景区容量调控可以通过建立预警机制、决策机制、反馈机制和管理协调机制达成。

1. 预警机制

在旅游地实际容量增长到可能会达到理论的合理容量或饱和容量但还没有达到之时,向景区管理部门及其他相关部门发出警告,以及时进行调控,这就是预警机制的基本思想。预警主要是依据容量监测指标因子的变化情况及客流数量的增长速度、集中程度等进行的。首先为各个指标确定可以接受的标准,再通过指标向可以接受的极限方向变化的速度和接近的距离来发出预警。依据所选指标现有的总体状况和趋势,还可以进一步将预警信号划分成不同的警示级别,如一级、二级、三级等。

2. 决策机制

这主要指针对现有的环境问题和预警问题如何处理,即如何做出决定以及决定什么样的调控手段方法的机制。由于提出的可供选择的调控途径手段有很多,涉及的相关知识与相关部门也很多,仅靠景区管理者是难以保证选择出最佳途径和方法的。一般来说,应该建立一个由专家学者、管理者、技术人员、社区代表等共同组成的决策组,并征求各方面的意见。

3. 反馈机制

调控效果的及时反馈能够促进预警指标体系、调控手段不断优化,反馈主要是通过指标监测的信息反馈实现的,同时还须调查旅游者及居民等利益相关者的意见。反馈机制的目的在于检验决策的正确性和保障调控措施的实施。

4. 管理协调机制

景区容量管理调控工作,至少涉及旅游管理部门、旅游经营商、旅游者、居民等不同人群,旅游管理部门又分为直接主管部门与高层管理部门。各方之间一方面需要互相协调、信息传递;另一方面,又存在着管理、被管理关系,所以容量管理调控工作是一个交错复杂的系统性工作。

现实中普遍存在的一个问题是,容量管理调控工作的参与者中存在着利益相关者,从而不利于管理调控工作的进行。如在自然保护区,旅游经营者(或导游、当地居民等)出于追逐利润,将旅游者带入未被开发的缓冲区甚至核心区内,满足了旅游者的猎奇心理,但对环境的影响是显而易见的,而这种情况由于能给景区及管理者带来更多的经济利益,往往防不胜防。管理调控工作中薄弱的实施和监督,是我国景区管理监督体制的重要问题所在。

(二)旅游环境容量调控的一般流程

容量调控的主要步骤可以简要归结如下:首先,对景区环境资源状况和影响因素进行详细调查,并对景区容量作精确计量,在此基础上对游憩活动种类、适宜性进行分析,并选取调控指标,建立指标体系。然后对各项指标进行监测,同时结合旅游者流量预测分析,判断可能出现的环境问题及其严重程度。再通过调控的决策分析决定采用的调控途径手段。最后付诸实施,并将结果反馈(见图 7-5)。

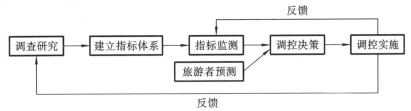

图 7-5　旅游环境容量调控流程图

(资料来源:刘亚峰. 旅游环境容量计量及其调控研究[D]. 乌鲁木齐:新疆师范大学,2006.)

"五朵金花"小山村的逆袭之路

很早就有关于"少不入川,老不出蜀"的说法,这种说法吸引了现在很多玩休闲的人,四川成都郫都区,更是成为中国现代农家乐的发源地……

在"蜀都",有这样的一个地方,被业内赞为"五朵金花",享有极高的业内声誉。

"五朵金花"位于四川省成都市东南锦江区三圣乡,距成都市区二环路约5千米,占地约12平方千米,80%被花木覆盖,村民世世代代以种植花木为生。2003年9月,锦江区在召开"四川省首届花卉博览会"以后,为挖掘三圣乡梅、菊、荷等花文化内蕴,将花乡资源开发与特色旅游景区建设紧密结合起来,把三圣乡所辖的5个行政村,分别建设成为各具特色的农业旅游观光区,并命名为"花乡农居、幸福梅林、江家菜地、东篱菊园、荷塘月色"。这"五朵金花"特色各异,均体现了以"花"为媒介吸引旅游者、以"花"为主题拓展市场、以"花"为资源发展经济的特点。

为打造"五朵金花",锦江区政府投入8300万元,用于搭建融资平台,撬动和吸引民间资金12100万元,改善了农村环境,搭建了农民增收平台,建成了市民休闲的开放式公园,成功走出了一条推进城乡一体化的新路子。

"五朵金花"的打造,提升了三圣乡的品位,增加了知名度。2005年,仅"五朵金花"就接待旅游者747万人,景区旅游总收入达到119亿元,农民年人均纯收入由2003年4426元增加到6321元。2006年4月,"五朵金花"被评为国家4A级旅游景区,同年5月被评为国家文化产业示范基地。如今"五朵金花"顶峰期有500多家农家乐,带动3万多人就业。

大力发展乡村旅游,是乡村振兴的重要突破口。发展乡村旅游有助于促进当地人民群众就地勤劳致富,有助于形成井然有序的良好的社会秩序,有助于解决因为外出打工而导致的留守儿童教育、留守夫妻交流、留守老人养老等深层次社会问题,让人民群众在家门口拥有更有保障、更可持续的获得感、幸福感、安全感。

发展乡村旅游、增加农民收入为农村居民迈向生活富裕、富足打下了坚实基础。发展乡村旅游本身也是进一步提升农村居民生活水平、生活质量,更好地满足人民群众日益增长的美好生活的需求的一种重要路子。

资料来源 黄顺红,梁陶,王文彦.乡村旅游开发与经营管理[M].重庆:重庆大学出版社,2015.

本章思政总结

供给侧结构性改革的根本目的是提高社会生产力水平,落实好以人民为中心的发展思想。因此对于旅游景区接待管理,深化供给侧结构性改革、优化旅游服务质量是景区实现长远利益的关键所在。

旅游景区是由核心旅游吸引物、服务设施和工作人员结合而形成的综合型服务场所。景区接待服务以一定物质资料为依托(有形的服务设施和无形的工作人员服务),通过交互提供的服务满足旅游者的不同消费需求,是塑造顾客满意度的重点。景区接待管理旨在通过人员管理、设施服务管理提高旅游接待业务的综合管理和运营能力。

发展景区旅游,要在因地制宜地贯彻落实"绿水青山就是金山银山"的新发展理念的基础上,建立景区可持续发展制度,其中,最为重要的便是景区容量管理。景区容量管理涉及五个主要指标:旅游心理容量、旅游资源容量、旅游生态容量、旅游经济发展容量、旅游地域社会容量。正确认识景区容量与景区发展的关系,调控景区容量是寻求可持续发展的必要举措。

 **复习思考题**

1. 什么是旅游景区,它与旅游目的地有什么区别和联系?
2. 旅游景区服务的构成有哪些?接待服务发挥怎样的作用?
3. 谈谈现代旅游景区发展的趋势。
4. 为什么要对旅游景区实施容量控制?
5. 谈谈旅游景区管理中,管理者和服务人员的职责。

第八章 游憩管理

学习目标

1. 理解休闲、游憩与旅游的关系。
2. 熟悉活动的类别和形态结构。
3. 了解如何对游憩活动进行综合评价。
4. 熟悉游憩服务管理。
5. 熟悉游憩空间设计。
6. 了解游憩发展趋势。
7. 熟悉体育休闲、邮轮旅游、旅游购物的内容和特征。

思政元素

1. 习近平总书记多次调研历史文化保护,强调要弘扬优秀传统文化、保护历史文化遗产、坚定文化自信。

2. 现阶段,我国社会的主要矛盾是人民日益增长的美好生活需要和不平衡不充分的发展之间的矛盾。

3. 习近平总书记在"七一"(2021)重要讲话中指出,要立足新发展阶段,完整、准确、全面贯彻新发展理念"创新发展、协调发展、绿色发展、开放发展、共享发展",构建新发展格局,推动高质量发展。

章前引例

黄巧灵与宋城千古情

大型歌舞《宋城千古情》是杭州宋城景区的灵魂,与拉斯维加斯的"O"秀、巴黎红磨坊并称"世界三大名秀"。它用先进的声、光、电科技手段和舞台机械,以出其不意的呈现方式演绎了良渚古人的艰辛、宋皇宫的辉煌、岳家军的惨烈、梁祝和白蛇许仙的千古绝唱,把丝绸、茶叶和烟雨江南表现得淋漓尽致,带给观众视觉体验和心灵震撼。

黄巧灵是《宋城千古情》的总策划、总导演、艺术总监,是中国旅游演艺行业的专家,被业界誉为"中国旅游演艺导演第一人",对于宋城演艺,他说,"是文化赋予了《宋城千古情》持久的生命力。"在迎合市场需要的同时,他时刻提醒创作团队,一场成功的演出,需要反复打磨,以市场为演出导向。但不是说为了迎合市场,放弃文化;没有文化核心,最终也会失去市场。表现手段可以变,但文化核心不能变。《宋城千古情》的灵魂是文化。有文化内涵才有灵魂,才能吸引观众,才能触动其心灵。为了保持作品艺术生命力,在《宋城千古情》的发展历程中,变化贯穿始终。不断地创新正是这台演出生存进步的灵魂。

如今,《宋城千古情》已名副其实地成为杭州城市的一个标志,为传承历史文脉、播种历史文化、诠释城市文化底蕴做出了卓越贡献。此外,宋城演艺也在加快全球化扩张和轻资产输出。宋城演艺以完善的演艺产业链条构筑了中国文化演艺行业中独具特色的"宋城演艺模式",成为名副其实的中国百老汇,受到广泛的认可。黄巧灵两度被评为风云浙商,获杭州市杰出人才奖,被媒体评为推动中国城市化进程十大杰出贡献人物。

资料来源 汤俊,旅游演艺将大有可为!看看这三个国内成功案例就明白了,汤俊旅游规划,2019-05-31。高峰,宋城演艺为什么不做旅游地产?证券时报,2018-04-18

思考: 从黄巧灵和宋城演艺的发展中能得到怎样的启发?

第一节 游 憩

西方休闲娱乐业发展是在 20 世纪中期后,当时西方城市社会逐渐进入消费型社会,全社会鼓励居民休闲娱乐,进而休闲娱乐业开始发展起来。我国休闲娱乐业的形成在 1978 年改革开放后,当时娱乐需求逐渐多样化,休闲欲望也日益增强,加上黄金周、小长假等法定节假日给中国居民提供了较为充足的休闲娱乐时间,社会上的闲暇生活格局形成,休闲娱乐亦逐渐成业。

一、游憩概述

(一)休闲、游憩与旅游的辨析

休闲英译为 leisure,后者源于希腊语中的 schole,意思是休闲和教育活动。亚里士多德提出休闲是旅游者不断追求的一个理念目标,旅游者所有行为的第一准则是休闲。美国《里特莱辞典》对休闲的解释是:离开正规的业务,在正规的时间里进行娱乐和活动。法国社会学家杜马兹迪埃认为休闲就是个人为了休息、消遣和培养智能而从工作岗位、家庭、社会义务中解脱出来。

游憩(recreation)来源于拉丁语 recreatio,意思是恢复更新。保继刚和楚义芳(1999)在其所著的《旅游地理学》一书中提出,游憩一般是指人们在闲暇时间里所进行的各种(休闲)活动。还有不少学者认为游憩一般是指不过夜的娱乐活动,或者基于空间上行为的定义,俞晟认为(2003)游憩是在离开居所一定范围内进行的,能够带给行为实施者带来生理和心理上的愉悦,有助于恢复其体力和精神的合法行为。人们更多地将游憩理解成离开居所的一种短途、短时间的游玩活动,而且将这个过程中的吃、住、行、游、购、娱等都纳入游憩活动的范畴。

旅游通俗地说就是旅行游览。旅游是非定居者的旅行和暂时居留而引起的一切现象和关系的总和。这些人不做主要居留,并且在原则上不从事赚钱活动。实际上,从不同的角度来看,旅游的内涵是不同的。从旅游者的角度来看,旅游是一个过程,是旅游者离开自己惯常居住的地方到异地进行旅行、逗留的整个过程。从目的地的角度来看,旅游是一种产业,是为旅游者的旅行与逗留提供便利的条件、设施与服务而形成的产业。

关于休闲、游憩和旅游的关系,有学者指出休闲包括旅游者开展的娱乐、体育、参观游览等活动,旅游包括旅游者在异地他乡所开展的公务、商务、会议、展览、文化修学等活动;而在异地他乡所开展的观光、度假、娱乐、健身等活动同时属于休闲和旅游。假如把休闲的范围缩小,变成不过夜的休闲活动,那么游憩活动不包括在家中开展的休闲活动,如图 8-1 中的阴影部分所示。

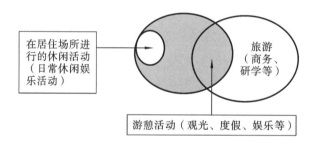

图 8-1　休闲、游憩与旅游的关系

(资料来源:俞晟.城市旅游与城市游憩学[M].上海:华东师范大学出版社,2003.)

因此,从休闲、游憩与旅游的关系辨析上可以发现,休闲、游憩与旅游是三个不同而又紧密相连的概念,相互之间存在着不同程度的交叉关系。游憩可以看成"离开家的活动",可以视为旅游者为达到调节身心、恢复体力和振作精神的目的,在非惯常环境中所开展的休闲娱乐活动。游憩既包括度假旅游、观光旅游、健康旅游、购物旅游等外出休闲活动,也可代指具体的提高兴致、增进身心健康的快乐消遣活动,如登山、垂钓、漂流、参加音乐会等。相关研究侧重于对自然环境、娱乐项目开发、人类服务、经济收益、健康促进、休闲治疗方式或生活质量等的研究。

(二)游憩活动项目的分类

从总体上来看,游憩活动项目主要可以分为三大类型:运动类、保健类、文娱类活动项目。

1.运动类活动项目

运动类活动项目是借助一定的运动设备、设施、场所和环境,使旅游者能通过积极参与,达到锻炼身体、消遣、放松身心目的的活动项目。运动类活动项目不是专业体育运动项目,而是易于接受的、娱乐性和趣味性较强的运动项目。

运动类活动项目主要包括健身器械运动项目、戏水运动项目、球类运动项目和冒险型运动项目。具体项目的构成情况如表8-1所示。

表8-1 运动类活动项目分类

类型	具体项目
健身器械运动项目	心肺功能训练项目、力量训练项目等
戏水运动项目	室内戏水项目、室外戏水项目等
球类运动项目	保龄球、高尔夫球、网球、乒乓球、台球等
冒险型运动项目	跳伞、模拟冲浪、攀岩、空中飞索、滑冰、滑轮等

2. 保健类活动项目

保健类活动项目是指通过一定的设施、设备以及服务员的服务作用于人体,令旅游者放松肌肉、消除疲劳、恢复体力或具有养颜护肤功效的休闲活动项目。保健类活动项目的内容既有中国传统的保健,又有中西结合后出现的保健,是一种轻松、愉悦的被动式休闲方式。

保健类活动项目主要包括按摩项目、水疗项目和美容项目。具体项目的构成情况如表8-2所示。

表8-2 保健类活动项目分类

类型	具体项目
按摩项目	中式、泰式、欧式按摩保健,足部按摩保健等
水疗项目	桑拿、汗蒸、养生浴疗、SPA水疗等
美容项目	面部美容、毛发美容、身体美容、指甲美容等

3. 文娱类活动项目

文娱类活动项目是指通过一定的设施、设备和服务,为旅游者带来精神愉悦的、参与性和趣味性强的活动项目。从古至今,文娱活动项目一直都是人们日常生活中不可或缺的活动项目。我国传统的文娱活动项目有京剧、杂技、舞狮、猜灯谜、皮影戏等。文娱活动项目从内容上可分为观赏型、参与型、混合型项目(见表8-3)。从地区和文化差异上,各民族又有不同的节日性文娱活动项目。相似的有春节的放鞭炮、贴春联,元宵佳节赏花灯,端午节赛龙舟等。

表8-3 文娱类活动项目分类

类型	具体项目
观赏型项目	观光游,参观博物馆,参观画展,欣赏戏剧、话剧等
参与型项目	绘画、摄影、园艺、烹饪、插花、书法等
混合型项目	音乐节活动、cosplay活动、民俗集会活动等

二、游憩形态结构

随着人们闲暇时间的增多,游憩的类型和数量不断增加,显现出系统化的倾向。其结构具有复杂性、多样性和渗透性的特点,隐藏着十分丰富的内涵。研究游憩系统的形态结构,对游憩空间合理配置、旅游资源开发、城市空间结构规划、游憩发展都具有十分重要的意义。余玲等(2018)总结学者们对游憩系统形态结构的研究,将其研究视角划分为以下2个方面:

(1)构成要素。

从空间形态角度看,游憩系统由点——观光游憩点、线——游憩廊道、面——游憩中心地3个组成单元构成;从供给需求的角度看,游憩系统由游憩供给要素(政府、经济组织)、游憩需求要素(旅游者),以及连接供求要素的游憩通道和游憩路线组成,也有学者认为连接供求要素的是游憩场所和设施。

(2)结构模式。

各城市游憩空间系统结构模式不尽相同,同一地区在不同时期的游憩空间系统结构模式都具有一定差异。早期休闲娱乐数量少,类型单一,城市游憩中心常常集中在某个地方,表现为单核结构模式。如早期的杭州以西湖为核心游憩中心,以及如今一些小城市,只需要一个大型城市公园就能够满足大部分人的游憩需求。随着社会经济的发展和人们游憩需求的增加,游憩中心常常分布在多个地方,表现为多核结构模式或组团结构模式,如北京、上海、重庆等大都市的游憩空间系统。

此外,游憩空间系统结构模式很大程度上受城市空间形态和自然环境的影响,比如河流、海滨会促进形成特色游憩廊道,表现为带状结构模式(如巴黎的塞纳河河道等)。受地形地貌的影响,大都市平原地区,往往表现为环状或圈层结构模式(成都、北京)。新时期游憩空间类型多样、功能丰富、涉及面广,游憩空间系统结构模式通常表现为复合结构模式。

游憩空间类型与城市中心平均距离由近及远依次为:人工娱乐类—人文观光类—休闲度假类—自然观光类。人文和自然观光类游憩空间的分布,主要受资源分布的影响;人工娱乐和休闲度假类游憩空间主要在近城集聚。

无论哪种模式,其理论仅提供一个参考范式。在实际应用中,由于一方面各模型理论都有其自身局限性;另一方面,游憩受到类似城市规模、自然环境、社会经济发展等众多因素的影响,各游憩空间系统结构模式必定存在一定程度的变形。

游憩空间分布格局是影响城市游憩发展的基本因素之一。学者们大多通过GIS空间分析技术手段,对研究区游憩空间的分布特征、分布密度及变化规律进行研究。研究案例地涉及北京、上海、武汉、苏州、重庆、大连等城市。

三、游憩空间综合评价体系

关于游憩空间的评价对游憩空间的规划、发展和调整起到了重要的指导作用。游憩空间的分析评价主要从以下4个方面展开。

(1)游憩空间品质评价。

游憩空间品质的优劣取决于该空间是否能有效地满足旅游者的需求。影响游憩空间品质的潜在变量涉及众多方面,如游憩设施配套、游憩活动支持、游憩形象认知、游憩运行保障等。目前研究主要从旅游者感知、旅游者满意度的角度评价游憩空间的品质,大多采用层次分析法,依据具体游憩空间的特征和服务主体构建游憩空间品质的评价指标体系,并基于问卷与访谈等一手数据,定量测评游憩空间的品质。

(2)游憩空间可达性评价。

可达性是定量描述人们抵达目的地过程中需要克服的阻力大小,常用路程、费用、时间等指标来衡量。早期学者主要通过简单供需比例法,计算研究范围内游憩空间供给与需求之间的比例来度量可达性。在GIS被广泛应用之后,可达性研究的范畴极大地丰富了。有的学者考虑交通方式及距离因素影响下的时间可达性;有的学者不仅考虑距离、时间因素,还考虑游憩空间吸引力因素下的可达性;也可以结合道路和人口分布进行测算。

(3)游憩环境及服务质量综合评价。

主要采用实证和定量研究的方法,对游憩环境质量进行综合评估。在对中国超大城市游憩环境质量综合评估中,排名前三的城市依次为南京、北京、成都,而上海在游憩环境质量综合评估、游憩空间服务功能水平等方面,总是处于评分较低位置,主要原因不是游憩空间数量不足,而是其服务覆盖率低和空间分布不均造成了功能损耗。

(4)游憩空间游憩价值评估。

游憩空间游憩价值的评估,可为游憩空间的配置和管理、游憩价值的提升提供参考依据。大多采用旅行费用法(travel cost method, TCM)对案例地游憩价值进行综合评估和研究。也有学者在对个体自发性游憩行为进行动态观测的基础上,对各游憩空间的游憩价值进行动态对比。有研究发现水域的游憩价值最显著,其次是草地、林地;林地对于老年人的游憩价值最突出,而中年人更偏好水域游憩,青年及少儿则更偏好草地游憩。

第二节 游憩管理

随着休闲体育的大众化趋势的增强,政府对休闲娱乐管理的目标从少数有闲阶级和精英阶层转向普通大众。随着大众生活水平不断提高,旅游者对文化和精神需要提出了更高的要求,娱乐活动作为满足旅游者日益增长的文化和精神需求的重要内容之一,其管理是不能忽视的。游憩管理研究集中在游憩资源、服务、设施管理和发展的研究方面,涉及不同类型的服务组织。

休闲游憩业是提供休闲娱乐场所或服务,供人们进行相应的休闲娱乐活动的行业。休闲游憩业既包括景区、游乐场等娱乐场所,也包含这些场所为人们进行娱乐活动提供服务的业务。艾丁顿博士曾经指出,高品质的休闲服务是休闲业发展的核心,休闲服务从业人员应致力于帮助人们实现对高质量生活的追求,因此他们自然会关注休闲活动给人们带来的诸多裨益。

一、游憩服务管理

(一)维度

游憩服务管理是利用有限的设施为旅游者提供优质的服务,主要分为以下4个方面。

1. 游憩服务设施管理

供给方在提供游憩服务的同时,要将游憩服务设施的开发限制在必要且适当的程度内,同时需要有合适的规划、设计、方案、施工运营和维护。如在设施的空间布局上充分针对市场进行细分,满足不同层次旅游者对设施和服务差异化的需求;服务设施都具有明确的分级,提供多样化的游憩体验。

2. 游憩活动管理

游憩活动管理就是通过资源分配为旅游者提供适当的、高品质的游憩体验。管理者在旅游者行为及活动的研究基础上,明确旅游者的可利用程度、决定允许开展的活动类型和游憩活动的空间布局,可从游憩活动的质量与数量、动态与静态、时间与空间等维度来统筹考虑。

3. 解说与教育服务管理

户外教育与解说是户外游憩的补充。通过开展解说与教育项目提供或鼓励旅游者参与满足以下4条标准的活动:与游憩设施建立的目的相一致;适合游憩环境且具有启发性、教育性;通过与游憩资源建立直接联系、互动或关联,能够增进旅游者对游憩资源和价值的认识和欣赏;其目的是提供与游憩资源相关的难忘、有意义和鼓舞人心的体验。

4. 经营管理服务

经营管理是提供游憩服务的重要环节。管理者首先要对现有的资源和市场进行全面的分析,了解现有的资源可以吸引哪些旅游者群体前来参观,以及旅游者想要在此实现哪些游憩期望,以便规划满足旅游者需求的游憩项目。然后,基于资源的定位采取适当的游憩营销策略。

(二)原则

休闲娱乐服务组织大概可以分为非营利休闲服务机构和商业休闲服务机构。前者推进公共福利事业发展,提高组织成员的幸福指数、福利以及个人收益,后者为客户提供优质服务,争取客户满意度,获得利润。各组织的服务宗旨是:为大众提供专业性休闲娱乐服务,让民众在快乐和享受中成长。

(三)任务

游憩服务管理的任务包括以下3个方面。

1. 为旅游者提供优质的娱乐产品与服务

旅游者对娱乐项目的需求日益增多,对娱乐项目的服务与质量提出了更高的要求。因此,酒店等相关旅游企业要结合市场需求,在符合国家相关法律法规要求的基础上尽可能丰富娱乐项目的类型;并通过严格的训练以及良好的管理制度,提高服务员的服务技能,使其为旅游者提供更优质的产品与服务。

2. 效益可持续

娱乐项目经营与管理的主要目的就是为企业获取最大的效益。因此,扩大企业的经济收入、增加利润、增强竞争优势是娱乐项目管理的最主要的任务。各旅游企业应当通过广泛的市场调查,全面了解市场需求,有针对性地开发娱乐项目,并做好娱乐项目的宣传与促销工作,从而吸引更多的旅游者前来消费,促进项目经营的可持续发展。

3. 树立良好形象

良好形象的树立需要在硬件与软件方面下功夫,同时也需要各部门的通力配合。在硬件方面,娱乐场所的设计、装修、环境布置等要美观、舒适,并符合娱乐项目自身的特征需要;娱乐设施设备要定期清洁与保养,保持设施设备清洁如新。软件方面,管理者要及时更新经营管理理念,结合时代潮流设计与开发新的娱乐项目;在服务上要求员工要不断学习专业知识,以饱满的热情、娴熟的技能为旅游者提供良好的服务,使旅游者产生深刻的印象,对企业的满意度与忠诚度提升。

二、游憩空间设计

(一)设计要素

游憩空间可定义为处于城市或者城市近郊的,旅游者可进入的,具有休息、锻炼、娱乐、购物、观光、旅游等游憩功能的开放空间及设施[①]。游憩空间的设计要考虑物质和行为要素。

1. 物质要素

游憩空间是人工设施与自然的有机结合,其设计的物质要素包括自然和人工两个部分。自然的物质要素是游憩空间的基础要素,主要包括地形地貌、土壤、水体、动植物等。人工的物质要素主要是指在自然景观、生态环境的人为建设中,根据市场需求而改造、添加的物质要素,比如交通指示牌、景区游憩分布图、游憩设施、娱乐设施等[②]。

2. 行为要素

人与人所感知到的客观物体之间产生相互联系从而形成了空间(芦原义信,1985)。游憩空间设计必须要有行为要素,行为要素是游憩空间设计的重要组成部分。游憩行为是旅游者在游憩空间内利用一定的游憩资源开展的各种活动。这些活动决定了游憩空间内各种游憩设施、娱乐设施等物质要素的规划设计和空间布局。

(二)设计原则

游憩空间设计要从旅游者的需求出发,体现地域文化特色,将游憩空间合理地划分为不同的功能分区,科学安排游憩活动,最终实现社会效益、经济效益和生态效益的有机统一。俞晟(2003)提出游憩设计一般要遵循以下 5 个原则。

---

① 陈渝.城市游憩规划的理论建构与策略研究[D].广州:华南理工大学,2013.
② 范淑娇.湿地公园滨水游憩空间设计研究[D].北京:中国林业科学研究院,2017.

(1)满足旅游者需求。

满足旅游者需求是游憩空间设计的首要原则。游憩需求一般分为活动需求、环境需求、体验需求、收获需求和满意需求等五个方面。在设计游憩空间时,要充分利用资源环境,结合旅游者的需求,设计全方位、多样化、人性化的游憩空间;在设计细节上要努力做到区域划分合理、空间尺度适宜人的活动、游憩场所各类设施完善并能满足旅游者的心理需求和适应其行为习惯。

(2)突出地域文化特色。

游憩空间的设计需要体现游憩地所在地域的文化特色,即当地的生产、生活方式、历史文化以及当地的节庆、信仰、艺术、民俗等。因此,游憩空间的设计要结合当地的自然地理、文化氛围与文化传承进行统筹规划,游憩空间或游憩活动的设置要考虑其与当地文化的关系,并努力展示当地文化特征。

(3)功能分区合理。

游憩空间的布局形式取决于游憩资源的情况。在游憩空间设计的过程中,要根据游憩资源的分布、类型、价值等,将其游憩功能划分不同的类型,从而形成不同的游憩功能分区。例如自然资源丰富的区域,可以赋予观赏自然风景的游憩功能,为了给旅游者提供良好的观景环境,应着重对游憩道路、休息设施等进行更行改造;此外,可以考虑适当增加一些观景台。

(4)合理安排游憩活动。

行为要素是游憩空间设计的重要组成部分,游憩空间是旅游者进行游憩活动的载体,不同的游憩活动对应不同的游憩空间。因此,游憩空间的设计要充分考虑各种游憩活动的需要,结合当地的文化特色合理地安排游憩活动,适当设置一定的游憩设施,并严格控制游憩地的环境承载力,为旅游者提供舒适的游憩活动体验。

(5)保护生态环境。

游憩空间的设计要注重社会效益、经济效益和环境效益的统筹兼顾。在利用各种自然生态景观、人文生态景观时,应当避免规划设计对生态环境、文化生态资源的破坏,使人类的活动与自然生态协调统一;同时,要尽可能地综合利用各种资源,以降低开发成本。

(三)设计内容

游憩设计的内容主要是指游憩空间内的游憩设施、游憩道路交通两个方面的设计。

游憩设施是为满足旅游者需求而设置的设施,其类型、数量和位置应当根据游憩空间功能的不同来设置。从总体上来看,吴承照(1998)将游憩设施分为建筑景观小品、休闲娱乐设施、标识设施和环卫设施等。

1.建筑景观小品

建筑景观小品即为旅游者提供休息、观景的小型服务建筑,如常见的休息亭、观景台、廊架等,在规划设计时,最好能够就地取材,在凸显当地文化特色的同时,满足旅游者休息、观景等需求。

2.休闲娱乐设施

一是休闲座椅。休闲座椅是重要的游憩设施,在设计中要考虑能够给旅游者带来安全感,同时还要满足旅游者长时间停留的需求。二是娱乐设施。娱乐设施的设计要充分考虑不同年龄段的旅游者的需求特征,以满足其不同的游憩需求。例如,针对儿童旅游者,可以考虑设置滑梯、秋千、蹦床等娱乐设施;针对中青年旅游者,可考虑设置拓展训练场、篮球场、羽毛球场等,并在周围配置相应的服务设施;针对老年旅游者,可以考虑设置一些健身器材、棋牌室、报刊亭等休闲设施。

3. 标识设施

游憩地的标识设施主要包括各类导向牌、景区导游图、广告牌、警示牌以及一些公共标识设施。在设计标识设施时,为了更好地体现其功能与作用,要注意这些设施的风格设计、材料选用、美观性的体现及其固定方式等,要做到数量合适、简洁美观、能够直观地反映信息。

4. 环卫设施

游憩地公共卫生间的设计,可以结合在当地的绿地、广场等设置生态卫生间或者流动卫生间来考虑;卫生间环境应当与周围的环境相协调,给旅游者提供干净、舒适、卫生的体验。另外,要合理设置垃圾桶,垃圾桶的设计可以适当融入一些地域文化元素;一般30—50米之间设置一个垃圾桶;垃圾桶可以单独设置,也可以结合建筑景观小品、娱乐设施等统一设置。

5. 交通设计

道路具体包括行车道路、街巷道路、游览道路、停车场等。道路交通的设计要充分考虑原有的地形以及周围的设施;同时要因地制宜,合理选用木头、混凝土、沥青、砖头等道路材料,使道路既便于开展游憩活动,又具有一定的观赏价值。

三、休闲游憩发展趋势

(一)多元化

受移动网络用户高涨的碎片化娱乐需求影响,游憩娱乐消费需求也进一步细分,娱乐业态更加丰富。随着娱乐消费升级、新兴娱乐业态不断兴起,娱乐产业呈现多元化发展趋势,包括游戏、影视、文学、动漫、音乐等"互联网+文化娱乐",业态广泛互联并深度融合。商业地产尤其是高端商业地产也开始转变思路,积极接纳娱乐综合体并给予一定的帮助扶持,实现商业地产和新兴娱乐业态的共生发展,从而加速了新兴娱乐业态的普及。

(二)线上+线下

各类互联网服务都对线下娱乐产生了潜移默化的作用。互联网服务渗透线下娱乐,提升线下消费体验,带来线上线下娱乐融合的新空间,这也成为线下娱乐转型升级的前提条件。通过融合发展,线上娱乐和线下娱乐共享内容资源,创造线上线下的内容联动效应,实现优势共通。越来越多的线上娱乐企业布局线下娱乐业务,打破线上线下之间的经营壁垒,在流量互补的同时,不断为用户打造高水平的娱乐体验。

(三)沉浸式

随着VR、AR、虚拟投影等高科技元素的出现,各大商业竞相引入沉浸式体验业态,以吸引"90后""00后"年轻消费者及以家庭为单位的客群。从最初的主题式仿古街区、都市农场,到引入IP概念的餐厅、咖啡厅、大型实景互动体验馆等,以VR等智能技术为基础的游戏体验门店提供的沉浸式体验为消费者提供了全方位的感官体验,也为整个商业带来人气。

沉浸式体验

"鬼吹灯"系列丛书早在2006年底就荣登新浪图书风云榜,为当年最火爆的网络小说。其改编的漫画作品《鬼吹灯之牧野诡事》上线之后更是引爆市场,据官方微博统计,其微博阅读量突破1726.8万,微信公众号阅读量突破10万,可见"鬼吹灯"系列的IP价值之高。此外,盗墓类、悬疑类题材也很容易让消费者通过"组团打怪"的方式参与其中,增加了其互动性和社交性。上海大悦城"触电鬼吹灯"大型实景互动体验馆就是沉浸式体验与传统的商业成功结合的具体案例。

1. 沉浸式体验兴起的背景

传统零售业业态单一、同质化严重,因此部分商家引入了沉浸式互动体验。由美团发布的《2017年度大众生活消费趋势洞察报告》中提到,除了"迷你KTV""极限运动""私人影院"等新型业态的访问量及浏览量涨幅超过200%,"沉浸体验"字眼的搜索量更是提升3800%,反映了目前主流消费者尤其是青年客群的消费习惯变化。

一些商家开始运用VR、AR、虚拟投影等高科技元素,为消费者打造沉浸式、全方位的感官体验,或是直接设置IP主题、亲子娱乐体验馆等,吸引以家庭为单位的客群,增大客流量。

2. 国内的沉浸式体验项目

目前国内的沉浸式体验项目很多已落地了,从最初的满足消费者变化的感官需求的主题式仿古街区、都市农场,到引入IP概念、为消费者增加体验感的商业模式,为整个商业带来大量的人气和客流,带动整体营业额的增长。如风靡全球的沉浸式戏剧《不眠之夜》在带来大量客流的同时,也能为周边的商业配套(餐饮、零售)、主题酒店等带来增值收益。

上海沉浸式体验品牌案例如表8-4所示。

表8-4 上海沉浸式体验品牌案例

业态种类	沉浸式体验品牌案例
仿古街区	上海朱家角古镇、成都锦里古镇
都市农场	上海K11都市农场
手工作坊	ABC Cooking Studio
IP概念咖啡厅	上海大悦城美影咖啡馆、韩国Line Friends Cafe
IP主题沉浸式互动体验馆	真人版CS射击俱乐部、上海大悦城触电鬼吹灯大型实景互动体验馆
VR沉浸式体验馆	虚拟现实VR体验馆

续表

业态种类	沉浸式体验品牌案例
沉浸式游乐园项目	上海迪士尼：加勒比海盗之沉落宝藏 & 飞跃地平线，大阪环球影城：蜘蛛侠 4D 效果过山车
沉浸式舞台表演	Sleep No More 话剧、《爱丽丝冒险奇遇记》话剧、纽约百老汇《极限震撼》(Fuerzabruta)
IP 沉浸式体验主题酒店	Bilibili 网主办"春园庄的管理人小姐"日本动漫主题酒店

（资料来源：根据行业资料整理。）

第三节 体育休闲活动管理

一、体育休闲活动的概念、特征及分类

（一）体育休闲活动的概念

体育休闲活动是指旅游者在闲暇时间进行的、通过体育运动方式来满足身心需求和保持精神愉悦的一种自觉自足的社会文化活动（李相如，2011）。从总体上来看，体育休闲活动的概念包含以下内容：

(1)体育休闲活动是旅游者在闲暇时间进行的，这是休闲的核心要素。因此有闲暇时间也是旅游者从事体育休闲活动的前提条件。

(2)体育休闲活动的实现途径是体育运动。体育运动是从事体育活动的各种物质、制度、精神以及现象过程的总和，主要包括以身体练习与非身体练习为手段的体育健身活动、体育文化欣赏、体育活动欣赏、体育咨询等。

(3)体育休闲活动的目的是满足身心的需求和保持精神愉悦，即通过多种多样的体育活动，达到健身、娱乐、欣赏、交往等目的，满足个人的身心需求。同时通过体育运动的方式，旅游者能够缓解紧张、烦躁不安等负面情绪，以轻松自然的心态，激发内心的爽快情感，享受生活，实现人生的真正价值，从而体验精神上的愉悦感。

(4)体育休闲活动是一种社会文化活动和社会文化形态，它反映的是旅游者对体育休闲文化的需求与追求；同时体育休闲活动能够丰富旅游者的文化生活，有助于培养旅游者的协作精神、集体主义精神和爱国精神，增强国家和民族自豪感，是构建和谐社会不可或缺的组成部分。

（二）体育休闲活动的特性

1. 自由性

时间自由是旅游者从事体育休闲活动的前提条件，旅游者在参加体育休闲活动的时候完全可以按照自己的意愿自由地选择体育休闲活动的活动方式、活动内容、活动地

点、活动时间、活动参与者等，具有很强的自由性，而不受到外界的干扰。

2. 参与性

体育休闲活动是一种实践性极强的社会活动，需要旅游者的亲身参与，在活动的过程中体验和获得某种感受或者通过自身活动的结果来表达自己的观念和想法。旅游者根据自己的爱好和自身条件，自主选择休闲运动项目，注重个性化特点，重在参与，不追求运动技术和形式，不追求运动成绩和水平，淡化了功利性和竞技性，强化了娱乐性和参与性，在与对手、自然、自我的挑战过程中寻找休闲的快乐体验。

3. 多样性

随着社会科学技术的发展，许多带有先进性、创新性、趣味性的体育休闲活动也不断地涌现出来，能够为旅游者选择体育休闲活动项目、方式、内容等提供丰富多彩的方案。

4. 主动性

主动是自由的内在力量，体育休闲活动是旅游者在闲暇时间内进行的一种自发性的活动，旅游者在选择休闲运动的项目、方式、时间等上是自由的、喜爱的、有兴趣的，这就是主动性的特征。

(三)体育休闲活动的分类

体育休闲活动包含了形式多样的体育项目，按照不同的标准可以划分为不同的类型。根据从事体育休闲活动的动机和目的，可把众多的体育休闲活动划分为如下六大类，具体情况如表 8-5 所示(胡小明，虞重干，2004)。

表 8-5 体育休闲活动类型一览表

类型	主要特征	常见活动
健身健美类	调节人体机能，集表演性、艺术性和技巧性于一体	健美操、普拉提、体育舞蹈、瑜伽等
体育娱乐类	以娱乐为主要目的；从各类活动中获得身心的愉悦感觉	轮滑、滑板、冲浪、滑雪等
养生保健类	内向含蓄、自得其乐，在安逸的心境和清静的环境下养生	太极拳、气功等
运动竞赛类	展示自我，张扬个性，满足竞争的心理，展示个人和团队的智慧和才华	拔河、赛龙舟等
社会交往类	以人际交往为主要目的，通过轻松、惬意的活动氛围增进感情	高尔夫球、保龄球、网球、桌球等
探险拓展类	内容丰富，形式独特，集冒险性、刺激性于一体，体现人生价值	登山、野营、攀岩、蹦极、定向越野、漂流、溯溪、徒步穿越、驾车、自行车等

二、体育休闲活动的管理

对体育休闲活动设计、组织过程的管理，是管理在体育休闲领域的具体体现。其最终目的是使参与者从体育休闲活动中获得身心的愉悦与深刻体验，并达到强身健体的目的。体育休闲活动管理就是以管理学为理论依据,以体育休闲活动问题为实践对象,追求体育休闲实践的最佳管理效果。

(一)体育休闲活动的管理特点

体育休闲活动与其他的体育运动项目相比,具有自身的特征,即其令参与者产生心里的愉悦与满足,而不是强迫与压抑参与者。在管理上,体育休闲活动管理具有以下方面特征。

1. 管理对象的自主性

根据管理学原理,管理对象就是管理客体。体育休闲活动的参与者就是体育休闲活动管理的对象。体育休闲活动参与者基本上都是自愿的,利用自身的闲暇时间、自愿参与其中,活动项目的类型、参与时间等均由自己安排,是一种主观的参与和体验。

2. 管理组织形式的多元化

旅游者对体育休闲活动的需求越来越多样化,由于资源、资金、场地、人员等资源和要素的制约,单个组织或者团体无法提供所有的体育休闲活动,需要社会各界的共同努力。因此,提供体育休闲活动的组织是多样化的,既有政府组织,也有社会组织,甚至有个人力量;相应地在管理组织形式上就呈现出多元化的特征。

3. 管理方法手段的非强制性

管理对象的自主性,决定了其不受任何管理手段约束。唯有探寻各种适用于体育休闲的手段和方法,调动参与者内在的积极性和主动性。因此,管理者应避免带有强迫性质的方法和手段,以鼓励和支持为主,并结合参与者的身体状况、兴趣爱好等,不断挖掘出新的管理方法与手段。

4. 管理系统边界的模糊性

作为一种社会生活方式,体育休闲活动与社会中的文化、教育、娱乐等方面相互渗透,使其管理体系与其他社会系统紧密连在一起,难以分清组织边界。因此,体育休闲活动系统具有明显的开放性,这一方面便于吸收社会各方面的资源与力量;另一方面,也在一定程度上增加了管理活动的难度。

(二)体育休闲活动的管理原则

1. 人本原则

现代组织管理的核心是人以及人的积极性。体育休闲活动的参与者是人,其管理首先要把"人"放在第一位。在体育休闲活动的管理中,要把"以人为本"贯彻落实到每一个工作环节中,首先,场地的环境设计要具有人性化的特点,各种设施设备要方便参与者使用,确保参与者的人身安全;同时还应当提供其他的便利服务项目,如沙发、茶水、购物等。其次,体育休闲活动的教练员或服务员要让参与者结合自身的身体状况、兴趣爱好等有目的地选择活动项目,并主动为其设计合理的活动计划。此外,教练员或服务员要尊重参与者的人格与自尊,注意礼貌礼节,不能对参与者采取任何强制性的方法与手段。

2. 效益原则

效益原则主要是要实现体育休闲活动管理的经济效益和社会效益。有一部分的体育休闲活动是政府组织机构实施管理的,在相当程度上具有非营利的性质,更多地注重社会效益,即丰富参与者的生活、增进参与者的健康水平、提高参与者的身体素质。同时,也有很多的社会组织或团体在经营各种体育休闲活动,如高尔夫球场、攀岩拓展公司、保龄球馆等。体育休闲产业的规模虽然在不断扩大,但社会组织团体在追求经济效益的同时,应当注重社会效益,既要维护自身的社会形象,又要为广大参与者提供愉悦、放松、深刻的体验,从而促进活动项目经营的可持续性。

3. 激励原则

美国哈佛大学威廉·詹姆斯教授的研究表明,在缺乏激励的环境中,员工的潜能只能发挥20%—30%;相反,在适宜激励的环境中,员工的潜能可以发挥80%—90%。这个研究结论同样可以用在体育休闲活动的管理中,这是由体育休闲活动管理对象的主体性特点和管理手段的非强制性决定的。在管理的过程中,管理者可以充分利用榜样激励、竞赛激励、奖惩激励、情感激励等管理学中的激励手段,来调动参与者的积极性与主动性,最终达到帮助其放松身心、强身健体、超越自我的目标。

4. 合作原则

体育休闲活动与社会中的文化、教育、娱乐、旅游等方面的组织管理边界比较模糊,因此,其组织管理体系具有明显的开放性特征。管理者要本着合作原则,充分利用遍布各个行业的各种资源,吸引更多的旅游者从不同渠道、途径参与体育休闲活动,扩大体育休闲活动队伍的规模,实现全民健身娱乐的目标。

三、体育休闲服务管理

(一)概念与分类

体育休闲市场是社会或企业以提供与体育休闲有关的物质产品和服务为收入来源的各种经营性行业总和。它包括两种形态:一种是有形的物质产品,如体育设施、体育器材、体育服装、运动保健食品与饮料等;另一种是无形的服务,如体育咨询、体育指导员、体育健身组织形式等。Fullerton等将体育休闲分为观赏型体育活动服务(如观看体育赛事)、参与型体育活动服务(如参与健身休闲活动)和实物型体育产品(如运动物品、服装及体育相关产品)。因此,可以认为体育休闲服务包括为人们体育休闲活动营造场景、提供便利与帮助的各种行为与活动。不仅包含传统体育竞技、健身等相关服务内容,而且包含旅游娱乐、影视传播、中介服务、体育场馆等与休闲消费相关的服务。

(二)我国体育休闲服务业发展特点

(1)全民健身上升为国家战略,政府成为体育休闲服务的供应者和服务购买者。预计2025年,人均体育场地面积达到2平方米。经常参加锻炼的人数达到5亿。

(2)休闲体育成为生活方式,群众休闲体育消费呈现多样化与个性化。休闲多样化,马拉松、骑自行车、登山等活动受大范围的欢迎。

(3)互联网+的技术革命带来了互联网+体育产业发展的新趋势。随着赛事运营管理、智慧体育预订、智能体育工具、互动体育消费、运动社交娱乐、移动体育培训等的推广,互联网已成为推进体育行业及休闲体育服务业发展的重要途径。

(4)健康中国的发展战略促进体育＋健康＋旅游等多产业融合,体育健身、体育康复、体育养生等休闲体育服务领域成为重点建设领域。《国民旅游休闲纲要(2013—2020年)》中提出,要积极发展自行车旅游、自驾车旅游、体育健身旅游、医疗养生旅游、温泉冰雪旅游、邮轮游艇旅游等旅游休闲产品。

(5)"大众创业,万众创新"使得体育休闲服务业进入了大资本竞争时代。预计2025年体育产业总规模将超过5万亿元。体育休闲服务成为绿色产业、朝阳产业。

第四节　邮轮服务管理

随着全球邮轮经济的快速发展,邮轮业成为现代旅游产业中活跃的且发展迅猛的产业之一,是中国旅游业近几年发展的热点。我国邮轮市场的开放程度不断提高,每年都有大批的外国旅游者乘坐邮轮来我国旅游,另外,越来越多的国内旅游者也开始热衷于邮轮出境旅游,推动着我国邮轮业的良好发展。

一、邮轮旅游概述

(一)邮轮

邮轮(cruise ship)原是指海洋上定线、定期航行的大型客运轮船(shipping-liner),早期还负责运载两地间的邮件,因此被称为邮轮。随着航空技术和旅游业的发展,原本用于客运或邮政运输的邮轮渐渐退出了历史舞台。

按照邮轮船型大小,可以将邮轮划分为大型邮轮、中型邮轮和小型邮轮。大型邮轮载客量一般在2000人以上,中型邮轮载客量一般在1000人至2000人,小型邮轮载客量一般在1000人以下。按照邮轮航行的水域,可以将邮轮划分为远洋邮轮、近洋邮轮和内河邮轮。此外,根据邮轮设施豪华程度,还可分为超豪华型、豪华型、大众型和经济型4类。

(二)邮轮旅游

随着邮件运输功能的消退和旅游业的发展,现代旅游业中的豪华邮轮成为配备生活、娱乐、休闲与度假等各类设施的综合服务平台,邮轮旅游成为一种高端活动。因此,也开始出现"游轮"的用法。虽然从功能上看,"一些玩乐式邮轮丧失了运载包裹的功能,其实质只能称为游轮",但在产业语言中,游轮有航距限制,而邮轮的行驶范围更大,也更国际化,因此具有跨国特征的邮轮旅游业仍主要沿用"邮轮"的用法。

国外学者Petrick指出邮轮旅游由有形的和无形的两部分组成,有形的部分包括邮轮本身、邮轮上的各种服务设施和娱乐活动项目等,无形的部分包括邮轮上的服务、邮轮旅游线路的设计等。Cohen提出用"气泡"(bubble)一词来描述现代旅游体验中物理与心理双重作用下的旅游者隔离空间,邮轮恰是一个独特的移动气泡,一个华丽的飞地。因此,孙佼佼和谢彦君(2019)认为,本质上可以说邮轮是一种"漂浮的酒店",是漂浮在海面上的"超五星级宾馆",被称为"无目的地的目的地"和"海上流动度假村"等。因此,邮轮不仅仅是一种运送旅客游山玩水、欣赏美景的工具,而且是一种休闲度假的综合服务平台。

邮轮业和其他休闲旅游业的本质区别就在于邮轮旅游中的邮轮既是一种交通方式又是一种旅游目的地。旅客巡游的经历不仅仅包括巡游本身,很大程度上还体现在欣赏国内外停靠港景色、享受船上精美住宿膳食服务、体验船上豪华休闲娱乐设施、参加丰富多彩的海岸远足游览等经历上。物理、审美、愉悦、移动等体验得以实现的基本依托是邮轮空间,因此邮轮决定着邮轮体验的过程与结果。

二、现代邮轮管理

(一)现代邮轮旅游产品

1. 内涵

邮轮旅游产品可以看作一种以邮轮为载体,为满足旅游者的休闲度假、观光游览需求而提供的综合性旅游产品,既包括邮轮本身、邮轮硬件设施设备、各种邮轮活动以及岸上旅游辅助项目等有形产品,又包括邮轮上吃、住、行等相关软性服务以及旅游者感受等无形产品。

从类型上来看,邮轮旅游产品包括邮轮观光旅游产品、邮轮休闲度假旅游产品、邮轮会议旅游产品、邮轮文化旅游产品。

2. 构成

从总体上来看,邮轮旅游产品由设施、航线、服务、气氛、形象、价格六大部分构成。设施主要是指硬件设施,包括邮轮自身及邮轮上的客舱、餐厅、购物商店、娱乐设施、观光休闲设施等。航线,即邮轮从母港出发到结束行程靠岸过程中所航行的线路。服务,即软性服务,主要是指邮轮上的服务内容、方式、态度、速度和效率等。氛围是旅游者的精神暂时寄托空间,是物质环境氛围的组合。形象,即旅游者对邮轮的历史、知名度、经营思想、设计风格、品牌定位等的综合、整体看法。价格的高低是由邮轮产品的品位和质量决定的。

3. 特征

从总体上来看,邮轮旅游产品具有五方面的特征:特殊性、综合性、多样性、体验性与文化性。

1)特殊性

与其他的旅游产品不同,邮轮旅游产品必须借助邮轮这一特殊的交通工具才能发挥其应有的功能,旅游者的一切旅游活动才能开展,这就是邮轮旅游产品的特殊性。

2)综合性

邮轮旅游产品与一般的旅游产品一样,是有形产品与无形产品的综合体,具有明显的协调统一性。邮轮能够为旅游者提供住宿、餐饮、观光、娱乐、购物等有形产品,同时邮轮上的工作人员是经过严格的专业训练和考核挑选出来的,服务技能娴熟,态度端正,能够为旅游者提供所需的优质的无形劳务服务。

3)多样性

从整体上来看,邮轮旅游产品集度假、娱乐、会议、休闲等功能于一体,涵盖了吃、住、行、游、购、娱等方面的内容,活动内容丰富多样,能够满足旅游者多样化的需求。同时,旅游者来自全世界各地,其文化水平、旅游动机、生活习性等不一样,使得邮轮服务工作具有一定的复杂性,需要工作人员细心观察,综合了解服务对象的不同需求,才能为其提供优质的服务。

4)体验性

邮轮旅游产品依托于邮轮这一特殊的交通工具,能够给旅游者带来生理上和心理上不一样的体验。生理上不一样的体验,主要是各种餐饮美食、住宿产品、娱乐项目以及美景给旅游者带来的各种不一样的体验。心理上不一样的体验,主要是满足旅游者求新、求奇、求异的心理。

5)文化性

邮轮旅游产品的文化性表现在其内在文化与外在文化两方面。内在文化主要是指邮轮旅游产品能够体现邮轮自身的文化主题设计,以及邮轮停靠的港口城市、旅游景区的地域文化特色。外在文化主要是指邮轮外在的设计、装修、色调以及为旅游者提供的设施、活动等所体现出来的文化特征。

(二)邮轮服务管理

现代邮轮被誉为"海上的度假酒店",其接待服务内容主要包括三个部分:邮轮客舱服务、邮轮餐饮服务、邮轮休闲娱乐服务。

1. 邮轮客舱服务

邮轮客舱服务是对已经预订邮轮客舱的旅游者,在其到达邮轮后为其提供的干净整洁的客舱以及相应的热情周到的服务,能使其完满地达到出游目的。主要是指为旅游者提供安全、舒适、卫生、便利的住宿环境与体验。服务的内容包括:客房卫生清洁服务、物品租借服务、送餐服务、托婴看护服务、擦鞋服务、茶水服务、问询服务、洗衣服务等。

这就要求服务人员必须具备高度的工作责任心和敬业爱岗的精神,熟悉客房服务规定的程序与质量标准,工作细心,有爱心,努力为旅游者提供个性化服务。

2. 邮轮餐饮服务

邮轮餐饮服务是邮轮餐饮员工为旅游者提供的一系列有关餐饮消费的设施、餐具、菜肴、酒水以及帮助旅游者用餐的一系列行为的总和。邮轮一般拥有不同类型的餐厅,各自提供不同的菜品与服务,如主餐厅,为旅游者提供中式或西式餐饮菜品与服务;休闲餐厅,以提供自助餐为主,为旅游者提供轻松自由的就餐氛围;各种特色餐厅,如比萨店、汉堡店、糕点店等,提供特色菜品;此外还有各式酒吧,为旅游者提供酒水、饮料服务以及休闲放松的环境与氛围。

这要求服务人员必须要熟练各项餐饮服务技能,以便从事不同岗位的餐饮服务工作,在服务中具有较强的菜品推销能力和创新意识,并能根据旅游者的需要提供个性化服务。

3. 邮轮休闲娱乐服务

由于邮轮在海上航行的时间比较长，因此需要给旅游者提供各类休闲娱乐活动，以丰富旅游者漫长的海上假期。目前，邮轮休闲娱乐服务项目主要包括：

(1)文化娱乐类活动，如咖啡、调酒、艺术品鉴赏、博彩娱乐、邮轮摄影等；

(2)运动保健类活动，如健身房运动、各类球类运动、SPA、保健按摩、美容美发等；

(3)岸上观光类活动，邮轮停靠在一些特色旅游景区或特色港口等，供旅游者观光、休闲；

(4)休闲购物类活动，邮轮上的礼品店、免税店为旅游者提供购物服务。

三、邮轮旅游现状及趋势

全球邮轮经济不断蓬勃发展，根据国际邮轮公司联合会的资料，邮轮旅游的发展速度一直远远高于国际旅游业的整体发展速度，以年均8.6%的速度快速发展。邮轮经济的蓬勃发展与邮轮公司经营的不断创新密切相关。邮轮公司是以盈利为目的，依托邮轮与海上旅游资源，为旅游者提供愉快的邮轮旅行经历的从事相关经营活动的经济实体。

随着我国经济、社会的蓬勃发展和市场经济发展水平的进一步提高，游轮旅游的发展开始受到重视，探索如何构建游轮旅游经济发展模式成为旅游经济发展的新问题和新方向。结合市场经济的发展对邮轮旅游的发展情况进行分析，能看出我国近几年邮轮旅游发展相对较为迅速，仅仅在开辟新航线的十年时间内，就已经超过德国成为全球第二大邮轮市场，并且近几年亚洲邮轮市场的发展速度逐渐加快，中国大陆在亚洲邮轮市场的贡献率甚至已经超过了67.8%。仅仅在2008—2017年的一段时间内，我国出境旅游量就已经突破了1亿人次(刘竞，李瑞，2012)，但是参与邮轮旅游的人数与总的旅游人数相比却明显偏少，仅占总出境旅游量的1.9%左右。可见邮轮旅游经济发展前景广阔。

对我国邮轮旅游经济市场发展情况进行分析发现，邮轮旅游以休闲娱乐旅游为主，一般会开发住宿、娱乐、餐饮等多方面的功能，旅游者能乘坐邮轮参观景观场地，与传统的旅游存在明显的差异，属于特色旅游的范畴。我国邮轮旅游虽然发展时间短、发展起点低，但是整体上却呈现出快速发展态势，并且现阶段我国邮轮旅游市场客源相对较为充足、商品价格低的优势明显，表现出良好的发展前景。

国际上的邮轮旅游线路可分为4类，即环球航游、远洋航游、周边航游和近岸航游。张言庆等(2010)表示，未来一段时间内，针对国内邮轮旅游者的线路将以周边航游和近岸航游为主，即主要是7天之内的航程，以2至5天的航程为常见。短期近程航游作为花费低、风险小、尝试成本低的邮轮产品，受到消费者的青睐。传统的"新马泰"、日本、韩国等国家和地区一直是国内居民访问较多的出境旅游目的地，它们大都拥有完善的邮轮接待设施和服务条件，因而会成为吸引国内居民通过邮轮方式到访的主要旅游目的地。

案例 8-2

把长江邮轮打造成休闲旅游目的地

长江邮轮产业自 1979 年以来,主要经历了交通观光旅游、主题游览旅游、休闲度假旅游三个阶段。

交通观光旅游阶段时间为 1979—1991 年,邮轮主要是作为交通工具使用;主题游览旅游阶段为 1992—2005 年,外国人比较多;休闲度假旅游阶段为 2005 年到现在,在休闲度假旅游阶段,作为流动的五星级酒店,游轮本身就是休闲度假目的地。

长江邮轮是一种生活方式,要重新定位交通与邮轮的关系。对于长江邮轮,本质是游,即其不仅仅是交通工具,更是体验、品味长江文化的载体。

长江三峡是最早推向世界的黄金水道之一,在国家"长江经济带""一带一路"倡议的引导下,长江三峡迎来前所未有的机遇。

然而,三峡邮轮旅游仍存在一些行业层面的问题,主要表现在旺季运力不足,淡季运力过剩,市场开发滞后,岸基配套设施亟待完善,邮轮品牌、产品线路在旅游界没有得到充分认可,沿线景区亟须提档升级,人力资源匮乏,营销模式创新不够等方面,导致市场无序竞争严重,遇到突发事件,就会出现市场急剧下滑的情况。

资料来源 重庆晨报,把长江邮轮打造成休闲旅游目的地,2016-10-28

第五节 旅游购物管理

旅游购物是旅游业的一个重要组成部分。旅游购物在旅游总消费中所占的比重大小一直被旅游界视为衡量旅游消费层次高低的重要尺度,同时也成为一个反映国家或地区旅游业发展程度的重要标志。目前,旅游购物已经成为旅游业发展中新的经济增长点,旅游购物管理得到了政府相关管理部门与旅游经营者的高度关注。

一、旅游购物概述

(一)旅游购物的概念

世界旅游组织将旅游购物支出的技术性定义认定为"旅游者准备或者在旅游活动中购买的物品(除了服务和餐饮)",包括纪念品、衣服、工具、珠宝、美容及个人物品、报刊书籍、音像资料、药品等,但是不包括任何一类旅游者为商业目的所做的购买及为了转卖而做的购买,也不包括旅游者代表他们的雇主在商务旅游时的购买。米丽阿姆·詹森等人认为旅游购物是由旅游者、旅游商品、地区这三部分有机组成的。

国内,学者们认为旅游购物除了单纯的购物旅游行为外,还包括旅游中与购物相关的其他行为之和，是旅游者为了旅游或在旅游过程中购买商品的行为，但以盈利为目的购买，如购买转售，就不包括在其中。

由此可见，相比一般购物，旅游购物不仅仅是购买旅游商品，同时还包括购买旅游商品的过程中产生的观光、游览等一系列行为。

(二)旅游购物的特点

1. 旅游购物是感性消费过程

旅游购物是一种感性消费过程，可以说旅游商品在其有用性的基础上包含了精神的内涵。旅游者更注重抽象、无形的精神或感性的需要，且很少认真或难以辨别不同产品或企业之间的实质性差异。如多年以来，入境旅游者最感兴趣的中国旅游商品一直是丝绸、茶叶等的现象就是感性消费的表现。

2. 旅游购物目的的多样性

旅游者旅游购物目的的多样性，对旅游商品质量提出了更高的要求。旅游者购物时可能在同一种旅游商品上有自用、馈赠亲友、收藏等多种目的，这就要求旅游商品同时具有实用性、文化特色、独特性等质量特性。

3. 旅游购物具有波动性

旅游购物属于非基本旅游消费，消费弹性大。从狭义来看，旅游购物支出可有可无，可大可小，波动性大。若旅游商品市场供应不能满足旅游者的购物需求，旅游者也许会减少或放弃购物；若旅游商品市场供应品种丰富，且有特色，旅游者可能会增加购物量。因此，旅游商品市场的发达程度和购物环境，对于旅游购物消费的增长，具有决定性作用。

4. 旅游购物具有一定的风险性

旅游购物的风险性大于一般购物活动，主要原因有两个方面：一是旅游者难以全面掌握旅游商品质量、价格等方面全面真实的信息，冲动购买和从众购买行为较多，购买决策未必理智；二是如果旅游商品出现问题，也难以像一般商品那样进行退换。

二、旅游购物市场

(一)旅游商品

1. 旅游商品的概念

关于旅游商品的概念存在一定的分歧，主要争议点在于"旅游商品是否包含无形服务"(石美玉,2003)。

认为旅游商品包含无形服务的代表性观点是，旅游商品应该是有形商品与无形商品二者的总和，而用旅游商品来单单指实物商品，主要是受西方的影响。田里和牟红(1999)认为，旅游商品是旅游者购买旅游活动中所需产品和服务的总和。

认为旅游商品是实物型产品的代表性观点是，苗学玲(2004)指出的，旅游商品就是旅游购物品，主要分为三类，分别是旅游纪念品、日常用品和免税商品。旅游商品就是特指旅游者为实现其旅游目的或在旅游过程中所购买的以物质形态存在的商品。

目前承认较多的是，旅游商品就是旅游者除商业以外的原因，在旅游过程中所购买的、具有一定特色的实物性商品。

2. 旅游商品的类型

旅游商品具有实物性、广泛性和经济文化性，品种类型多样。可将旅游商品划分为旅游纪念品、土特产、工业产品和旅游日用品四种类型。

1）旅游纪念品

旅游纪念品是最受旅游者欢迎的商品，也是旅游商品中数量最多、品种最多的类型。对旅游者而言，旅游纪念品最大的价值在于其纪念意义，即能够反映出旅游者曾经的旅游目的地以及特殊的旅游经历。常见的旅游纪念品主要有民族工艺品、普通工艺品（陶瓷、奇石、雕刻、编织工艺品）、印刷品与出版物等。

2）土特产

土特产是某地特有的或特别著名的产品，可以是直接采收的原材料，也可以是经特殊工艺加工的制品。与同类产品相比，其具有明显的区域优势或特色优势。常见的土特产主要有药材类、绿色农产品类、干鲜瓜果类、加工与精心包装后的当地食品类的商品等。

3）工业产品

部分工业产品经过加工和包装后，也可以成为旅游商品，如化妆品、皮革毛纺产品、饮品系列产品等。

4）旅游日用品

旅游日用品是指满足旅游者旅游过程中日常所需的实物产品，主要包括旅游服装、鞋帽、洗涤用品、防寒防暑用品、地图、指南针、帐篷、急救药品、娱乐用品等。

（二）购物行为影响因素

郭英之（2010）总结影响旅游者购物行为的因素主要包括市场营销因素、环境因素、参照群体因素和个人因素四个因素。

1. 市场营销因素

1）旅游商品

旅游商品的特色是影响旅游者购物的最重要的因素。构思新颖、设计独特、品质上乘、蕴涵地方鲜明文化特色，以及具有纪念意义和收藏价值的旅游商品才能够吸引旅游者的眼球，并使其产生最终的购物行为。

2）价格

价格是影响旅游者购物的第二个因素。旅游商品不仅仅要有特色，同时其价格还必须要合理，符合旅游者的实际支付能力，才能够对旅游者产生足够的吸引力。如果旅游商品的价格远远超过旅游者的实际支付能力，即使品质再好，也难以促成市场交易。

3）销售地点

旅游购物是旅游者整个旅游行程的活动安排之一，如果能够在产地或者是具有纪念意义的地方买到其所需的旅游商品，不仅能够提高旅游者本次的旅游满意度，同时还可以促成旅游者的重游。

4）促销

销售促销一般是指采取短期措施鼓励购买或销售。旅游者离开自己的惯常环境来到旅游目的地,对当地信息的了解有限,比较难以做出购物决策。因此,旅游企业或旅游商品生产商开展的各项促销活动能够吸引广大旅游者,使其更好地了解旅游商品的特征与性能,并产生购买行为。

2. 环境因素

1)相关法律法规

国家制定的相关法律法规会对旅游者购买的商品种类、数量等产生影响,尤其是海外购物。例如关于购物退税,不同的国家有不同的政策规定。

2)经济形势

经济形势直接影响旅游者的经济收入,对旅游业的发展产生重要的影响,进而影响到旅游者的购物。经济发展态势良好,能够促进旅游产业的蓬勃发展以及不断提升旅游者的收入水平,从而推动旅游购物的发展。购物旅游数据上的增长变化,离不开旅游者可支配收入的不断增长,也离不开物流、交通等行业的相伴发展。

3. 参照群体因素

旅游者的购物活动容易受到导游、旅游团成员、亲朋好友的影响。

1)导游

导游对当地旅游商品的宣传能够加深旅游者对旅游商品的认识,影响旅游者的态度,进而影响其对旅游商品的消费行为。

2)旅游团成员

购物的从众心理在旅游过程中往往表现得比较明显,旅游团的其他成员会对旅游者的购物行为产生影响。例如,如果旅游团的成员曾经在某一旅游目的地买过较为满意的旅游商品,当其重游,再次购买该旅游商品时,会对同团的其他成员的购买行为产生很大的影响,其他成员也会纷纷跟着购买该旅游商品。同一个旅游团的成员,在旅游过程中一般都会尽量保持相同的购物水准。

3)亲朋好友

旅游者购买旅游商品,可能会赠送给自己的亲朋好友,所以,在选择旅游商品的种类、设计风格、价格、档次等时往往会充分考虑亲朋好友的兴趣爱好、身份地位、需要等。另外,亲朋好友的旅游购物经历也会对旅游者的购物行为产生影响。他们往往会向旅游者推荐自己曾经购买过的实惠的旅游商品,并为旅游者的旅游购物提供其他的意见与建议。

4. 个人因素

1)性别

不同性别的旅游者,其偏好不一样,因此旅游购物行为不一样。女性旅游者喜欢购买饰品、香水、特产、手工艺品等;男性旅游者则喜欢购买烟酒、艺术品等,同时女性旅游者的购物消费支出普遍高于男性旅游者。

2)收入

收入直接影响到旅游者购买旅游商品的种类、数量与档次。一般地,教育程度高、收入高的旅游者,一般喜欢购买具有收藏价值、纪念意义的艺术类的旅游商品。

3)旅游目的

旅游目的不同,其购物行为也不一样。以购物为主的旅游者,其购物的意图和欲望比较明显;而以观光、休闲旅游为主的旅游者,购物不一定能成为其旅游活动过程的一部分。同时,旅游购物经验越丰富,旅游者购物的目的性、针对性就越明确;反之,旅游者的购物行为往往具有一定的冲动性与随意性。

4)其他因素

旅游者的教育水平、家庭状况、国籍等因素也会对其购物行为产生很大的影响。

(三)旅游者购物的决策过程

不同的旅游者进行购物决策的方式不一样,旅游企业必须要对旅游者购物决策的过程加以研究,才能促成旅游商品交易,满足旅游者的需求。旅游者购物行为决策过程一般经历以下五个阶段:确认购物需要、收集购物信息、评价购物方案、做出购物决策、购物后行为,如图 8-2 所示(郭英之,2010)。

图 8-2　旅游者购物的决策过程

1. 确认购物需要

旅游购物过程始于对商品需要的确认。旅游购物需要是由内在或外部的刺激所引起的。旅游企业需要确定能激发旅游者购物需要的环境。通过从一些客运者那里收集信息,企业营销人员可以确认可以引起旅游者对某类商品兴趣的常见的刺激因素,从而能够更好地制定出有针对性的营销策略。

2. 收集购物信息

商品信息有助于旅游者做出正确的决策,从而产生购买行为。旅游者对旅游商品信息的收集主要来自三方面:一是个人来源(家庭成员、朋友、邻居等);二是商业来源(广告、推销员、经销商、商品包装等);三是导游和旅游团的其他成员。不同的信息来源对旅游者的购物行为产生不同的影响。

个人来源起到认定或评价作用;商业来源起到告知作用;导游和旅游团其他成员起到引导的作用。

因此,旅游购物场所或相关的旅游企业要通过宣传手册、电视、网络等途径,在游览区、宾馆酒店以及各大交通要道向旅游者传播商品信息,吸引旅游者购物;而导游要积极发挥引导作用,为旅游者提供真实、可靠的旅游商品信息及购物服务,对逼迫旅游者购物的行为要坚决打击。

3. 评价购物方案

由于旅游者在旅游目的地的时间不长,其对购物方案的评价不同于一般消费者对购物方案的评价,往往没有足够的时间进行逐一比较,加上对旅游目的地的环境也不熟悉,所以也不可能对所有的购物商场进行一一比较。因此,只要旅游者觉得商品有特色、价钱合理、能够满足自身的需求就会做出购买决策。

4. 做出购物决策

前面的三个过程是旅游者做出购买决策的基础。但是,由于旅游者不一定对旅游目的地非常熟悉,受到导游、旅游团其他成员等外界因素影响较大;同时,自身的情绪也会有一定的波动,因此其购买决策也容易发生变动。

5. 购物后行为

旅游者在购物后会体会到不同程度的满意或不满意。如果旅游者感到满意,则会向亲朋好友推荐该旅游商品,并对旅游目的地留下美好的印象;如果不满意,则会采取不同的行动,降低不平衡感,也有一些旅游者不采取行动。采取行动,包括采取公开行动和私下行动(见图 8-3)。公开行动,即采取各种投诉途径;私下行动,即停止购买该旅游商品,或者提醒亲朋好友不要购买该旅游商品。因此,旅游商品经营者要重视售后服务,建立旅游者购物反馈机制,以便及时了解旅游者购物后的意见与建议,提高旅游者的满意度,维护企业的形象(郭英之,2010)。

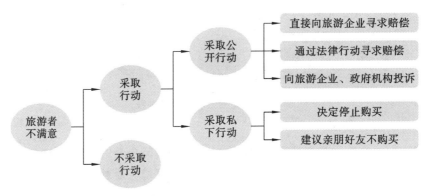

图 8-3　旅游者购物不满意时所采取的行动

三、旅游购物发展趋势

出境旅游疯狂购物已持续多年,陈斌(2017)提出旅游购物是旅游产业中最大的变量,也是旅游产业中市场化程度最高的部分,其发展趋势随着旅游者的需求变化而不断变化。

(一)团队旅游购物渐成明日黄花

近年来,团队旅游购物量在旅游购物总量中的占比逐年下降。究其原因,主要有三个:

一是团队旅游者的占比下降。团队旅游者在旅游总人数中的占比越来越低,除了出境游外,仅有个别偏远地区团队旅游者占比超过 10%,有些地区团队旅游者仅占 2%—3%。

二是不合理低价旅行团受到控制。近年来,部分旅行团名为低价或"零团费"团,实则频繁安排购物环节,收取回扣。相关部门已针对此类行为进行多次打击,取得一定成效。

三是团队旅游购物难以获得旅游者的信任。由于长期以来团队旅游购物中强迫购物、假冒伪劣等问题时有发生,且未能根除,旅游者在参团旅游中精神高度紧张,以致出现过度怀疑、过度维权,团队旅游购物越来越难以获得旅游者的信任。

而自助旅游者大幅增加,自助旅游购物蒸蒸日上。可见旅游人群基本构成的变化直接影响着旅游购物的趋势。

(二)特色旅游商业街区渐成重点旅游购物地

在旅游人数中占有相当份额的自助旅游者,一是不会去团队旅游购物店,二是喜欢边游边购,三是喜欢得到全面的商业享受,这些都使得购物店比较集中、吃喝比较方便、具有因品牌或价格低廉知名的购物店,以及具有文化特色的旅游商业街区逐渐成为旅游者重要的购物地。

(三)特色旅游购物店的针对性增强

随着对旅游商品认识的提高,旅游商品被分为没有文化、地域特色的常规旅游商品和有文化、地域特色的特色旅游商品,旅游购物店也逐渐出现。以位置、折扣、品牌等为主要优势的常规旅游商品销售为主的常规旅游购物店以及以各种特色旅游商品专卖为主的特色旅游购物专卖店都越来越多。两者互相呼应,既满足了旅游者对日用商品的需求,又满足了其对特色商品的需求。

(四)体验式购物渐成旅游购物常态

体验式购物越来越多的主要原因有三个:

一是实体店与网络购物的竞争。网络购物与在实体店购物的最大区别是对多数商品无法体验。在实体店中服装、鞋、帽、丝巾、首饰等可以试穿、试戴;化妆品、电子产品可以试用;食品、茶叶、酒、饮料等可以品尝。

二是体验式购物可以让不了解本地产品的外地旅游者快速产生购物行为。

三是体验购物本身就是旅游游玩的一种方式,易引起旅游者的关注。

随着体验式购物渐被旅游者习惯,原本没有体验环节的实体店也增加了这一环节。体验式购物渐成旅游购物常态。

(五)全域旅游催生购物旅游城市

购物旅游则是指旅游者此行的主要目的就是购物。全域旅游的主要目的是发展旅游产业,随着旅游产业的发展,具备大规模、持续旅游购物的城市,逐步发展为香港式的购物旅游城市。但经济发达的城市并不等于购物旅游城市,要建设购物旅游城市需要对旅游购物和旅游商品有足够的理解和重视,需要对当地进行科学的旅游商业策划、规划,需要当地政策的有力支持,需要企业的积极参与,需要经过认真、务实的长期努力。

推动旅游购物不是旅游主管部门一个部门的工作,而是涉及众多的部门、行业和企业。各主体不仅需要开展很多吸引旅游者的项目和活动,还需要从产到销、从环境到服务的各方面有诚信、良好的品质,要按照旅游购物的趋势去发展旅游购物,并长期坚守和创新。

思政案例

朱熹园

"如果没有中华五千年文明,哪里有什么中国特色"

2021年3月22日下午,正在福建武夷山市考察的习近平总书记来到朱熹园,了解朱熹生平及理学研究等情况。

在朱熹园,习近平表示,我们走中国特色社会主义道路,一定要推进马克思主义中国化。习近平清晰阐释了中华文明、中国特色与我们所走的社会主义道路之间的紧密关系:"如果没有中华五千年文明,哪里有什么中国特色?如果不是中国特色,哪有我们今天这么成功的中国特色社会主义道路?"

中国特色社会主义植根于中华文化沃土。习近平强调,我们要特别重视挖掘中华五千年文明中的精华,弘扬优秀传统文化,把其中的精华同马克思主义立场、观点、方法结合起来,坚定不移地走中国特色社会主义道路。

朱熹园中展示着这位思想大家的隽语名言。其中,"国以民为本,社稷亦为民而立"这一句,也出现在十九届中央政治局第六次集体学习时习近平的讲话中。跨越近千年,中华民族优秀传统文化薪火相传。

"共同保护好大运河,使运河永远造福人民"

大运河通达南北,沟通了中国五大河流水系;历经两千多个春秋,沉淀了兴衰更迭的家国记忆。古运河扬州段是整个运河中最古老的一段。2020年11月13日,习近平在扬州考察调研时,在运河三湾生态文化公园,听取大运河沿线环境整治、生态修复及现代航运示范区建设等情况介绍。他强调要把大运河文化遗产保护同生态环境保护提升、沿线名城名镇保护修复、文化旅游融合发展、运河航运转型提升统一起来,为大运河沿线区域经济社会发展、人民生活改善创造有利条件。他希望大家共同保护好大运河,使运河永远造福人民。

2017年2月,习近平总书记在北京考察大运河森林公园时指出,"保护大运河是运河沿线所有地区的共同责任"。总书记还指出通州有不少历史文化遗产,要古为今用,深入挖掘以大运河为核心的历史文化资源。

"充分运用丰富的历史文化资源"

一座学府,位于岳麓山脚下。山上,松涛阵阵,院内,书声琅琅。它始建于北宋年间,至今已跨越千年。岳麓书院作为湖湘文化体系的重要承载地,培育了一代又一代、一批又一批优秀人才。

2020年9月17日,在湖南省长沙市考察调研的习近平总书记来到湖南大学岳麓书院,了解人才培养、文化传承等情况。

面对众多热情洋溢的青年学子,总书记饱含深情地说:"见到你们很高兴,让我想起岳麓书院的两句话:'惟楚有材,于斯为盛。'真是人才济济啊!"

习近平寄语师生,要把课堂教学和实践教学有机结合起来,充分运用丰富的历史文化资源,紧密联系中国共产党和中国人民的奋斗历程,深刻领悟马克思主义中国化的内在道理,深刻领悟为什么历史和人民选择了中国共产党和社会主义,进一步坚定"四个自信"。

"历史文化遗产是不可再生、不可替代的宝贵资源,要始终把保护放在第一位"

云冈石窟始建于1500多年前,是中外文化、中国少数民族文化和中原文化、佛教艺术与石刻艺术相融合的一座文化艺术宝库。

2020年5月,在山西考察时,习近平总书记来到云冈石窟考察历史文化遗产保护工作。

"这是人类文明的瑰宝",看到一件件艺术精湛的雕塑,一尊尊栩栩如生的造像,习近平称赞道。他强调,云冈石窟体现了中华文化的特色和中外文化交流的历史。要坚持保护第一,在保护的基础上研究利用好。

习近平强调,发展旅游要以保护为前提,不能过度商业化,要让旅游成为人们感悟中华文化、增强文化自信的过程。要深入挖掘云冈石窟蕴含的各民族交往、交流、交融的历史内涵,增强中华民族共同体意识。

"这两本书我要仔细看看"

2013年11月26日,习近平专程来到山东曲阜孔府考察,并来到孔子研究院。桌上摆放着展示孔子研究院系列研究成果的书籍和刊物,他一本本饶有兴趣地翻看。看到《孔子家语通解》《论语诠解》两本书,他拿起来翻阅,说:"这两本书我要仔细看看。"

"仔细看看"四个字足以显示总书记对儒家思想的重视。2014年9月,习近平在纪念孔子诞辰2565周年国际学术研讨会上指出,儒家思想同中华民族形成和发展过程中所产生的其他思想文化一道,记载了中华民族自古以来在建设家园的奋斗中开展的精神活动、进行的理性思维、创造的文化成果,反映了中华民族的精神追求,是中华民族生生不息、发展壮大的重要滋养。

对历史文化,习近平指出,要坚持古为今用、推陈出新,有鉴别地加以对待,有扬弃地予以继承。

党的十九大将"加强文物保护利用和文化遗产保护传承"作为坚定文化自信的一个部分写进报告中。保护历史文化遗产,不仅是保护古迹遗址,更是守护历史文脉,坚定文化自信。

资料来源 程瑶,潘子荻,《学习进行时》传统文化保护传承,习近平为何频频调研? 新华网,2021-3-25

本章思政总结

我国社会现阶段主要矛盾是人民日益增长的美好生活需要和不平衡不充分的发展之间的矛盾。游憩活动是美好生活的重要组成部分。游憩是旅游者为达到调节身心、恢复体力和振作精神的目的,在非惯常环境中所开展的休闲娱乐活动。游憩类型按与城市中心平均距离由近及远依次划分为:人工娱乐类—人文观光类—休闲度假类—自然观光类。

从总体上来看,游憩项目主要可以分为三大类型:运动类、保健类、文娱类。体育休闲活动、邮轮旅游、购物旅游是现代常见的三种游憩旅游方式。体育休闲活动是指旅游者在闲暇时间进行的、通过体育运动方式来满足身心需求和保持精神愉悦的一种自觉自足的社会文化活动,具有自由性、参与性、多样性和主动性。邮轮是集生活、娱乐、休闲与度假等各类设施为一体的综合服务平台,邮轮旅游产品具有五方面的特征:特殊性、综合性、多样性、体验性与文化性。旅游购物是旅游者为了旅游或在旅游过程中购买商品的行为,是一种感性消费过程,目的多样,具有一定的波动性和风险性。

  在游憩管理方面,要贯彻新发展理念,推动高质量发展,利用有限的设施为旅游者提供优质的服务。因此,不管是游憩管理还是游憩设计,都要以为旅游者提供优质的娱乐产品与服务为首要原则。游憩服务管理包括游憩服务设施管理、游憩活动管理、解说与教育服务管理和经营管理服务。游憩设计包括游憩空间内的游憩设施、游憩道路交通设计。

复习思考题

1. 说说休闲、游憩与旅游的关系。
2. 游憩服务管理的目标是什么?
3. 全民运动背景下,体育休闲管理应注意哪些原则?
4. 谈谈你对邮轮旅游的理解。
5. 旅游者购物行为有哪些影响因素?

第九章
会展接待与管理

1. 了解会展的含义和组成部分。
2. 掌握会展的特点。
3. 理解会展旅游的功能。
4. 掌握会展市场的组成要素。
5. 熟悉会展与其他服务的不同之处。
6. 了解常见的会展管理模式。
7. 掌握会展场景设计的概念。
8. 了解会展场景设计,学会判断会展场景的类型。
9. 理解会展场景设计的时代特征。

1. 十四五规划:引领现代服务业发展,推动生产性服务业向专业化和价值链高端延伸,推动现代服务业与先进制造业、现代农业深度融合,深入推进服务业数字化转型,推动生活性服务业向高品质和多样化升级,加快发展健康、文化、旅游、体育等服务业。

2. 江西省十四五会展规划:把握内陆开放型经济试验区建设重大机遇,主动参与构建以国内大循环为主体、国内国际双循环相互促进的新发展格局,倡导绿色发展理念,坚持以市场化、专业化、国际化、品牌化、数字化为导向,着力构建结构优化、功能完善、基础扎实、布局合理的会展业体系,进一步发挥会展业在扩大开放、带动产业、促进消费等方面的重要作用,为描绘好发展新画卷作出新的更大贡献。

青岛国际啤酒节

青岛国际啤酒节始创于1991年,每年在青岛的黄金旅游季节8月的第二个周末开幕,为期16天。节日由国家有关部委和青岛市人民政府共同主办,是以啤酒为媒介,融经贸、旅游、文化为一体的国家级大型活动。

青岛国际啤酒节是亚洲最大的啤酒盛会,由开幕式、啤酒品饮、文艺晚会、艺术巡游、文体娱乐、饮酒大赛、旅游休闲、经贸展览、闭幕式晚会等活动组成,由国家有关部委和青岛市人民政府共同主办。啤酒节的主题口号是"青岛与世界干杯!"节日期间,青岛的大街小巷装点一新,举城狂欢;占地近500亩(1亩约为667平方米)、拥有近30项世界先进的大型娱乐设施的国际啤酒城内更是酒香四溢、激情荡漾。节日每年都吸引20多个世界知名啤酒厂商参节,也引来近300万海内外旅游者举杯相聚。

世界上的很多城市,如英国的爱丁堡、法国的阿维尼翁、奥地利的萨尔茨堡都是因为当地节庆活动而在国际上声名鹊起。而青岛国际啤酒节的成功,从啤酒文化的角度塑造了青岛城市的形象,增加了青岛的魅力,扩大了青岛的知名度。

资料来源 青岛国际啤酒节官网

第一节 会展概论

我国会展经济发展起步较晚,一直到21世纪,才开始以一种新兴的经济形态加速发展。在全球经济一体化背景下,国际交流日益频繁,会展经济也顺势成为我国新的经济增长点,不仅带来巨大的经济效益,而且加强了我国与外界商贸、文化的交流,提升了国内城市的知名度。

一、会展的概念

(一)会展

什么是会展?相关的主流观点有两种:一种是狭义的观点,认为会展主要包括会议和展览两个基本组成部分;另一种是广义的观点,认为会展是一种旨在营销的,在特定的空间、时间内多人聚集,围绕特定主题、定期或不定期进行的集体性的物质、文化、信息交流活动。广义的会展活动又称为 MICE,即包括会议(meeting)、奖励旅游(incentives)、大型企业会议(conferencing/conventions)、展览(exhibitions/exposition)和节事活动(event)。本书将采用广义的会展的概念,对其内容进行探讨。

在金辉(2011)对会展的定义中,会议、展览以及其他被纳入会展范围的活动,尽管表现形式和名称有很大差异,但都属于一种"活动",具有本质上的"共性":其一,它们都涉及一定地域空间内的人群聚集;其二,它们都是物质或文化的交流活动。会展应是具有以上"共性"的各种活动的集合。因此,可以说会展是指在一定地域空间,由多个人聚集在一起形成的集体性的物质或文化交流活动。

(二)会展旅游

旅游业因其服务对象的异地流动、异地消费和受季节更替的特征,被形象地称为

"候鸟经济",而会展活动也因为商品的流动、贸易与交换具有同样的特征。会展旅游是旅游结合会展活动的特点衍生出来的产品。

与常规旅游相比,会展旅游具有以下5个方面的特点(见图9-1)。

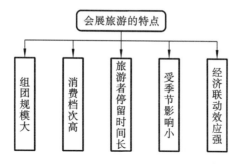

图9-1 会展旅游的特点

(资料来源:樊国敬.会展旅游[M].武汉:华中科技大学出版社,2011.)

1. 组办规模大

会展本身具有行业性、产业性及组办规模大等特点,这势必会吸引众多的政府、民间组织的会展团、参观团和旅行社组织的观光团队。根据国际大会及会议协会的界定,大型国际会议的与会人数应在300人以上。庞大的旅游者数量成为较高旅游消费的基础,从而保证了较高的旅游收入。例如上海世博会吸引了包括190个国家、56个国际组织在内的246个官方参展者,累计接待参观量达到7308.4万人次,平均每天约39.7万人次,旅游收入超过800亿元人民币。

2. 消费档次高

由于会展的规格普遍较高,参加会展旅游的旅游者一般具有较高的社会地位和收入水平,因此,会展旅游的参与者一般对价格的敏感度较低、消费水平较高。据香港地区相关部门的统计数字,香港会展活动的人均消费额为24826港元,是度假旅游的3倍。每年两届的广交会对经济的拉动也十分明显,以第104届和第105届广交会为例,广交会带给广州的直接经济效益,即国内外访客和相关机构的直接消费为110.50亿元,间接经济效益为215.94亿元,直接及间接经济收益之和相当于2008年广州市GDP的3.96%。

3. 旅游者停留时间长

对于一般旅游团队或旅游者来说,若在旅游过程中恰逢举办会展,会展所带来的强烈节日气氛可能令其旅游兴趣大增。会议、展览、文化体育盛事等活动一般持续时间较长,这在一定程度上延长了他们的停留时间。

4. 受季节影响小

由于会展旅游与观光旅游、休闲旅游等传统旅游项目相比,季节性不明显,因此会展活动的举办一般不受季节的约束,消除了观光旅游时段性明显的缺点。因此发展会展旅游对于完善旅游产品结构、平衡旅游部门淡旺季的营业差额、充分利用闲置资源、在淡季中寻找新的效益增长点十分有利。比如,在北方地区,通过在冬季举办一些冬季竞技体育活动、冬季节庆活动等,可形成一个新的旅游旺季。

5. 经济联动效应强

国际上公认的会展业对相关产业的拉动效应比例是1∶9,因此,举办会展不仅为城市带来场租、办展费、施工费、运输费等直接收入,使当地的酒店、餐饮业受益,而且对相关的电信、交通、物流、广告以及城市建设都有积极的促进作用。据统计,2012年会展行业带动社会就业量达到2700万人次,2013年带动就业人数比2012年增长30.7%。

二、会展的组成部分

(一)会议

澳大利亚联邦旅游部关于会议的定义是:"所有的聚会,包括集会、大会、协商会、研究会、讨论会和座谈会,都是人们为了一个共同的目标——共享信息聚到一起。"这个定义突出了会议的信息交流的本质。国内外不少学者的关于会议的定义都有基本的共识:会议是指有组织有目的的交流信息、商议事情的集会。这反映了会议具有的"有组织""信息交流""议事"的基本特征。以上对会议的定义,体现会议的四个方面的内涵特征:集体性、组织性、目的性、交流信息。

根据会议的参与者、目的以及内容的不同,会议可分为普通会议与研讨会两种。普通会议包括大会、规定性会议(年会、例会)、专门会议、代表会议等几种类型,研讨会包括讲座、论坛、专题学术讨论会、专题讨论组、静修会等。国际上还通常根据会议主办者将会议划分为三种类型,即公司会议、协会会议和非营利组织会议(见表9-1)。

表9-1 会议的分类

类别	分类别	内容
普通会议	大会 assembly	大会指某一协会、俱乐部、组织或公司的正式全体会议,其目的在决定政策、发展方向、内部选择、财务计划等
	年会、例会 convention	年会、例会是会议最常见的类型,它通常是就某一特定的议题展开讨论的聚会
	专门会议 conference	专门会议是科技界常使用的术语,议题通常涉及具体问题并对其展开讨论
	代表会议 congress	代表会议经常是国际性会议
研讨会	讲座 lecture	讲座是一种比较正式或组织较严密的活动,通常由一位专家单独做示范。会后通常安排提问环节,讲座规模大小不定
	论坛 forum	论坛的特点是能反复深入地进行讨论,一般由小组组长或演讲者来主持
	专题学术讨论会 symposium	专题学术讨论会是由某一领域内的专家构成的集会,他们就某一特定主题请专家发表论文,共同就问题加以讨论并做出建议。进行方式比论坛更为正规

续表

类别	分类别	内容
研讨会	研讨会 seminar	研讨会指一群具有不同技术但有共同兴趣的专家,为达到训练或学习的目的,开展的一次或一系列的聚会
	专题讨论组 panel	专题讨论组由组长主持,一群专家作为成员对研究的专门课题提出观点进行交流讨论
	静修会 retreat	静修会通常是小型会议,一般在边远地区召开,目的是增进了解和友谊,或者休闲

根据性质划分,会议可分为正式会议和非正式会议两种类型。正式会议是指与会各方为解决共同关心的实质性问题和形成具有约束力的共同文件,依据事前约定的有关规则和程序而举行的会议。非正式会议是相对于正式会议而言的,一般是指以协商、交际、宣传为目的,不形成正式决定或决议,或者无确定的议事规则的会议。

根据举办时间划分,会议分为定期会议和不定期会议两种类型。定期会议又可称为经常性会议或例会,到预定时间若无特殊情况,就必须按期召开。比如我国各级人民代表大会、上市公司的股东大会、董事会等。不定期会议又可称为临时性会议,会议召开没有固定的时间间隔或者该会议仅召开一次就完成了其特定的任务。

按会议规模即与会人员的多少划分,会议有小型会议(3—100 人,不包括 100 人)、中型会议(100—1000 人,不包括 1000 人)、大型会议(1000 人及以上)、特大型会议(万人以上)四种类型。

按地理范围划分,会议可分为世界性会议、区域或地区会议、此区域会议。

按照参加会议者所属国家是两个还是三个,会议可分为双边会议和多边会议。按照会议周期不同,会议可分为特别会议、例行会议和定期会议。

会议是传达、学习重要精神的手段,旅游是放松心情、缓解压力的方式,会议旅游可视为一种在工作前后进行的、能促进工作的旅游活动,既可以更好地向与会人员传达会议精神,又可以使与会人员放松心情、缓解压力,甚至可以增进同事间的了解和友谊。因此,可以说会议旅游是指人们为开展会议而离开常住地进行的一系列活动,该活动既包括了与会议本身直接相关的会议体验(饮食、住宿、交通等),又包括了由参加会议活动而延伸的其他旅游体验(观光、娱乐、购物等)。

会议旅游作为旅游的一种,其一般性特点与旅游极为相似。那么会议旅游除具有旅游一般性特点外,还具有哪些特点呢?之前提到会议旅游是以"会议"来界定的,其概念的核心是"由会议的目的引发的旅游活动",这是会议旅游与其他旅游形式相区别之处。

由会议这一根本原因引发的旅游活动,在目的上具有广泛性的特点。例如,参加会议、对会议活动进行采访和报道、陪伴和协助会议代表利用会议之机进行观光和娱乐活动、结交新朋友、暂时远离日常工作环境、满足对会议举办地的好奇心等。这些目的的产生都是基于会议旅游最根本的引发原因(或吸引力因素)。由此我们看到,尽管会议旅游者的主要目的是参加会议,但并不意味着参加会议是其唯一目的。可以说,在会议旅游中,虽然会议是旅游的载体,但是会议一旦离开了旅游,必将黯然失色;同样,旅游离开了会议,也失去了一个发展机会。因此对于会议旅游这项活动来说,会议与旅游两者在发展中是相辅相成的。

(二)奖励旅游

国际奖励旅游管理者协会(SITE)对奖励旅游的定义是:"奖励旅游是一种给完成了显著目标的参与者提供旅游作为奖励,从而达到激励目的的一种现代管理工具。"米尔顿·阿斯托夫在《会议销售与服务》一书中指出:"奖励旅游是为奖励雇员和客户做出特别努力并达到活动赞助制定的条件而提供的一种会展奖励。"这种奖励通常是一种豪华的、由旅行社全部代办的综合包价会展,如图9-2所示(许欣,万红珍,2015)。

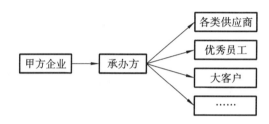

图 9-2 奖励旅游市场运作机制

1. 按活动内容划分的奖励旅游类型

按活动内容划分的奖励旅游类型包括惯用型和参与型。

1)惯用型

这类型的奖励旅游有一整套程式化和有组织的活动项目,如在活动内容中安排主题宴会、颁奖典礼、企业首脑作陪、与知名人士面对面交流、赠送赋予象征意义的礼物等。惯用型奖励旅游注重通过豪华、高档和大规模等特性来体现受奖者的身价,通过制造惊喜,给受奖者留下终生难忘的美好回忆。美国是世界上最大的奖励旅游市场,因此深受美国受奖者和企业管理人员的喜爱并广泛使用的这种活动项目成为国际惯用的活动项目。

2)参与型

随着人们对生活的要求和习惯的变化,受奖者已不再满足于惯用型偏向静态的活动内容了,而是追求参与型动感强的富有竞争性、冒险性的探险类活动或富有趣味性的体育活动,如漂流、划艇、爬山、热气球等。参与型奖励旅游通过令受奖者与自然界接触,参与各种新鲜刺激的活动项目,有助于唤起他们的责任感以及让受奖者产生难忘的经历。但参与型奖励旅游带有一定危险性,需要组织者根据受奖者实际情况进行合理安排,确保活动的安全性,做到确有把握。

2. 按活动目的划分的奖励旅游类型

按活动目的划分的奖励旅游类型有4类。

1)慰劳型

作为一种纯粹的奖励,这类奖励旅游的目的主要是慰劳和感谢对公司业绩成长有功劳的人员,缓解其工作压力,鼓励其更上一层楼。旅游活动安排以高档次的休闲、娱乐等消遣性活动项目为主。

2）团队建设型

这类奖励旅游的目的主要是促进企业员工之间或企业与供应商、经销商、客户等之间的感情交流，增强团队氛围和协作能力，提高员工和利益相关者对企业的认同度和忠诚度。旅游过程中要注重安排参与性强的集体活动项目。

3）商务型

这类奖励旅游的目的与实现企业特定的业务或管理目标紧密联系，如推介新产品、增加产品销售量、支持经销商促销、改善服务质量、增强士气、提高员工工作效率等，这类奖励旅游活动几乎与企业业务融为一体，公司会议、展销会、业务考察等项目在旅游过程占据主导地位。

4）培训型

这类奖励旅游主要是为了对员工、经销商、客户等进行培训，常见的形式为销售培训。旅游活动与培训结合可以达到"寓教于乐"的目的，可以更好地实现培训的功效。

（三）大型企业会议

大型企业会议是指带有商业性质的会议形式，是一种企业内、行业内或行业相关的公司在一起举办的会议，带有传播、交流、总结、激励等功能。与一般会议有相似之处，但是在规模、影响力等方面比一般会议大。

根据性质不同，常见的大型企业会议有大型企业年会（如上市公司年会、集团公司年会、跨国公司年会）、大型商务会议（如新产品宣传推广会、招股说明会、项目竞标会、项目发布会、新闻发布会）、大型行业会议（如行业峰会、商业论坛）、大型功能性会议（如企业盛典、大型的培训沟通会议）等。

2021年7月8日，2021世界人工智能大会在上海开幕。大会的主题是"智联世界 众智成城"，设会议论坛、展览展示、竞赛评奖、应用体验等活动，超过300家企业的众多前沿人工智能技术与产品集中亮相，如图9-3所示。

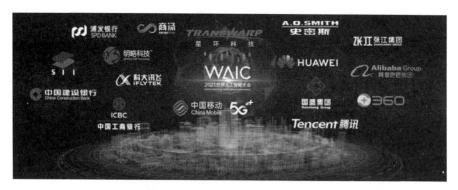

图9-3 参与2021世界人工智能大会的企业

上海已经连续4年举办世界人工智能大会。4年来，我国人工智能产业发展迅猛。截至2020年底，全球人工智能产业规模达1565亿美元，同比增长12.3%；我国产业规模为434亿美元，同比增长13.75%，超过全球增速。在全球人工智能竞争格局中，中国已跻身第一梯队。大会治理论坛上发布的《2020全球人工智能创新指数报告》也显示，中国人工智能创新指数升至第2位，仅次于美国。

与传统的大型展会相比,此次世界人工智能大会非常"特别"——人工智能、数字化技术的影子延伸到各个角落。会场内,百度创始人李彦宏与全球首个火星车数字人"祝融号"相谈甚欢,来自"B站"(哔哩哔哩网站)的虚拟主持人"泠鸢"和大会主持人一起为观众来了一场"脱口秀"。会场外,"商汤闪存柜"利用人脸识别技术轻松实现物品存取,无人咖啡店的机器人能让你喝一杯现磨咖啡,迷路了还能找智能"魔镜"问路……

(四)展览

展览(全球展览业协会释义)是一种市场活动,指在特定时间内,众多厂商聚集于特定场地陈列产品,推销其最新产品或服务。德国学者的定义是它"带有展示的特性,比如,它作为专业展览为各种经济部门、机构和生产者提供解释性的、广告性的展示服务"。虽然展览会的种类多样,但其名称构成具有明显的规律性,即由基本部分、限定部分和附加部分构成,其中,基本部分主要是说明展览会的性质(如博览会、展览会、交易会、展销会等),限定部分主要是表明展览会的形式和内容,包括时间、地点、规模、专业等。附属部分通常展示举办方、承办方、赞助方等信息(许欣,万红珍,2015)。

展览在展出内容、时间、规模和形式等方面具有很大灵活性。根据展览内容,展览可以划分为综合性展览和专业性展览;根据展览性质,展览既包括各类营利性展览,也包括各类艺术、文化、教育等领域的非营利性展览;根据展览地点,展览既包括在各类展览馆举办的展览会,也包括固定场所举办的展览,如庙会;根据举办时间长短,展览既包括不超过半年的短期展览,也包括长期展览,如博物馆展览。在中文里,展览会名称有博览会、展览会、展览、展销会、博览展销会、看样订货会、展览交流会、交易会、贸易洽谈会、展示会、展评会、庙会、集市等。

东京车展

东京车展是"五大车展"中历史最短的,被誉为"亚洲汽车风向标",创办于20世纪50年代,逢单数年秋季举办。东京车展还是亚洲最大的国际车展。第一届东京车展始于1954年。东京对于世界汽车市场有较深的影响,对于亚洲汽车市场更有着重要的意义。1999年的东京车展创下了参观人数达140万的世界纪录。东京车展具有鲜明的特点:日本本土车厂出产的五花八门、千姿百态的小型汽车历来是车展的主角,如图9-4所示。同时,各种各样的汽车电子设备和技术也是展会的一大亮点。

(五)节事活动

节事活动是指能够对人们产生吸引,并有可能被规划开发成为消费对象的各类庆典或活动的统称。比如体育赛事、舞会、狂欢节、旅游文化节、纪念仪式等具有特色的活动或非日常发生的活动。从概念上来看,节庆是"节日庆典"的简称,其形式包括各种传统节日以及在新时期创新的各种节日。在西方事件及事件会展(event & event tourism)的研究中,常常把节日(festival)和特殊事件(special event)合在一起作为一个

图 9-4　东京车展一角

整体来进行探讨,在英文中简称为 FSE(festivals & special events),中文译为"节日和特殊事件",简称"节事"。

节事活动按不同的分类方法可以分为如表 9-2 所示的几类。

表 9-2　节事活动分类

分类依据	类别	内容
规模	特大型活动	规模庞大以至于影响整个经济,并对参与者和媒体尤其是国际媒体有着强烈吸引力并能引起较大反响的活动
	标志性活动	某些精神与乡镇、城市或地区的精神或风气非常相似,以至于它们成了这个地方的代名词,并获得广泛认同和知晓的活动
	重要型活动	那些能吸引大量观众、媒体报道和创造经济利益的活动
	中小型活动	各类会议、庆典、颁奖仪式、中小型体育赛事活动
属性	传统节庆活动	可分为古代传统型和近代纪念型,分别例如端午节的赛龙舟活动、国庆节活动等
	现代庆典活动	可以大致分为两类:一类是与生产劳动紧密联系的节庆活动,如深圳的荔枝节;另一类就是与生活紧密联系的节庆活动,如美食节
	其他活动	包括各类会议、展览和体育盛事等
活动主题	商贸	以地区的工业产品、地方特色商品和著名特产为主题,辅以其他相关的旅游形式而开展的节事活动
	文化	以当地的地域文化特征、历史上或现存的典型人物或事件为依托,而举办的节事活动
	自然景观	以当地地脉和具有突出性的地理特征的自然景观为依托,综合展示地区旅游资源、风土人情、社会风貌等内容的节事活动,如中国吉林国际雾凇冰雪节
	民俗风情	是以本民族独特的民俗风情为主题,涉及书法、民歌、风情、风筝、杂技等内容的节事活动
	宗教	针对有宗教信仰的旅游者而创办的节事活动

续表

分类依据	类别	内容
活动组织者	政府性	主要是指政府出面组织的各类节事活动,这类活动以公益性质居多。如五一和国庆的联欢活动等
	民间性	指民间自发组织而逐步形成的节事活动,如彝族的火把节
	企业性	指企业为了实施自己的商业机会而组织的商业节事活动,如某超市七周年活动

案例 9-2

2006FIFA 收入超上届一倍

2006 世界杯吸引了全球数十亿球迷关注的目光,正如 FIFA 形容的一样,世界杯如同一个"五星级营销舞台",而其中赚得盆满钵溢、笑得最开心的无疑是 FIFA。

体育界专家表示,2006 年世界杯,东道主德国至少可获得 200 亿美元的直接经济效益。在经济学家看来,德国人为世界杯慷慨投下的 70 亿欧元的巨资将会得到世界杯毫不吝啬的回报。

世界杯前 29 场比赛共发售了 149 万张球票。平均下来每场比赛观众人数达 5.15 万人。这个数字仅次于 1994 年美国世界杯平均每场约 6.9 万人的观众人数,排在世界杯历史上的第二位。这次世界杯组委会的门票收入预计达到 4 亿欧元。

除了门票,出售电视转播权将为德国组委会带来超过 10 亿欧元的收入。而场内外的特许商品销售额将达到约 20 亿欧元,较上届世界杯高出百分之二十五,国际足联拿走分成后,组委会仍能获利约 15 亿欧元。

三、会展的主要功能

会展的主要功能有经济功能、传播功能、教育功能和营销功能四个方面。

(一)经济功能

这一功能主要表现在会展可以产生直接的经济效益,具有的产业带动作用,能够提供大量的就业机会三个方面。

会展可产生直接的经济效益,这是会展得以迅速发展的重要原因。会展经济涉及服务、交通、旅游、广告、装饰、边检、海关、餐饮、通信和住宿等诸多部门,不仅可以培育新兴产业群,而且可以直接或间接带动一系列相关产业的发展。会展能够提供大量的就业机会。据测算结果显示,每增加 1000 平方米的展览面积,就可创造近百个就业机会。北京申奥成功,就造就了几百万个就业机会。

(二)传播功能

从科技发展史来看,许多划时代的发明创造,如电话机、蒸汽火车、电视机等都是在展览会上首先进行展示和推广的。在信息技术和手段迅速发展的今天,会议和展览的便捷性、集中性、直观性和快速性,在新技术的推广方面起着不可替代的作用。不仅如此,会展经济还能促进国内外的政府与企业、企业与企业、企业与消费者以及社会其他各主体之间的沟通与交流,这一点在会议和论坛上表现得十分明显。比如"上海财富论坛"吸引了大量的国际著名企业家和学者莅临,论坛本身就传播了新的知识和新的观念,并且在促进国内外的沟通和交流方面起到了非常大的作用。

(三)教育功能

会展不仅汇集了信息流,还增强了沟通与交流,向参与者倡导价值取向和展示理念,同时也具有一定的教育作用。比如上海世博会遵循"科技世博、生态世博"理念,观众能看到参展方展示的最新科技成果,还能处处感受到"科技之光"的神奇魔力。园区内太阳能发电机容量达到 4.5 兆瓦,使用氢能源车、超级电容车等清洁能源车辆,使园区公共交通实现零排放;大规模集中使用新型半导体 LED 照明系统。除此之外,生态节能建筑、江水源热能采集等新技术也在园区内广泛应用。

(四)营销功能

这一功能主要体现在宣传展示企业品牌形象和降低营销成本两个方面。企业通过会展提供的信息渠道和网络来宣传展示自己的品牌形象,而后可以在很短的时间内与目标顾客直接沟通,将产品信息发送给特定的客户,并且能够得到来自客户的即时反应。另外,企业通过展会期间的调研,可以收集到有关竞争者、分销商和新老顾客的信息,企业能够迅速、准确地了解国内外最新产品和发明的现状以及行业发展的趋势等,为企业制定下一步的发展战略提供有力的依据。会展还可以降低企业的营销成本。在发达国家,通过参加会展进行产品推广已成为企业的重要营销手段。据英国联邦展览业联合会调查显示,会展形式优于以推销员推销、公关、广告等为手段的营销中介。比如通过一般渠道找到一个客户,需要支付成本 219 英镑,而通过会展,成本仅为 35 英镑。

四、会展现状及发展趋势

会展活动和会展业在全球范围内均有不同程度的发展,一方面呈现出全方位、多元化和高增长的发展格局;另一方面,由于各国经济总体规模和经济发展水平不一,世界会展发展也呈现出很不平衡的状况。总体而言,欧美发达国家凭借其在科技、交通、通信和服务业水平等方面的优势,在当今世界会展业中处于主导地位。

(一)会展经济效益日益增长

据王丹(2017)的梳理,从会展经济规模来看,2001—2015 年期间我国会展业一直处于快速扩张状态,2001 年会展经济规模为 74.6 亿元,占当年国内生产总值的 0.07%,2015 年为 4803 亿元,占当年国内生产总值的 0.7%,经济规模扩大了 63.4 倍,在国民经济中的地位也显著提升。

（二）展馆和展会分布集中

从展馆和展会分布地区来看，由于历史、经济、区位等多方面的原因，北京、上海、广州在全国会展格局中的地位显要，一直占据我国会展城市综合指数排名的前三。目前会展经济发展正向大城市集中，虽然我国拥有展馆的城市众多，但由于会展经济本身具有集聚性和依赖城市经济实力的特点，同时中小城市展馆的面积和配套设施有限，目前国际和大型展会正逐渐向大城市集中。

（三）会展文化节推动会展业不断向前发展

行业协会和专业媒体的发展是行业发展成熟的重要标志。在中国会展杂志社的推动和主办城市的支持下，从2005年开始我国已举办十届国际会展文化节，涉及的城市有郑州（两届）、长春、深圳、长沙、成都（两届）、义乌、武汉、海口。第6届、第9届文化节将"生态"和"科技"与会展产业对接，推动我国会展业接轨世界会展业。会展业金海豚大奖的评选也促进了会展业的发展。

（四）智能化服务平台

随着大数据时代的到来，各会展企业加强了对高新技术与文化科技融合的探索，并将可视化设计与智能化系统结合，从而促进了会展企业服务平台产业化的发展。同时，会展业还将智能化的平台应用在全渠道智能大数据的采集与分析中，推动传统业态转型升级，通过数字化、结构化、可视化、线上结合线下的多触点方式，将数据技术和展览需求进行有效结合，助推行业发展，从而使各相关行业获得所需的效益。

第二节 会展管理

一、会展业

市场是商品交换顺利进行的条件，是商品流通领域一切商品交换活动的总和。从广义上看，会展市场是指在一定社会条件下，组织或个体为实现效益、进行供给或提出需求的一系列集中时间、空间的交易活动及其经济关系的总和。狭义上看，会展市场仅指会展需求市场。

会展市场一般由以下几个要素构成：一是会展需求主体，主要为参展观众等。二是会展供给主体，主要是会展组织者或主办者。三是会展管控组织。四是会展交易时空，即会展举办的时间和地点。会展场馆是开展会展活动的平台。五是参展商，是受办展机构邀请，通过制定参展合同，于特定时间在场馆展示产品或者服务，以求获得贸易机会的企业，如图9-5所示（高峻，2019）。

其中，会展组织主要指会展协会和会展管控组织。

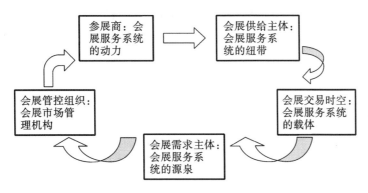

图 9-5 会展服务市场要素

(一)会展协会

会展协会作为企业与政府之间的桥梁,协助企业向政府反映发展中所出现的问题和困难,接受政府委托,对会展企业进行指导、协调和管理。

会展协会至少应该要具备以下几个条件:

第一,要适应我国会展业管理体制的变化。

第二,能在一定程度上协助监管会展市场。

第三,要有一定的市场调控能力。

第四,要有一定的权威性。

第五,行业协会本身的定位要合适,要管理行业,更要服务于行业。

第六,要有行业基础,不能仅仅是政府某一部门的职能延伸。

(二)会展管控组织

会展管控组织除了参与必要的市场监督管理,还参与国际交流与合作,举办会展学术研讨会议;进行会展项目企划与推介、推动会展高新技术开发与应用;开展会展业统计调查,组织展会质量评估、信息发布,对会展市场、风险防范和会展高新技术进行专业化跟踪研究,为地方经济发展和会展业发展提供决策参考;举办学术会议,提供会展和经贸信息咨询等服务。

二、会展服务

会展服务是指相关主体在因举办展览会而将众多的人群集中在一起的过程中,所提供的一切以提升展会宣传和展示水准为目的的活动,以及为参展商和参展观众更好地参展而提供的一系列服务活动,同时还包括由于展会的举办而衍生的涉及交通、住宿、商业、餐饮、购物、观光、媒体宣传等的一系列经济贸易活动。

会展服务不仅具有一般服务所应该具有的共同特性,尤其还具有过程性、人文性、综合性、差异性等自身特点。

(一)过程性

会展服务是由一系列活动构成的过程,在为客户服务的过程中需要运用各类资源,如人力、场馆、交通、物流等,还需要通过互动的形式来帮助会展客户解决问题。

(二)人文性

会展是人们交往的一种方式。在会展服务中,人文性贯穿于整个过程,即从会展项目宣传与推介、会展报名、会展议题、会展筹划、现场服务到会后的后续工作等都要体现人文性。

(三)综合性

会展是一个包括众多分支学科的综合性学科。会展学的知识领域涉及信息学、传播学、管理学、旅游学、艺术学、环境科学、公共关系学等众多学科。

(四)差异性

会展服务所涉及的主体很多。主办方、承办方、外包服务方以及为展会提供支持的公共服务各部门需要通力合作、协调共进才能提高服务效率,达到共赢的目的。会展服务的差异性有利于提高服务的灵活性和创新性,有利于针对不同的顾客提供差异化和个性化的服务。同时,对会展的服务方来说,保持服务的品质、力求服务始终如一、始终保持高水平的服务是非常重要的。

三、会展管理模式

(一)国际会展业的常见管理模式

1. 政府引导或干预模式

这种模式强调政府在会展管理中的核心作用,由政府部门或者准政府职能组织行使管理职能;这样的组织一般具有唯一性、全国性、权威性和指导性。代表性的国家是德国和新加坡。

政府授权德国经济展览会与博览会事务委员会(AUMA)对会展业进行行业协调和管理。AUMA 是德国代表政府进行会展宏观调控的唯一会展管理行业协会,在某种意义上可以把它看作政府职能的自然延伸,获得了政府让渡的权威和职能,包括年度展览计划的审定、展会名称和内容的审查、监督展览服务、组织作者评估和后期效果测评等。政府投资运营大型场馆时采用国有民营制,把场馆长期租赁或委托大型会展管理公司经营,自己只以股东的形式出现,对会展项目进行分类承包。

2. 市场主导型

市场主导型管理模式下政府较少介入,基本依赖市场的自发性力量调控企业的经营行为,企业能获得较大的自主性。即使是行业组织本身的成立也完全由市场驱动,即企业自愿自发组成行业协会,自我管理。代表性的国家与地区是法国、英国、加拿大、澳大利亚和瑞士等。

3. 政府市场结合型

这种模式处于政府引导和市场主导模式之间,政府在此并不是直接干预,而是在法律基础上,通过会展行业协会来贯彻其相关的战略安排。行业协会是联系政府和企业的桥梁,它是一个主动服务和参与式管理的行为主体。同时,协会组织也是企业联系客户和大众的重要桥梁。美国采用的就是这种政府参与和市场运作并行的模式。

(二)中国会展管理模式

根据2012年底我国会展项目运行情况看,政府主导型会展在我国展览项目中占主导地位。其中重要的管理方式有成立会展局这样的政府职能部,负责制定会展管理法律条例和相关政策;支配政府的会展财政预算;规划、投资和管理会展基础设施等。这种强控制的情况既与中国的管理方式有关,也和中国的会展经济处于落后状态的国情相关。

政府主导会展主要采取三种形式:

一是政府直接出资并组织会展;

二是政府出钱,但由其他机构筹办会展;

三是政府协办民间会展。这种政府主导的会展目前占50%—60%,如表9-3所示。

表9-3　会展场馆管理模式比较

模式	优势	劣势
政府设立管理机构自行管理	(1)国家作为投资方的收益较有保障,政府举办的各类活动,特别是公益活动的档期较有保证,可以发挥展馆经营的经济效益和社会效益; (2)熟悉本地市场环境; (3)可为本地锻炼培养大批人才; (4)经营发展策略可与城市发展战略高度统一	(1)运营风险自行承担; (2)人才要求较高; (3)管理水平要求较高而目前往往此为弱项
成立中外合资或合作公司共同经营管理	(1)可融合国内外管理优势,管理水平较高; (2)收益风险可由中外双方共同分担; (3)可以利用外方经验、品牌以及人才优势; (4)可带动培养本地专业人才	(1)运作成本提高,收益减少; (2)管理合同较繁复,合同期通常较长,较难根据市场情况变化做出反应; (3)沟通要求高; (4)政府主办的会展活动难以保障; (5)合资或合作公司经营战略未必与城市发展战略相吻合
政府委托管理公司进行经营管理	(1)有选择余地,管理水平较有保障; (2)降低基本收益风险; (3)可充分利用管理方优势; (4)可带动培养本地专业人才	(1)成本较高,收益减少; (2)合同管理有难度; (3)对本地市场成熟度要求较高; (4)境外公司面对本地文化差异可能难适应; (5)政府主办的会展活动难以保障; (6)政府与受托方沟通要求高; (7)可能不利于会展业的长期发展

第三节　会展场景设计

交互场景的思想由卡罗尔（Carroll）最早提出，强调将设计工作的焦点从定义系统的操作转变到描述什么人将使用该系统去完成其任务。交互设计改变了设计中以物为对象的传统，直接把人类的行为作为设计对象。人使用产品必须有一定的行为，这种行为是在特定场景下进行的，行为的完成需要相关技术的支持，因而人、行为、场景和技术4个要素构成了交互系统。

场景是交互系统中极其重要的要素。研究在特定场景下的用户行为，针对相应的场景对用户行为逻辑进行规划和设计，是交互设计的重要目标。不仅如此，场景设计概念的衍生还涉及建筑设计、多媒体艺术设计等方面。未来，还会有什么呢？

案例 9-3

基于场景的设计

什么才是基于场景的设计呢？以看电影为例，在整个看电影的过程中，涉及的主要场景有以下6个：线上买票—去电影院—线下取票—检票入座—观影—评论。基于看电影涉及的场景，格瓦拉App设计了一个基于场景的功能：当用户在格瓦拉App购票成功后，首页会出现如图9-6所示的场景玩具，其中有一个人偶小浮标，在不同场景下点击该浮标，会出现不同的内容，如在去电影院的场景下显示影院地理位置以及滴滴打车入口；在线下取票场景下显示取票二维码（可以凭二维码快捷取票）；线下取票后再点击小浮标显示电影开始时间以及座位号；观影后显示别人的评论以及评论入口引导用户去评论（高峻，2019）。

总结归纳这个案例可以得出，格瓦拉是基于用户看电影这一系列场景的判断与分析，理解用户每一场景的痛点及需求，预测用户下一步的目标及意图，通过设计缩短关键流程，辅助用户提高操作效率。通过对大量案例进行分析归纳，可以将场景设计的概念简单归纳为：基于场景，理解需求，预期意图，进行设计。

一、会展设计的内涵

设计行业内，会展设计大多被涵盖在展示设计的范畴。在中国，直到2000年后，会展设计才逐渐被业界重视。随着会展业的成熟，传统的展示设计已经显示出诸多弊端。由于展示设计大多被纳入艺术设计范畴，导致其设计作品大多以对视觉形式的探讨作为主要内容，设计思考很少从会展产业链的视角出发。而会展设计立足产业，其内容将策划学、设计学、传播学、营销学等跨学科知识真正融合在一起，满足了时代发展的客观

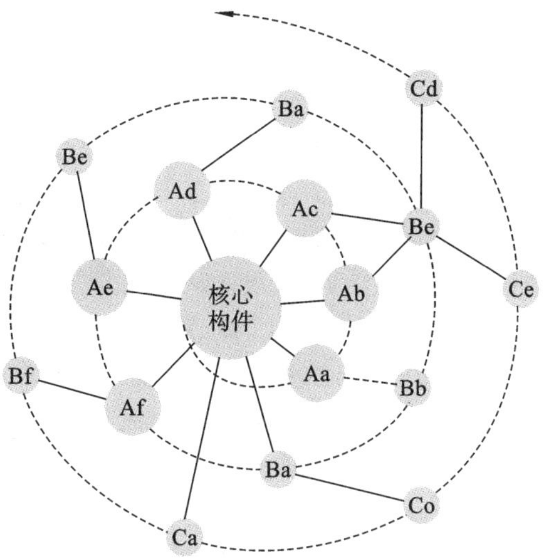

图 9-6　场景玩具"蛛网"模型架构示意图

需要。会展设计是一门跨学科的交叉性学科,在综合性、系统性方面有明显优势。

会展设计包括公益性会展设计和商业会展设计。公益性会展设计指博物馆、世博会等的设计。这里主要阐述商业会展设计。

商业会展设计是会展服务的重要组成部分。会展业属于新兴的现代服务业,服务是现代会展业的核心竞争力之一,会展服务质量决定着会展活动举办成功与否。优秀的会展设计不仅能够为观众带来完美的参展体验,同时能够满足参展商或组展商的商业需求。观众在感知会展服务时往往是通过有形因素带来的感官体验给予最直观的评价,因此通过设计行为将展会主题、企业信息等商业语言转化成观众易于感知的艺术语言是十分必要的。

会展场景设计应着眼于未来,展开更为综合、整体及深度的思考,应该有一个全新的设计思路,将会展设计过程中的每一个环节都从一个场景的视角展开,以故事的方式层层推进。它包含蔓延到实体空间的部分,虚拟空间的部分,活动推广的部分,展前预热的媒体推广部分,展后效果评价、客户社群维护的部分。它是技术与艺术发展到高级程度并深度融合的全新设计呈现。这种会展场景设计开启了会展设计的新时代,成为21世纪会展设计的新趋势。

二、会展场景设计的发展历程

(一)以展示为中心的传统会展

1851年至第二次世界大战期间的博览会,采用以展示为手段、以交易为目的的方式开展。在传统会展时期,展品大多以实体展示为主,会展设计主要以更好地展示产品为目的。20世纪60年代,受到后现代主义运动和曼菲斯设计风格的影响,非标准化摊位出现了,打破了以标准化摊位为主的局面。会展的格局从过去标准、封闭的空间形式逐步变成了开放、多元的展示格局。设计师在各种新思潮的影响下,大胆运用各种新材料、新结构表达自己的设计思路。即使如此,会展设计还是秉承以展品陈列为中心的设计理念、新技术、新材料的应用都是为了烘托氛围,更好地表达展品本身。

(二)以信息传达为中心的设计理念

20世纪90年代以后,伴随计算机和互联网的诞生而产生的新媒体技术,改变了人类的信息传播和沟通交流的方式,由此人类进入了一个全新的数字传播时代。计算机技术带来的一大批科技产业开始在市场崭露头角,会展上展品形态开始出现非物质化的虚拟产品。在数字传播媒体的推动下,会展业从传统会展时代迈入了数字会展时代。

数字会展是以数字化技术为基础,通过3D建模技术手段将展品和展示空间搭建在网络环境中,实现信息共享、内容共建的新型展览模式。网络会展、虚拟会展的展示形式极大提高了信息传播效率。在数字会展时期,会展设计主要以信息传达为中心而展开。此时,传统的设计手法不能有效地表达出电子虚拟产品的特性,用实体造型结构去诠释"科技感"的局限性也越发凸显。与此同时,学术界开始出现借助传播学理论展开对会展设计的研究,由此产生了以"信息传播"为中心的设计理念。以信息传达为中心的设计理念让设计师更多地开始关注传播媒介,即展示手段。

此时数字媒体技术的出现,成为吸引眼球的"法宝",极大地丰富了会展设计的展示手段,为观众带来前所未有的感官体验。数字媒体技术的发展满足了设计市场需求,受到了客户们的追崇,并逐步成为一种设计趋势。2010年的上海世博会更是将这种趋势推向了高潮,大批新奇的数字媒体展示手段出现在人们的面前。然而在市场实际运作过程中,以信息传播为中心的设计理念体现为更多地关注"信息传播者",而容易忽略更为重要的"信息接收者",即观众的体验,因此在发展过程中也暴露出诸多问题。

(三)以客户体验为中心的智慧会展

纵观会展设计的发展史,会展设计的主要任务都与展品或展示内容有关。在智慧时代,新一代信息技术的快速发展和应用成熟在改变人们的生活方式和行为习惯的同时,更是颠覆了传统行业的经济模式,如"互联网+"在各行各业产生了革命性的影响。这种传统服务产品的互联网化加速了会展市场中展品的非物质化趋势。参展企业的展示内容更多的是服务模式、服务理念、核心技术等一系列抽象虚拟的"展品"。近年来,随着交互设计和动态网页技术的发展,终端界面展示的形式愈显丰富,进一步凸显了传统会展展示模式的不足。

从体验角度来看,传统会展的展示形式无法吸引人们注意,观众不愿千里迢迢来到会展现场只是看看图文展板和发光灯箱,并且逐渐认为这是一种资源浪费。即使是数字会展中的网络会展、虚拟会展,也是不温不火的状态,并非像预言那样能够取代实体会展。因为后世博时代,数字多媒体仅靠形式本身已经无法吸引人们的眼球。于是市场对其的态度回归理性,开始注重形式背后的实质内容。

社交媒体和移动互联网技术的发展,使会展活动的整个格局正在发生改变,不再是由参展商和组展商决定观众看什么,而是将话语权移交给观众,由观众决定展示内容、展示形式。观众不再是被动地坐在那里看着演讲人说话的脑袋,而是成为活动的参与者,要求有更大话语权和更主动的参与体验。在跨界融合的环境背景下,"用户体验(UX)""客户体验(CX)""以用户为中心(UCD)"等概念不仅是工业设计、交互设计等学科的设计理念,也逐步渗透其他设计领域,这也为注重体验的会展设计指引了新的方向。如今客户体验已经成为企业在市场竞争中的"利器"。以客户体验为中心的服务理念不仅为会展业的发展指明了方向,同时也成为智慧会展中会展设计的最新理念。

(四)以故事为中心的会展场景设计

时至今日,会展依然处在一个伟大的变革时代:浩浩荡荡的体验经济,改变着我们的设计理念,一切设计以提升用户的感受为目的,体验设计深入毛囊。商品是有形的,服务是无形的,它们所创造出的那种"情感共振"型的体验当然是令人难忘的。在大众消费的时代,人人都是人生故事的主角,创造个体的精彩成为平常,对场景的渴望成为必然。体验的互动需要营造美轮美奂的场景,而虚拟科技的迅猛发展正巧使会展技术突破诸多限制,可以令人自由地在现实与想象中穿梭,场景切换可以如此轻松、频繁和物美价廉。

参展商客户优美转身,在会展中摆脱具体的销售等初级方式,开始收集数据、进行活动集会等多元化非直接目的的宣传,场景开始使参展更有故事感,迎接更多未知可能。这是一个未知的时代,种种的不确定和确定因素,都在告知设计师,用场景的方式开始会展设计是迎接这个时代多种变化的最好方式。重视会展场景设计是时代发展的必然。

三、会展场景设计的特征

不同阶段的会展场景设计有不同的特征。当下的会展场景设计呈现出了强叙事性、超体验感、生态实现、超现实美、社群传播等鲜明的时代特征。

(一)强叙事性

场景是关于人及其活动的故事,故事之于场景必然是最为重要的因素。众所周知,展览必须有主题,同样需要一定的方式或结构方便观众理解。在会展场景设计的概念里,每个展览都在讲"故事"。这里的故事是指由子主题和主题的展开而形成的一系列生动的内容,有的是具有时间、地点、人物和事件等的真实故事,有的则根据一定展示脉络将展示内容集合和串联起来,以此阐述该展示的意义、目的和核心。以故事为线索的场景设计,需要将主题具体化、扩展和深化。它需要有一定的层次和结构,也就是说需要形成一个便于组织、展示和获得效果的解构。

(二)超体验感

21世纪,随着体验经济的到来,物质生活水平的不断提升,人们越来越注重精神上的需求和情感上的交流,体验至上足以概括这个时代的特征。在体验经济时代,设计的主要目的就是满足人们的自我实现需求和情感需求。展示空间设计也在迎合这种体验至上的需求,更加趋向情感化、人性化。会展场景设计的新思维关注的体验设计在人文结合下更为综合,在技术支持下更为成熟和自由,其中包括现实与虚拟的高层次的结合,"人"与"产品"交流与对话的交互体验设计,等等。然而,无论怎样的体验设计,其设计对象的本质就是人的行为。值得一提的是,在体验设计过程中,较常用到的设计方法是情景故事的构建,即在具体的场景下以讲述故事的方式来发现问题并解决问题。

(三)生态实现

会展产业所带来的环境问题已经足够严重,设计师已经意识到要肩负起生态设计的责任,使作品、人与自然和谐发展。会展场景设计理念是通过主题的故事性进行导入,而后场景的线索、脉络一并展开,层层解构,不断递进。在设计的风格与人文的构造上会展场景设计的目标清晰、明确,节约了多余的装饰造型。总之,会展场景设计关注人的互动,摆脱了多余的装饰,使实体空间大大减少,而科技的发达使得虚拟空间、交互体验质量迅速上升。因此,实体物的应用更少,虚拟空间的体验和可变性却大大增强,会展的生态实现变得更加现实,可能性更高。

(四)超现实美

意象空间中的审美体验不仅是个人的直观感受,更是为展开联想和发挥想象创设的巨大的社会历史乃至文化心理的空间。艺术意象空间总是和本体的直觉感受以及情绪体验息息相关,它的存在能够诱发直觉的感受力,同时产生不同层次的感悟,这使艺术意象空间打破了观众本能意识与无意识心理之间的隔离,使得潜在的心理屏障被无意识的心理体验消除,最终引发了情绪与灵感的交融和共鸣。会展场景设计更为关注参观者的心理感受,虚拟空间、超现实的意向表达会成为设计主体,观众参展的过程成为超现实审美体验的过程。

(五)社群传播

社群经济已经成为市场经济的重要部分,对社群环境的营造已成为会展业必须开展的工作。会展场景设计是超越现场造型设计的设计,不仅要关注到虚拟空间的设计,也要关注展前、展中、展后客户群体的交流与沟通,由此而产生的由手机、电脑、手表等现代通信工具所带来的界面互动设计、内容提供、现场解说等系列设计,与展中的空间造型设计都属于会展设计的范畴,并应与其空间造型设计内容协调一致。

践行绿色理念,打造生态会展

为实现企业乃至社会经济的可持续发展,经济发展绿色化正逐步成为时代发展的大趋势。政府工作报告也将"推动绿色发展,促进人与自然和谐共生"列入"十四五"期间的主要目标任务之一。由此可知,在实现小康目标后,促进生产生活方式的绿色转型,已成为国民经济和社会发展的重中之重。会展业是国民经济中的小行业,但"会展业绿色发展"列入了国务院《关于加快建立健全绿色低碳循环发展经济体系的指导意见》,足见兹事体大,应引起会展业者高度重视。

会展业绿色发展的难点凸显于展示工程和展会垃圾两方面。

展示工程的绿色转型在于环保搭建,核心是采用无污染、可回收并能重复利用的材料。以轻钢材料代替木质材料，是目前国际展示工程环保搭建的趋势。

展会垃圾指展会结束后存留于现场的垃圾，包括展示工程的建筑垃圾、喷绘布、纸质印刷品、展品包装物、地毯等废弃物。全国政协委员、浙江省商务厅副厅长王坚在2020年全国两会上反映：2019年全国展装垃圾达86.8万吨，回收利用率仅10%左右。他评论："一个展会结束就诞生了一个垃圾场。"据了解，一个展览面积为10万平方米的展会所产生的垃圾，需要十余台大型卡车清运1天。

毫无疑问，会展业绿色转型的主战场在展会现场。作为会展人，不能只看明确出现"会展"字眼的段落和章节，总体要求中"贯彻新发展理念，全方位全过程推行绿色规划、绿色设计、绿色投资、绿色建设、绿色生产、绿色流通、绿色生活、绿色消费，使发展建立在高效利用资源、严格保护生态环境、有效控制温室气体排放的基础上"，是《意见》的核心。

资料来源 张凡，绿色会展推行于展会现场，湖南会展协会，2021-03-15

本章思政总结

正如习近平总书记所言，一个国家、一个民族的强盛，总是以文化兴盛为支撑的，中华民族伟大复兴需要以中华文化发展繁荣为条件。会展是文化传播的重要途径之一，是一种以特定空间内的人群聚集为基本特征的人类物质文化交流活动。其形式丰富多彩，主要包括会议旅游、奖励旅游、大型企业会议、展览和节事活动五大组成部分。会展深刻地影响着当今人类社会发展的各个方面，作为经济的"推动器"、文化的"传播器"，发挥着不可替代的作用。会展市场是开展会展活动的平台，会展供给主体、参展商、会展需求主体、会展交易时空、会展管控组织构成了会展需求的五要素。会展服务除具有一般服务产品特征外，还具有过程性、人文性、综合性、差异性的特征。会展场景设计是技术与艺术发展到高级程度并深度融合的全新设计呈现，具有强叙事性、超体验感、生态实现、超现实美、社群传播等特征。

会展行业作为新型产业和新型服务业，已成为经济发展的重要动力之一，要坚持跨界融合、模式创新，促进服务业扩大规模、拓展空间、优质高效发展。

复习思考题

1. 请根据自己的理解对会展进行界定。
2. 如何理解会展业的定义？
3. 如何理解会展业是"城市的面包""城市的名片"？
4. 请举例说明会展服务的特点，为什么要关注和研究这些特点？
5. 简述会展设计的概念。

第十章
旅游接待的质量管理

学习目标

1. 理解旅游接待原真性的内涵。
2. 理解旅游接待业"好客"的内涵与关键要素。
3. 熟悉旅游接待服务质量的定义和维度。
4. 掌握接待服务质量的测量方法。
5. 了解服务质量管理和控制方法。

思政元素

1. 好客之礼是中国重要的传统文化,是提升国家文化软实力的重要路径。旅游接待业是展现中国好客优秀传统的重要窗口,提升旅游接待的服务质量对打造国家旅游形象品牌工程意义重大。

2. 以旅游接待业为代表的中国服务业有巨大的潜力和发展空间。高质量的服务业将会打通中国经济的"内循环"与"外循环",使"内循环"与"外循环"相互促进,协调发展,成为中国经济高质量发展的新引擎。

章前引例

南京中心大酒店:创新带来极致服务

在南京最为繁华的商圈新街口,坐落着一家装修典雅的高星级酒店——南京中心大酒店。它以常年75%—78%的客房出租率,演绎着老牌五星级酒店的深厚底蕴和非凡活力。

服务制胜

"服务人员热情、超级贴心,给人宾至如归的感觉……"打开携程随意浏览中心大酒店的万余条点评发现,对酒店服务的溢美之词不断涌现,这也正是中心大酒店赢得市场的关键所在。

自2008年中心大酒店推出"以主动发现宾客需求,给宾客带来惊喜"的礼仪行动以来,酒店客房出租率不断提升,好评也日益增多。中心大酒店有限公司董事长谭秀玲表示，酒店正是通过员工由衷的热情与激情来提升整体服务质量，从而提升酒店在市场的竞争力。

据介绍，所谓礼仪行动，是由核心价值、行动范畴、具体条目、衡量标准和激励机制等组成的一套系统的服务体系。员工按照该行动执行服务，酒店定期评选出星级礼仪大使，以激励员工继续做好服务工作。酒店客房总监白敏就是星级礼仪大使的代表之一。她告诉笔者，自己见证了礼仪行动条目库从最初的几十条到现在扩充到近300条，每一条都让她受益匪浅，每一条都是员工从一线工作中总结出来的。白敏记得，有一次她看到客人在客房留下的有关中山陵的便签，判断这是来南京旅游的客人，便专门为她设计了一套旅游攻略。如今，为客人制定旅游攻略也成为条目库内的一条了。

2019年初，中心大酒店又对礼仪行动进行了"二维动态"升级，在时间维度、空间维度两个方面全程关注宾客住店的每一个"节点"。酒店还专门设立了迎客送客信息通报群、在店客人有价值信息通报群、客房硬件难题解决群，组成"铁三角"，以保证信息的及时传递，并且提供最及时有效的服务。谭秀玲称："每一个员工都成为一个重要的'节点'，这是一个从点到面的转变，加速问题解决的同时，也让员工获得对自身价值的认可，让领导的作用进一步提升。"

创新升级

面对竞争愈发激烈的酒店市场，作为一家有近30年历史的老牌单体酒店，中心大酒店积极顺应市场的变化，从硬件设施到酒店理念，都在不断进行调整。谭秀玲认为，没有好的管理就没有好的服务，因此，中心大酒店的创新便从管理层开始。

"向下替代"是中心大酒店管理创新的一个突破。谭秀玲坦言，老酒店总会面对一些硬件问题，除了每年投入700多万资金去调整完善外，采用"向下替代"的方式，即让管理层到一线去体会客人的感受，那么他们就会寻找到最合适的办法去解决问题。以房间小的问题为例，管理层到一线体验后，总结出了一段"入住一房间，拥有一座城"的解说词，让客人既能理解房间相对较小的原因，也能感受到房间设计的故事。同时，酒店还针对管理层推出了"五在"理念，要求其"在现场、在管理、在服务、在做最困难的事、在起推动作用"。如今，酒店关于"房间小"的反馈每个月只有两三次。

中心大酒店在其他方面的创新同样可圈可点。"午餐223份、晚餐109份，销售前五名的有皇家虾仁饭、小炒黄牛肉、龙虾饭……"在谭秀玲的工作群里，酒店当天的外卖销售情况一目了然。据悉，酒店目前一年的外卖销售额可达300万元。

在新人培训方面，中心大酒店的灵感源于新加坡樟宜机场的"机场脚印"培训法，让培训的内容更加直观简约，大大节省了酒店培养新人的时间和精力。

称贤荐能

与酒店的创新升级一样，人力资源同样是酒店可持续发展的生命线。谭秀玲表示，目前酒店行业不得不面对酒店员工及管理骨干平均年龄上移、服务业教育背景稀缺、平均工资吸引力下降等问题。为此，南京中心大酒店做了诸多探索。

谭秀玲认为，对于南京中心大酒店普通员工来说，最具吸引力的莫过于"礼仪大使"这个称号。300多位员工均可参加每三个月一次的"礼仪大使"评选，40余个星级"礼仪大使"称号及可观的福利待遇激励着每一位员工都尽最大努力坚守岗位。从一线员工到客房总监，白敏用了十年不到的时间，她认为自己是被客人"夸"出来的，而这背后，也少不了"礼仪大使"的激励。

对于新员工的培养，酒店更注重管理层在"向下替代"的过程中，把工作理念传递给新员工，同时也注重发现值得培养的员工。

南京中心大酒店还格外注重留住老员工。谭秀玲认为，从酒店基层提上来的人，对酒店的文化根基有着更深的理解，在不同平台的作用下，会越做越好。酒店副总经理孔德强便是多位与酒店共同成长的员工之一，1991年中心大酒店试营业时便来到这里的孔德强，当初只是一名安保人员。孔德强感慨："在其他酒店，最多能成为酒店安保部的负责人。但在这里不同，酒店对员工一视同仁，愿意发现、培养、发挥员工的长处，让所有人都有发展机会，从而让员工在酒店发光发热。"据了解，南京中心大酒店员工流动率由2007年的18%逐年下降至2019年的10%以下，走出了一条良性循环的道路。

资料来源：http://www.ctnews.com.cn/jdzs/content/2019-11/14/content55591.html

思考：员工在提高旅游接待业服务质量方面扮演什么样的角色？

第一节　旅游接待的原真性

一、原真性的概念

authenticity 一词源于希腊语 authentes，意为"权威者"或"某人亲手制作"，最初用于描述博物馆的艺术展品。原真性在旅游研究中通常被认为是一种"真实（reality）"的表现，或者说包括"真正的"（genuine）和"真诚的"（sincere）两个方面。原真性能够把特定性质与某一物品或人联系在一起，发挥标签作用。它暗含着一种地方文化的内涵，指的是可以作为识别企业形象的标志性事物和身份。

原真性被认为是激发旅游者积极性的重要驱动力。追求真实的体验被认为是旅游业发展的主要趋势之一。因此，原真性对旅游企业来说至关重要，企业能因保持原真性而受益。由于全球化的发展、污染的加剧以及其他因素的影响，人们非常渴望有一个"避风港"，因此增加了对原真性的产品和服务的需求。消费者不愿再接受虚假产品，大部分消费者要求交易透明，以便追踪到产品的真正来源。提供原真性体验的企业可以使顾客满意，因此，许多企业想表现出原真性，但是如果企业不改变自身的商业行为，公众会认为他们是不真实的。

二、互动原真性

旅游接待业中旅游者的原真性体验更强调互动原真性。互动原真性是一种源于旅游者和本地东道主的接触、互动和交流的原真性。为了寻求互动本真性，旅游者不是被动的,而是主动的、积极参与的,并卷入了自己的情感。互动原真性是一种特定的社会现象,如家庭关系的亲密性、亲朋好友之间的真情实意的好客。就旅游者来说,他们同样可以获得家庭关系中的亲密性、自然性和原真性,却难以从外部的陌生人社会中获得类似体验。在都市社会,由于人际关系的特征主要是肤浅性、漠然性、过渡性和匿名性,获取互动原真性显得尤其困难。因此,旅游接待企业在顾客(旅游者)的异地旅行中提供如家人般的互动原真性体验对于提升其旅游体验和满意度就显得尤为重要。

对于旅游接待业,互动原真性体验的重要来源是服务人员。服务人员的服装、语言、面部表情、态度和速度带来了顾客对原真性的感知。例如,有研究发现服务接触对顾客在餐厅的体验有正面的强化作用,同时服务人员在与顾客接触后也会得到更高的评价。这充分说明了旅游接待业中服务的重要性。重视顾客互动原真性体验的企业往往十分看重服务人员的角色。例如,源自法国的 Club Med(地中海俱乐部)是目前全球大型的度假连锁集团之一,提供了"精致一价全包"的全新度假理念,吸引着来自世界各地的旅游者。Club Med 以其开拓性精神为主导去发掘奇幻,70 个度假村总是坐落于世界上最为浪漫、有魅力和宁静安详的地方,每一处都是适合放松身心的度假天堂。G.O 文化是 Club Med 独特的品牌文化。G.O 即 gentle organizer 的缩写,意为"友善的组织者"或"亲切的东道主"。G.O 是 Club Med 对员工的一种称谓,更是一种待客之道的体现。在 Club Med,G.O 是度假村真正的主人,他们来自全球 100 多个国家,掌握两门以上语言,并拥有一技之长,以热情和高素质的服务著称。G.O 团队是 Club Med 的精髓所在,他们与顾客建立了真正的纽带,化身为顾客旅途的伙伴,带领顾客探索度假村的独特景致;他们秉承 Club Med 的精神,为每一位顾客营造轻松的社交互动氛围,带去快乐的假期。Club Med 目前遍布全球二三十个国家,拥有着来自 10 个不同国籍的 23000 多名亲善组织者(G.Os)和亲善员工(G.Es),通过法式元素的融入,为家庭及情侣打造难忘的度假体验。

三、旅游接待业保留原真性的困境

旅游接待业的商业本质使其必须要考虑企业运营的效率最优化。为了提高运营效率,最常采用的策略是服务标准化。从用户角度来看,服务标准化有 3 个优势:第一,确保安全、品质、耐久性和易用性等,利于建立顾客信任;第二,准确、恰当的信息有助于充分满足顾客需求;第三,可以为更多顾客提供普适性的多样化选择。

但一些研究者认为,标准化不利于维持独特的企业形象,并且会侵蚀旅游者体验的差异性。旅游接待业产品开发过程中,若能保持原真性,会带来差异化的产品,进而产生较高的顾客满意感,但同时也会产生较高的开发成本。相反,若采用标准化战略,则会开发出同质化的旅游产品,进而产生较低的顾客满意感,但同时这一战略的开发成本也比较低。

消费者既要在原真性和性价比之间进行考量,又要同时考虑文化原真性带来的心理愉悦和标准化带来的身体愉悦。与此同时,旅游接待业的开发企业需要权衡保持原真性或者实施标准化战略的利弊。正因为如此,早期文献认为,在原真性与标准化之间,消费者和生产者均存在两难。

四、原真性与标准化的平衡

对于大型旅游接待业集团来说,要获得竞争优势和规模效益,必须同时兼顾原真性与标准化。原真性在保持个性化、增强对消费者的吸引力方面起重要作用;而标准化的设计、生产和服务则影响着服务企业的对客服务水平。

成功企业的答案是通过大规模定制化协作开发来提供旅游接待业服务产品。这可以解决原真性和标准化的矛盾问题,并可以促使旅游接待业集团获得和保持可持续竞争优势。旅游接待业集团的子公司需要通过差异化以避免失败,它们可以通过保有原真性来获得显著的身份识别。作为集团的一员,子公司需要满足集团的最低标准,进而对具有集团共同特征的标准进行识别。集团通过标准化可以促使各子公司共享知识和规范,实现战略协同,进而获得可持续的竞争优势。

第二节　殷勤好客的服务

一、接待业与好客观念

英文中,hospitality(好客)一词来源于希腊文 hospes,hospes 则来源于 hostis。hostis 意思为"陌生人",并逐渐发展为"敌人"或者"充满敌意的陌生人"。好客逐渐演变成对陌生人盛情款待的行为。接待业在英语中沿用了 hospitality 一词,说明其与好客观念的密不可分。

好客是接待业服务区别于其他行业的核心价值,并且随着体验经济的不断发展成熟,服务营销范式开始由功用视角向体验视角转变,它的重要性日益凸显。好客本身作为客人与服务企业的互动,成为创造难忘体验的重要源泉。

二、好客文化发展的历史脉络[①]

(一)历史早期的待客:虔诚的精神性好客

在原始社会,从本地人的角度看,远方到来的客人是陌生人,对待陌生人往往采取两种不同的态度:好客,或者是敌视。换言之,对待旅行者的好客,仅仅是对待陌生人态度的一种。部分对陌生人盛情款待的行为,逐渐形成了针对陌生人的好客文化。对古希腊人来说,客人的身上总是散发着一种"神奇"和"神秘"的气息。热情好客,用美酒佳肴款待每一个陌生人,它的起源纯粹就是对陌生人的恐惧。另外,在古希腊和古罗马,好客是受到宗教鼓励的,如修道院往往会给旅行者提供食宿款待。古希腊人认为,款待客人是一件神圣的事情,客人将受到众神的特殊保护,而好客的主人可以得到上天的恩

---

① 李正欢. 旅游业"好客"研究的多维视野审视[J]. 北京第二外国语学院学报,2009,31(11):25-31.

赐。因此古时代的好客是在"陌生性和款待神力化身的矛盾"或宗教权力的鼓励下产生的,所以更多地呈现的是虔诚的精神性好客。

(二)历史中期的待客:伦理义务规范和符号表征的好客

旅行在早期被视为一种危险的活动,所以为旅行者提供一定程度的安全保障成为很多地区对好客的一种道德规范。当地人身上承载着保障客人不遭抢劫或身体受到伤害的好客符号义务,同样客人也承担着不能伤害当地人的义务。甚至在某些地区,主人的义务不仅仅是保障客人安全,还应该为客人提供舒适、自在和欢迎。在欧洲,好客表现为一种社会仪式,譬如建筑中的墙、入户门、门廊和大门都可视作对客人欢迎仪式的一部分。在门口对到访者光临所采取的仪式意味着客人从外面到里面的一种地位转换,从而由"他们"变成了"我们"中的一部分。同样这些仪式可以显示出到访者与主人之间的地位关系,如高级别的客人通常可以到达一般级别到访者所不能到达的更加私人的内部区域。义务规范下的好客,不仅仅对主人具有义务规范,对客人同样如此,如客人的行为举止要得体、不要伤害主人并不要在主人家逗留过久等。例如,萨拉热窝一家咖啡馆为疲倦的旅行者提供免费咖啡,随着旅行者逗留的时间增长,问候从最初的"欢迎(welcome)"到"还在这儿(still here)",再到最后就是劣质的"发霉的咖啡"了。

所以,即使是受伦理义务规范的好客,依然具有明显的符号特征。首先,它具有明显的互惠性,好客是建立在双方的基础之上的,它是以礼物交换以及双方的言谈举止为基础,存在于"给予"和"接纳"的关系之中。其中的角色划分非常明确:主人,是给予的一方;而客人,是接纳的一方。如果进一步研究,人们还会注意到,其实双方都既是给予者,也是接纳者。其次,主人的好客表征着某种功能,成功的款待可以为主人带来"巨大的感谢"和"巨大的称赞",稳定或提升主人的社会、政治、经济地位。

(三)现代商业化的待客:制度性的功能系统

随着富裕旅行者数量的不断增加,不可避免地出现为旅行者提供服务的商业组织。例如,随着旅行条件的改善,贵族和富人开始兴起以水疗(SPA)、温泉疗养为主要形式的旅行,这一类旅行者量在 1715 年达到了 8000 人次。起初,这些贵族和富人自带家仆在租用的房子或公寓里为自己提供服务,后来便出现了为这些贵族和富人提供专门服务的舒适的豪华饭店。由此区分出了两种类型的好客:私人化的好客(private hospitality)和商业化的好客(commercial hospitality)。私人化的好客是指在私人环境(如家里),由个体对个体提供好客的行为;商业化的好客则是指出于利润动机而给客人提供餐饮、住宿和娱乐。商业化的好客源于两种形式:为贵族(尤其当时的欧洲贵族)提供高豪华期望的住宿,以及为平民提供有限服务的住宿。这两种形式反映到现代商业化接待业中,便表现为万豪(Marriott)和里茨-卡尔顿(Ritz-Carlton)饭店等形式。

因此,商业化的好客是一种特殊形式的主客关系。在这种关系中,主人知道要给客人提供什么类型的愉悦并要尽量提高客人的舒适感和幸福感,并通过尊重、训练有素和社会仪式过程,以面对面的互动形式,将舒适感与幸福感充分和完美地传递给客人,目标就是提高客人的满意度和发展回头客。

三、旅游接待业"好客"的内涵

接待业提供的产品可以看作拥有一个类似洋葱的层状结构,由内向外分别为基本层、娱乐层、服务层和好客层,如图10-1所示(Tasci,Semrad,2016)。位于洋葱最内层的是接待业产品的基本要素,为客人提供维持基本生存需要的服务,包括安全庇护、住宿设施、饮食、清洁卫生设施等。再向外一层是娱乐层,这一层要素通过为客人提供娱乐满足他们更高层次的需求,如社交、学习和自我实现,支持娱乐的服务设施有电视、运动场地、游泳池、温泉浴场等。再向外一层是服务层,通过完成特定的服务任务满足客人需要,如客房打扫、前厅服务等。最外面一层是好客层,通过好客的态度和行为满足客人心理需要。

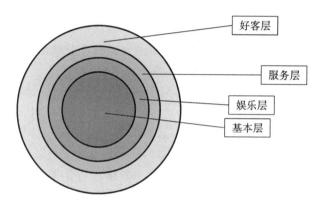

图 10-1　接待业与好客的关系

好客之所以是接待业的核心价值就是因为其他产品层中部分内容的缺失并不会导致客人对接待业体验的不满,"好客"则是不可或缺的产品要素。例如,在基本层中如果商家未提供餐饮服务,客人并不会感到自己被怠慢。在经济型或者更简约的接待业服务企业中,娱乐层产品可以整体被移除,而不影响客人的好客体验。服务层略微特殊,由于好客体验大多数是由客人与员工的互动产生的,因此当大量服务任务由机器或自助设施代替员工完成时,客人的好客感受就会受到一定影响。好客层,是接待业产品服务最重要的要素层,如果缺少了好客的态度和行为,接待业企业的对客服务价值就会遭到质疑。

近几年很多学者开始研究好客度的测量问题。好客度反映了东道主或接待业员工的好客行为在多大程度上是发自内心的,他们在多大程度上真正地渴望为他人带去愉悦以及关照他人,他们在多大程度上能理解并照顾到客人希望受到真心欢迎的需求、受到尊敬的需求以及被重视的需求,并且这些欢迎和服务必须是真诚和发自内心的。

四、现代接待业中的商业化"好客模式"

在商业化的好客中,主客关系并不是一种平等的关系:主人寻求如何愉悦客人,如何给客人提供服务以及如何实现客人的需求或愿望的各种方法,而客人一旦不满意,则可以随时决定要不要再去光顾。而传统好客中所强调的社会仪式(social rituals)同样在商业化好客中得到了充分的体现,如在客人入住时致以问候和欢迎,离店时致以感谢,而一旦这些仪式没有得到很好的执行,则会被认为缺乏"好客",客人也会感到不满意。所以,这些为商业化好客所规定的"仪式"在酒店中便形成了酒店的服务标准与规范,成为酒店规章制度的重要内容之一。因此,卡洛儿提出了一个商业化的好客模型,模型中包含以下因素(见图10-2)。

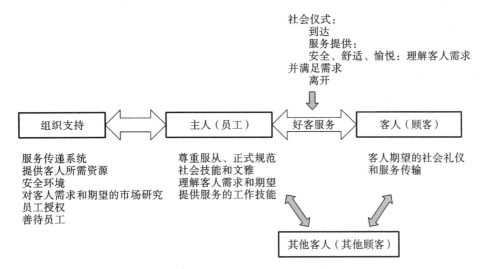

图 10-2　现代旅游接待业的好客模式

(一)主人(员工)与客人(顾客)

商业组织环境下的好客是一种特殊的主客关系,主人理解和洞察客人的需求和经历,并以一定的工作技能、社会技能、谦卑、热情地与客人交往,但又必须与客人保持一定的社交距离和差别。

(二)组织支持

在主客交往中,必须有一个组织来保障服务传输系统的正常运转,如对客服务所需的资源、安全的环境、对客人需求和期望的市场研究、对员工授权等。

(三)社会仪式

从客人到达、为客人提供服务直至客人离开,作为主人的员工都必须理解客人需求,遵从一定的服务标准与规范,为客人提供安全、舒适和愉悦的服务,满足客人的需求(李正欢,2009)。

卡洛儿的好客模式概括出现代服务业企业对客服务过程中的好客特征:在主客交往的过程中,客人的需求被期待、被计算,主人的对客服务被高度组织化和制度化,而目的就是提高客人满意度和提高客人的重访率(repeating),以获得更多的利润。所以这种高度组织化、制度化的好客注重的是好客的机制和运作效率。

五、好客体验的四大要素

旅游接待实施的核心原则是为顾客提供美好而难忘的好客体验,为此,在旅游接待实施过程中需高度重视服务、员工、顾客-员工关系和顾客间关系四大要素。

(一) 服务是好客体验的必要组成部分

接待业是典型的服务行业,一次完整的旅游消费历程中,顾客对服务的感知和评价直接影响到其对于整个旅游体验的评价。因此,在顾客的好客体验管理过程中,服务质量、服务场景因素和服务设计都是重要的考虑因素。优质的顾客体验管理应当是服务导向的。换句话说,一个接待业中的服务企业,其政策制定、业务经营、系统设计、员工及其行为等方面的元素都应当聚焦于服务,从而确保顾客满意。作为接待业的核心要件,服务对于确保顾客的感知价值以至企业经营的长期可持续性都非常关键。

由于服务对接待业体验的重要性,服务氛围也很关键。服务氛围被定义为员工从公司获得的组织支持的主观感知,以政策、实践和程序的形式创造了员工以顾客为中心的独特环境或令其在获得组织资源(例如授权或管理援助)后具有服务意识。因此,服务氛围不是组织属性,而是一种个人属性,它的衡量标准是对个人心理的看法,而不是组织特征。营造合适的服务氛围是接待业顾客体验管理的一个关键方面。

(二) 员工在创造难忘好客体验中的角色

无论从运营的角度还是业务成功的价值角度分析,员工的重要性都在日益增长。接待业员工与顾客进行频繁、亲密的互动,因此在确保顾客满意度、保留回头客和提升顾客忠诚度方面处于关键位置。

员工充当服务企业提供积极顾客体验并获得顾客承诺的桥梁。在服务交付过程中,员工保证服务质量并达到顾客期望。他们还充当品牌大使,传递价值并维护企业或品牌形象。同时,由于服务传递也是社会互动的一种形式,员工的想法会通过服务时的态度与行为举止"泄露"给顾客。因此,吸引并选择合适的员工至关重要,员工是竞争优势的主要驱动力。

那么,如何才能提高员工承诺和敬业度呢?工作中的乐趣对于提高员工的积极性和工作效率以及减轻员工压力至关重要。有趣的工作环境是员工经常提到的需求,根据员工的说法,工作和娱乐之间的界限正在模糊化。在许多情况下,工作中的乐趣创造了一个促进组织文化的环境,从而在工作场所带来积极的体验。"通过吸引员工的心"来培养组织文化是接待业企业的首要任务。

员工与同事分享他们的体验,并与顾客一起共同创造难忘的体验。因而员工的工作体验是服务公司的主要成功因素,管理服务资源中的人力资源对于管理好客的顾客体验至关重要。

(三) 好客服务涉及广泛的顾客-员工关系

在高度互动的服务(如酒店)中,顾客所感知的服务质量在很大程度上取决于他们与员工的互动和后续关系。顾客与员工的互动是独一无二的关键活动,无论技术如何进步,人际互动仍将是提供独特顾客体验的最关键方面。

由于顾客往往缺乏迅速评估服务所需的技能、专业知识或培训,逐渐积累的人际互动会随着时间的推移影响顾客对接待企业的情感。只有通过持续的互动和相互依赖,服务企业和顾客才能形成牢固的情感纽带和信任关系。在接待业,顾客与服务企业的互动时间比许多其他服务行业(例如零售和银行)更长。例如,酒店顾客通常停留一晚以上,在入住期间,他们可能与酒店员工进行多次互动。已有研究表明,在酒店住宿期间,员工-顾客关系是影响顾客满意度和忠诚度的关键影响因素。万豪集团非常重视员工关怀,因为员工帮助企业照顾顾客,员工理应得到良好的照顾。顾客与员工关系的重要性突出了其与营造服务氛围的相关性。因此,促进员工和顾客之间的良好互动是好客体验管理在接待业环境中的另一个关键方面。

(四)顾客间关系是好客体验的组成部分

接待业的服务环境为顾客提供了与其他顾客分享服务体验的独特机会。正是这些集体体验增强了个体顾客对个人体验的感知,例如拥挤的音乐会或夜总会体验。因此,顾客与顾客之间的互动是许多酒店服务的关键因素。实际上,顾客之间的互动构成了服务的微观社会环境。在酒店和餐厅的服务体验调查中,顾客之间的互动是服务环境调查的焦点,也是顾客满意度的重要影响因素。一个很直观的例子是各种社交媒体平台上服务企业、(潜在)顾客与其他顾客之间的互动。社交媒体网站,如元宇宙(原Facebook)、Instagram、猫途鹰(TripAdvisor)和新浪微博等,是促进顾客之间以及顾客与酒店、旅游企业之间基于三方对话的沟通的平台的代表。通过社交媒体,用户不仅分享他们在社区中的积极或负面体验,还能令世界各地成千上万的人共享这些信息。因此,社交媒体正在重新定义顾客体验形成的方式。

第三节 旅游接待服务质量

一、定义服务质量

对旅游接待企业而言,质量评估是在服务交付过程中进行的。每一次的顾客接触都是一个使顾客满意或者不满意的机会。顾客对服务质量的满意可以定义为:对接受的服务的感知与对服务的期望之间的比较。当感知超出期望时,服务被认为具有卓越的品质,也就是一种高兴和惊讶。当没有达到期望时,服务注定是不可接受的。当期望与感知一致时,服务质量是令人满意的。如图10-3所示,服务期望受到口碑、个人需要和过去经历的影响。

二、服务质量的维度

图10-3给出了服务质量的维度。顾客用来判断服务质量的五个基本方面按相对重要性由高到低分别是可靠性、响应性、保证性、移情性和有形性。

可靠性是指可靠地、准确地履行服务承诺的能力。可靠的服务行动是顾客所希望

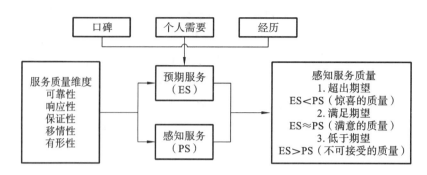

图 10-3　服务质量感知模型

的,它意味着服务以相同的方式、无差错地准时完成。举例来说,考虑一下你对送到家的外卖的期望。可靠性也可以延伸至后台办公室,在那里员工必须准确地开列账单和记录。

响应性是指帮助顾客并迅速提供服务的愿望。让顾客等待,特别是无原因的等待,会对质量感知造成不必要的消极影响。出现服务失败时,以专业的精神迅速解决问题会给质量感知带来积极的影响。例如,在误点的航班上提供免费饮料可以将旅客潜在的不良感受转化为美好的回忆。

保证性是指员工表达出的自信与可信的知识、礼节和能力。保证性包括如下特征:完成服务的能力、对顾客礼貌和尊敬、与顾客有效地沟通、将顾客最关心的事放在心上的态度。

移情性是指设身处地地为顾客着想和对顾客给予特别的关注。移情性有下列特点:具有接近顾客的能力、敏感性和努力地理解顾客需求。例如,登机口服务员为误机的顾客着想,努力找出解决问题的方法。

有形性是指有形的设施、设备、人员和通信器材等。有形的环境条件是服务人员对顾客细致的照顾和关心的有形表现。对这方面的评价可延伸至其他正在接受服务的顾客的行动(如旅馆中隔壁房间喧哗的客人)。

顾客从这五个方面将预期的服务和获得的服务相比较,最终形成自己对服务质量的判断。期望与感知之间的差距是服务质量的量度。从满意度看,既可能是正面的,也可能是负面的。

三、服务质量差距模型

测量服务期望与服务感知之间的差距是那些领先的服务企业了解顾客反馈的例行过程。在图 10-4 中,顾客的服务期望与服务感知间的差距被定义为差距 5,顾客满意程度取决于服务交付过程相关的 4 个差距(差距 1—4)的最小化程度。

市场调查差距(差距 1)是顾客期望与管理者对这些期望的感知之间的差距。差距 1 产生的原因是,管理者对顾客如何形成他们的期望缺乏了解。顾客期望来源于广告、在该公司及其竞争者过去的消费经历、个人需要和朋友介绍。缩小这一差距的战略包括:改进市场调查、增进管理者和员工间的交流、减少管理层次。

设计差距(差距 2)指管理者没有构造一个能满足顾客期望的服务质量目标并将这

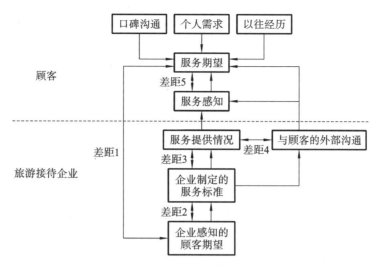

图 10-4　服务质量差距模型

些目标转化到工作计划书中。差距 2 由以下原因造成：管理者缺乏对服务质量的承诺或对满足顾客期望的实用性的认识。然而，设定目标和将服务交付工作标准化可弥补这一差距。

一致性差距（差距 3）是指服务的实际交付不符合管理人员设置的服务标准。许多原因会引起差距 3，如缺乏团队合作、员工选择不当、训练不足和工作设计不合理等。

当顾客感知的服务与企业预期交付的服务不一致，运营管理未能在服务交付时管理现场（顾客体验的所有方面）时，就会产生沟通差异（差距 4）。差距 4 可能是由于缺乏控制或员工培训不到位造成的。

对差距从 1—5 的排序体现了在一项新的服务过程设计中必须遵照的步骤，即市场调查—设计——致性—沟通—顾客满意。

四、服务的开放系统观

对于服务来说，流程就是产品。顾客在服务过程中的存在否定了制造业中采用的封闭系统的观点。在生产有形商品的孤立工厂中控制经营的技术不适于管理服务。服务过程不再是机器控制的，输出也不再是容易衡量是否符合规范的。相反，顾客到达时对服务有不同的需求；因此，需要有不同的对表现的衡量方式。

服务人员直接与顾客互动，很少有机会进行管理干预。这就要求酒店对雇员进行广泛的培训，并赋予他们在没有直接监督的情况下采取适当行动的权力。此外，顾客对服务质量的印象是基于整体服务体验的，而不仅仅是所表现出来的显性服务。关注员工的态度和培训成为确保隐性服务也能得到顾客赞赏的必要条件。从顾客的角度来看，整个服务过程从设施的美学设计到等候区令人愉快的消遣都是引起关注的范围。

服务的开放系统概念还允许酒店将顾客看作一个协作者。允许顾客积极参与服务过程可以提高生产力，从而创造竞争优势。

第四节　接待实施与质量控制

一、旅游接待 SOP

所谓 SOP，是 standard operating procedure 三个单词中首字母的大写，代表标准作业程序，指将某一事件的标准操作步骤和要求以统一的格式描述出来，用于指导和规范日常的工作。SOP 的精髓是将细节进行量化，通俗来讲，SOP 就是对某一程序中的关键控制点进行细化和量化。执行过程中 SOP 的核心条件是符合本企业实际并可执行，不流于形式。图 10-5 展示了酒店为客人买药的 SOP。

程序		药品购买程序
标准操作程序序号		SOP-×××-034
部门		前厅部-礼宾部
发布日期		20××年×月×日
		程序步骤
1		接到客人要求 请客人填写《药品购买免责书》，其包含如下信息： (1)客人姓名、房号和联系电话； (2)购买的药品名称； (3)与客人阐述免责条款； (4)现金支付购买药品所需的费用； (5)费用包含药品的费用和出租车费； (6)客人签名确认； (7)员工签字确认
2		购买药品 (1)员工离开酒店购物需征得礼宾部同意； (2)药品必须到就近的正规药房购买，并索要发票和出租车票； (3)购买完毕后，复印购物发票和出租车票； (4)将找零、购物发票、出租车票原件封好，装入酒店信封，写上客人姓名、房号
3		药品转交 (1)将药品、费用发票在客人指定的地点当面交接给客人； (2)与客人确认所购药品是否符合客人要求

图 10-5　酒店接待 SOP 举例

4	登记归档 (1)登记此次购买药品细节,完成登记表; (2)在"药品购买免责书"上填写购药员工姓名,员工签字确认; (3)将购物发票、出租车票复印件和"药品购买免责书"装订在一起归档
5	当客人确认接收药品后,此次标准操作程序结束

续图 10-5

二、服务质量的测量

消费者通过评价什么来判断服务质量？多年来,研究服务的学者认为消费者会从自身对技术性结果的感知、对结果交付过程的感知以及对服务时的有形环境质量的感知这些方面来评价服务质量。例如,一个餐厅的顾客会从她对餐厅饭菜的感知(技术性结果质量),餐厅员工如何为她服务以及他们如何与之沟通(交互质量)等方面来评估服务。餐厅的装饰和周围环境(有形环境质量)也会影响顾客对整体服务质量的感知。

旅游接待企业会使用一些成熟的测量工具来测量服务质量。如"SERVQUAL 量表"和"步行穿越调查"。

(一)SERVQUAL 量表

SERVQUAL(service quality 的缩写)量表是以服务质量差距模型为基础的调查顾客满意程度的多项量表,可以测量服务质量的五大维度(可靠性、响应性、保证性、移情性、有形性)。这个由两部分组成的工具,将期望语句与相应的感知语句配对。利用李克特 7 点量表(Seven-point Likert scale),记录下顾客的满意与不满意的水平。量表中的陈述分别描述了服务质量的五个方面,表 10-1 是某连锁餐厅的 SERVQUAL 量表举例。

服务质量的得分是通过计算量表中顾客期望与顾客感知之差得到的。这个得分用来表示差距 5。其他四个差距的得分可用类似方法得到。

这种方法已经在多种服务情境中被设计和验证。其最主要的功能是通过定期的顾客调查来追踪服务质量的变化趋势。在多场所服务中,管理者可以用 SERVQUAL 量表判断是否有些部门的服务质量较差(得分低)。如果有的话,管理者可进一步探究造成顾客不良印象的根源,并提出改进措施。SERVQUAL 量表还可用于市场调研,将自己的服务与竞争者的相比较,确定企业的服务质量在哪些地方优于对手,在哪些地方逊于对手。

表 10-1 某连锁餐厅的 SERVQUAL 量表

要素	组成项目	对应问题
有形性	1.公司是否具有现代化设施	Q2:该店是否具有完善的现代化设施(如 WiFi 等)?
	2.公司的物理设施是否吸引人	Q1:该店是否具有便利的停车场与吸引人的外观? Q3:该店的各项环境设施在感官上是否有吸引力? Q6:用餐区是否舒适开阔? Q7:用餐区与洗手间是否干净整洁?

续表

要素	组成项目	对应问题
有形性	3.公司环境是否整洁	Q8:服务人员的着装是否得体、干净整洁?
	4.公司与服务有关的附属物是否具有吸引力	Q4:菜单是否清晰并且外表独特、符合该店形象? Q5:该店的设施与服务人员所提供的服务是否相匹配?
可靠性	5.公司对顾客所承诺的事情,是否在时限内完成	Q9:该店对顾客所承诺的事情是否都能及时的完成?
	6.顾客遇到困难时,公司是否有帮助解决的热忱	Q10:当顾客遇到麻烦时,服务人员是否具有帮助顾客解决问题的热忱?
	7.公司能否在第一次就提供完善的服务	Q13:该店是否在第一次就提供了准确完善的服务?
	8.公司能否在约定的时间内完成服务	Q12:该店是否能够及时完成服务,不会让顾客失去耐心?
	9.公司能否坚持无错误记录	Q11:该店的服务人员是否准确记录顾客所要求的服务? Q14:服务人员是否能够提供正确的账单?
响应性	10.公司是否告诉顾客服务开始的时间	Q15:该店是否能够告知顾客提供服务的确切时间?
	11.公司员工能否向顾客提供适当的服务	Q17:服务人员是否能提供适当的服务?
	12.公司员工是否总是愿意对顾客给予帮助	Q16:该店是否能满足顾客特殊要求(如提供打包服务等)?
	13.员工是否因为太忙而忽略了顾客的需求	Q18:是否服务人员即使很忙,也会及时响应顾客的需求?
保证性	14.公司员工的行为是否让顾客感到信任	Q19:该店的服务是否值得信赖?

(二)步行穿越调查

步行穿越调查是一个主动管理工具,用于系统地评估顾客对所提供的服务的看法。它从顾客的角度评估服务体验的机会,因为顾客通常会意识到员工和经理可能忽略的线索。没有天生就很先进的服务设计,取而代之的是给了顾客合理暗示的服务设计,即其提供的服务和顾客的期望一致。在给顾客提供的有形的服务中,口头、环境和可感知的暗示可使顾客享受一种愉悦的经历并且鼓励他们下次再来。步行穿越调查的目的是设计一个系统的评价,记录从开始时的整体的满意度,到结束时的整体服务质量评价。它的重点在于测量顾客对服务交付过程每一阶段有效性的观点。

步行穿越调查的实施包含五个步骤:①从顾客角度制作服务交付过程流程图;②设计、测试以及管理样本顾客、管理层或标杆企业中顾客的调查表;③总结分析调查表结果,关注得分低于标杆企业的部分以及管理层与顾客之间的差距;④确定缺陷并完成改进;⑤重复以实现持续改进。

图 10-6 展示的为某全方位服务的座席餐厅开展的步行穿越调查表的一部分。调查表包括 42 个问题,涵盖了顾客在餐厅就餐的整个经历。问题始于相关停车场,而后依次涉及进入餐厅被招待、寻找餐位、入座、点菜和上菜,最后关注用餐结束并支付账单环节。问题包括九类变量:①维护项目,②一对一服务,③等待,④餐桌和场所设置,⑤氛围,⑥食物介绍,⑦检查介绍,⑧促销和暗示性销售,⑨小费。由此,该调查表从始至终地追踪了整个顾客体验(Fitzsimmons,Maurer,1999)。

请回答下列与您的餐厅相关的问题。请注意答案不存在对错之分。对于每一个问题,请圈出最能代表您的餐厅的那项值。如果您的餐厅未开展某项服务,请在相应的问题下勾选"不适用"。					
1.停车区域多久清扫一次? (不适用_____)	一天以上				最多每小时
	1	2	3	4	5
8a.在用餐高峰,安排入座前需要等待的时间是: (不适用_____)	以分钟为计时单位				
	少于15	15—29	30—44	45—59	60 及以上
	平时	1	2	3	4	5
	周末	1	2	3	4	5
8b.是否为等待的顾客提供饮料? 是_____否_____					
10.当座位安排在室内,灯光水平是: (不适用_____)	类似烛光				强于日光
	1	2	3	4	5
29.端上主菜之后服务员到桌边巡访的平均次数是: (不适用_____)	1或2次	3次	4次	5次	6次以上
	1	2	3	4	5

图 10-6 步行穿越调查问题举例

三、服务质量的管理与控制

(一)全面质量管理

全面质量管理(total quality control,TQC)起源于 20 世纪 60 年代的美国,首先在工业企业中应用,后又推广到服务性行业,取得了良好的效果。它把经营管理、专业技术、数据统计和思想教育结合起来,形成从市场调查、产品设计、制造直至使用、服务的一个完整的质量体系,使企业质量管理进一步科学化、标准化。我国在 1978 年引入目标管理的同时引入了全面质量管理方法,并开始在工业企业中推行,后又将其引入商业、接待业等服务性行业,现已在各行业得到广泛的应用,并取得了一定成效。

1. 接待业全面质量管理的含义

接待业全面质量管理是指接待业为保证和提高服务质量,组织接待业全体员工共同参与,综合运用现代管理科学,控制影响服务质量的全过程和各因素,全面满足顾客需求的系统管理活动。它要求行业以系统观念为出发点,通过提供全过程的优质服务,达到提高接待业服务质量的目的。

2. 接待业全面质量管理的特点

接待业全面质量管理的特点可归纳为以下四个方面。

1) 全方位的管理

如前所述,接待业服务质量不仅包括有形产品质量,还包括无形产品质量;既有前台服务质量,又有后台工作质量。所以,接待业服务质量包括接待业工作的各个方面,全面质量管理就是针对接待业服务质量全面性的特点,对所有服务质量的内容进行管理,即进行全方位的管理,而不是只关注局部的质量管理。

2) 全过程的管理

因为接待业服务质量构成内容的全面性,且接待业服务质量是以服务效果为最终评价的,所以影响服务质量的因素是全方位的,既有服务前的组织准备,又有服务中的对客服务,还有服务后的善后处理,这三方面是一个不可分割的完整的过程。接待业全面质量管理正是对此全过程的管理,形成了有别于传统管理的两个观念。

一是侧重预防为主,防患于未然。全面质量管理的重点从"事后把关"转变为"事先预防"。事实上,如果接待业服务出现问题,在其事后进行弥补是非常困难的。

二是要求在接待业内部树立"如果你不直接为顾客服务,那么,你就应为为顾客服务的人服务"的观念,即强调工作的下一个环节就是顾客的员工,就是员工服务的对象,员工必须负责让其满意。最终使得接待业服务过程中的每一个环节都符合接待业质量管理的要求,即实现全过程管理。

3) 全员参与的管理

接待业服务基本上是通过员工的手工劳动来完成的,因此,接待业的每位员工及其工作都与服务质量密切相关。并且接待业所提供的优质服务也不仅仅是前台人员努力的结果,同时也需要后台员工的配合才有保障。因此,全面质量管理要求全体员工都参加质量管理工作,并把每位员工的工作有机地结合起来,从而保证接待业的服务质量。

4) 方法多种多样的管理

接待业服务质量的构成丰富,且影响质量的因素复杂,既有人的因素,又有物的因素;既有客观因素,又有社会、心理因素;既有内部因素,又有外部因素。要全面系统地控制这些因素,就必须针对具体情况采取灵活的管理方法,这样才能使顾客全面满意。因此,全面质量管理要求接待业管理者能够灵活运用各种现代管理方法,提高服务质量。

综上所述,全面质量管理是接待业以顾客需求为依据、以顾客满意为标准、以全过程管理为核心、以全员参与为保证、以科学方法为手段、运用全面质量的思想和观念推行的服务质量管理,它是达到接待业预期的服务质量效果的一种有效的管理方法。

(二) PDCA 管理循环

PDCA 即计划(plan)、实施(do)、检查(check)、处理(action)的英文简称,PDCA 管

理循环是指按计划、实施、检查、处理这四个阶段进行管理工作,并循环不止地进行下去的一种科学管理方法。PDCA循环转动的过程,就是质量管理活动开展和提高的过程。

PDCA管理循环的工作程序分四个阶段。

1. 计划阶段(P)

计划阶段包括四个步骤:首先分析服务质量现状,用圆形图找出存在的质量问题;进而用因果图分析产生质量问题的原因;然后找出影响质量问题的主要原因;最后,提出解决质量问题的质量管理计划,即应达到的目标及实现目标的措施方法。

2. 实施阶段(D)

此阶段接待业管理者应组织有关部门或班组以及员工具体地实施管理计划所规定的措施方法。

3. 检查阶段(C)

此阶段接待业管理者应认真、仔细地检查计划的实施效果,并与计划目标进行对比分析,看是否存在质量差异,是正偏差还是负偏差。

4. 处理阶段(A)

此阶段接待业管理者应总结成功的管理经验,使之标准化,或编入服务规程或形成管理制度加以推广应用。同时,吸取失败的教训,提出本轮PDCA管理循环未解的问题,自动转入下一循环的第一步,并开始新一轮的PDCA管理循环。

PDCA管理循环的四个阶段缺一不可。只计划而没有实施,计划就是空文;有计划也有实施,但没有检查,就无法得知检查的结果与计划是否存在差距以及存在多大差距;若计划、实施、检查俱全,但没有处理,则不但已取得的结果不能巩固,失败的教训不能吸取,而且发生的问题还会再次重复,如此,服务质量就难以提高。因此,只有PDCA四个阶段都完成且不断地循环下去,才会使接待业服务质量问题越来越少,即接待业服务质量不断提高最终趋于零缺点。

(三)零缺点质量管理

零缺点(zero defects,ZD)质量管理是美国克劳斯比(Crosby)于20世纪60年代提出的一种管理观念,主要用于控制企业的产品质量。他认为,低质量产品需要花费大量的人力、财力、物力,增加企业的经营费用,并导致消费者不满,其成本远远大于保证一次性完成优质产品的投入。因此,企业必须以零缺点的要求来控制产品质量,追求完美。接待业服务不可弥补性的特点,使得零缺质量管理成为一种重要的管理方法,接待业零缺点质量管理应做好以下几个方面内容。

1. 建立接待业服务质量检查制度

接待业服务质量的显现具有短暂性的特点,且接待业服务工作大多由员工手工劳动完成。因此,接待业服务质量管理必须坚持"预防为主"的原则,通过全面检查的方式,确保各岗位员工在进行正式服务前就已做好充分的准备,防患于未然。为此,接待业应建立服务质量检查制度,如有的接待业根据其自身特点,建立了自查、互查、专查、抽查和暗查五级质量检查制度,督促员工执行质量标准,预防问题的出现。

2. DIRFT

DIRFT(Do It Right the First Time)意即每个人都第一次就把事情做对。接待业服务具有不可弥补性的特点，所以，每位员工都应把每服务做到符合质量标准，这是改善接待业服务质量的基础。为此，接待业管理者应制定科学合理的服务质量管理标准，并要求标准是零缺点，而非优秀、良好之类；执行标准也必须是零缺点、不折不扣，而非差不多之类。

3. 开展零缺点竞赛

通常，员工缺乏知识和态度不佳是造成接待业服务质量问题的两类主要原因，通过培训可以帮助员工掌握接待业服务所需知识，但态度上的问题则只有通过个人领悟才能改进。因此，为帮助员工端正服务态度，有些接待业开展工作中的零缺点竞赛，它能促使员工养成DIRFT的工作习惯，并以服务的零缺点为目标，逐渐使服务达到完美无缺的程度，最终提高整个接待业的服务质量。

(四)现场巡视管理

接待业员工手工劳动的特点以及顾客需求的不断变化，使接待业服务质量管理的难度增加。不同的接待业员工或同一员工在同一时间、不同场合的手工劳动或多或少存在差异，顾客自身的差异造成的需求变化也要求员工在短时间内适应并给予满足。但员工差异会造成不同的处理方式，使顾客满意程度也出现差异，这就形成了接待业服务质量不稳定和难以控制的特点，接待业管理者通过现场巡视管理，可以检查员工准备工作；监督指导对客服务（或后台供应）质量标准的执行情况；指导和激励下属员工的工作；事先消除质量问题隐患，预防质量问题的发生并及时处理质量问题；最终使接待业质量相对稳定。

通常，不同的接待业管理者各有其不同的巡视管理范围。管理者在现场巡视时，应随时倾听顾客的意见和要求，并给予反馈；注意听取员工的意见和建议；如发现员工工作不符合质量要求，应及时指出并予以纠正。最后，管理者在巡视中执行服务质量管理标准一定要严格，即要求DIRFT和零缺点，追求服务质量的完美。

(五)优质服务竞赛和质量评比

接待业还可定期组织和开展优质服务竞赛和质量评比等活动，以使接待业全体员工树立质量意识，提高执行接待业服务质量标准的主动性和积极性，努力形成提高接待业服务质量的氛围。

1. 定期组织，形式多样

接待业应定期组织和开展丰富多样的优质服务竞赛和质量评比等质量管理活动，如开展零缺点工作周、评选每月服务明星或微笑大使、举办各部门的技术比武等，要求做到明确范围和意义、确定参与对象及要求、制定评比标准与方法，能够激发广大员工的参与愿望。

2. 奖优罚劣，措施分明

这类活动的开展有利于接待业提高服务质量、经济效益和管理水平，应制定出具体的奖罚措施。一般应遵循"奖优罚劣、以奖为主"的奖惩原则，如给优胜者发奖金、授予荣誉称号、以VIP身份免费入住酒店一天、去国外或外地考察旅游等。

3. 总结分析，不断提高

每次活动结束后，所有质量管理人员都应认真总结与分析，总结经验应加以推广应用,提出不足以便改进提高,从而不断改善服务质量。

(六)服务质量控制

上述接待业质量管理的目的都是为了有效地控制接待业服务质量,确保质量标准。一般来说,服务质量的控制主要有以下三方面的内容。

1. 事前质量控制

随着全面质量管理和零缺点管理的推广,事前质量控制日益受到接待业管理者的重视。事前质量控制要求接待业根据服务质量管理标准,贯彻"预防为主"的方针,做好有形产品和无形产品两大方面的充分准备,以确保在顾客到来之前有备无患。

2. 服务过程质量控制

服务过程质量控制是根据接待业服务质量管理体系的要求,通过各级管理者的现场巡视管理和严格执行服务规程,确保顾客满意程度的提高。

3. 事后质量控制

事后质量控制应根据接待业服务质量信息,即服务质量管理的结果,对照接待业服务质量标准,找出质量差异及其产生的原因,提出有效的改进措施,避免过错的再次出现,确保接待业服务质量管理工作的良性循环。

意大利旅游者眼中的"好客中国"

33岁的安东尼奥来自意大利米兰,在意大利一家餐厅做了十多年的厨师后,安东尼奥把热情放在了旅游上。他游览过40多个国家,但他仍然不满足于此。他心心念念想到中国来看看,今年他实现了心愿。从云南到重庆、四川(成都、乐山、康定、稻城、甘孜)、青海、甘肃、新疆,他的一路旅行正在进行。

安东尼奥说,他在旅行途中,看到了中国和意大利之间的文化差异,中国的建筑、音乐、风景、菜肴,还有人民的好客友善,都彰显着这个国家的独特魅力。

"中国人的用餐方式让我印象深刻。在意大利,我们是坐在长方桌边,大家都使用刀叉,自己吃自己盘里的食物,几乎不会分享。另外,我们会在吃饭时喝水和低酒精度的葡萄酒,很少会干杯。"

到中国后,安东尼奥发现一切就大不一样了。在这里,人们会围坐在一个圆形的桌子旁,用筷子品尝着各类食物。食物摆放在圆桌的最中间,这样使每个人都能够夹到。此外,大家用餐时辅以茶水或者高酒精度的白酒,常常干杯。他说:"我从未见过这种用餐方式,我想中国人的这种用餐习惯是因为大家乐于将自己的食物分享给其他人。"

而中国人的好客,也让安东尼奥印象深刻。他表示:"我本以为意大利人已经足够好客了,但是中国人完全达到了另一个水准。在意大利,我们能对自己的朋友敞开心扉、无话不谈,但对于外国人或是陌生人则需要一定时间的相处才能慢慢相熟。"安东尼奥说,他们往往会对陌生人进行一番了解,才会让他来自己的家。然而在中国,人们是如此友善热情,每一个客人都受到了很高的礼遇。他说:"当主人邀请客人到家里用餐,从食物到香烟,主人会事无巨细地将所有东西都安排好,给客人最好的款待。"

案例启示:中国的好客之道是中国优秀古老文明的体现,中国本土的旅游接待业在对客服务中应如何通过服务的个性化和标准化传递中国好客文化,值得每一位旅游接待业从业者思索。

资料来源 http://news.huaxi100.com/show-11-560526-1.html

本章思政总结

旅游接待业是展现中国好客优秀传统的重要窗口,提升旅游接待的服务质量对打造国家旅游形象品牌工程意义重大。旅游接待业强调互动原真性,互动原真性是指旅游者和本地东道主的接触、互动和交流过程中的原真性。旅游接待企业在顾客(旅游者)的异地旅行中提供如家人般的互动原真性体验对于提升顾客旅游体验和满意度十分重要。

高质量的服务业将会打通中国经济的"内循环"与"外循环",让"内循环"与"外循环"相互促进、协调发展,成为中国经济高质量发展的新引擎。旅游接待业作为服务业的重要组成部分,在促进中国经济"内循环"战略中扮演了重要角色。旅游接待企业的服务质量评估是在服务交付过程中进行的。每一次的顾客接触都是一个使顾客满意或者不满意的机会。通过测量服务质量差距和对每一环节服务质量的把控,能够逐步实现对旅游接待业的高质量科学管理。

复习思考题

1. 什么是互动原真性?旅游接待业中保留互动原真性有哪些困难?能否解决?
2. 现代商业化的待客与传统待客有哪些区别和联系?
3. 简述服务质量差距模型。
4. 服务质量的测量方法主要有哪些?
5. 什么是全面质量管理?

第十一章
旅游接待的技术与创新

学习目标

1. 掌握智慧旅游的概念和特征。
2. 理解数字化转型的内涵及其对于旅游接待业的意义。
3. 了解新一代信息技术在旅游接待业不同场景中的应用。

思政元素

1. 加快推动大数据、人工智能等新一代信息技术与现代服务业深度融合,广泛培育智能化现代服务业,在柔性服务、协同服务、绿色服务和分享服务等重点领域形成新的增长点,为服务业转型升级和经济高质量发展提供新动能、新模式、新路径。

2. 《"十四五"文化和旅游发展规划》提出要加强旅游信息基础设施建设,深化"互联网+旅游",加快推进以数字化、网络化、智能化为特征的智慧旅游发展。

章前引例

沈爱翔与"订单来了"

"订单来了"是一款 SaaS 工具,用来提升旅游目的地管理效率,瞄准的是旅游景区、度假村、房车营地及民宿客栈等旅游目的地管理和营销的需求。"这是一个由大量存量市场转型而来的增量市场,潜力巨大。""订单来了"的创始人兼 CEO 沈爱翔说。据他介绍,"订单来了"目前(截至 2017 年)覆盖了国内 16 个省份,有 1000 多家客户。这些旅游目的地,特别是其中的住宿业态,正纷纷以"住"而优则"食","食"而优则"娱"的策略,不断完善自身旅游生态,寻求差异化发展,以温泉、滑雪和有当地特色的娱乐项目等,作为差异化发展的核心。旅游景区也在摆脱单纯的门票经济,开发了大量景区二次消费产品,其管理系统也从传统的票务系统,转为能够管理多业态的 PMS。国内的房车营地也处于高速发展期,另外高端民宿、度假酒店等多业态都需要被高效管理。

多业态协同管理是"订单来了"的一大卖点。用户通过"订单来了",能实时跟进住宿、餐饮和娱乐等业态的预订信息,因为云端存储技术可以实时更新库存。另外

"订单来了"还有统计报表、移动收银等功能，也支持"多终端、多角色"登录和权限设置，员工可以通过手机、iPad、电脑等设备登陆，随时随地工作。消费者可以通过"订单来了"实现在线预约免排队、远程自助服务等。

对于旅游目的地而言，多业态管理软件的深层意义在于业态间数据的打通，记录客户多种业态的消费数据，便于旅游目的地维系客户，后续进行二次营销。而营销的确是许多旅游目的地的薄弱环节。例如缺乏直销渠道，过度依赖OTA和旅行社，分销渠道多、散，管理不及时；客户消费数据收集不及时，缺乏二次营销，会员管理不足，难以培养会员级客户。"将客源交给OTA等分销渠道很难长久，还要支付高额佣金，长此以往，会让旅游目的地陷入被动。"沈爱翔说。直销渠道的重要性不言而喻。因此"订单来了"尝试给客户搭建与系统直连的微官网，内嵌到客户的微信公众号，方便消费者在线上预订。为了给客户带来流量，"订单来了"对接了移动广告投放商，客户在系统上可以选择投放渠道和人群，并由系统反馈投放情况及ROI。"比如有个活动，客户可以把链接分享至微信群、朋友圈等，消费者点击链接即可完成预订。"沈爱翔说。直销渠道外，"订单来了"也建立了转化分销渠道客源的机制，把客源转化到直销渠道上来。

"订单来了"还有助于前期收集上传用户的信息数据，再匹配用户在目的地的消费数据，形成用户画像和消费习惯，为二次营销做准备。"在二次营销上，主要靠目的地的内容来转化。"沈爱翔说。具体操作上，客户可以在后台筛选25—45岁、消费过亲子套房的人群推送儿童节活动；或者向客房单价1000元以上的消费人群推送三八妇女节的活动。但显然，这些需要客户自己去转化，这也是许多客户一直都不擅长的领域。

市场竞争受困，未来的故事可以讲得很大，摆在眼前的问题同样棘手。"订单来了"描绘了一个旅游目的地营销管理软件该有的模样，但要实现这些功能却并不简单，至少还有很长的路要走。"订单来了"最早做的是房车营地管理系统，加上之前做易露营C端项目的经验，在管理和营销上，对房车营地这一业态或许有一些心得。但像民宿客栈、度假酒店、度假村和旅游景区等业态，本质都是大住宿，是"订单来了"团队不曾涉及的领域，没有相关业态的运营经验，很难找准该业态在管理和营销上的痛点，在SaaS产品的设计逻辑上和操作的便捷性上，难免会有一些不合理之处。所以"订单来了"在住宿业态的管理上，存在一些不专业、操作不合理的地方。另外，在分销渠道管理上，"订单来了"还没有实现渠道直连，员工依然要在各个渠道的后台进行操作，管理分散的局面并没有改变。在民宿客栈业态，"订单来了"的优势是系统简单易学，更灵活。但如果遇到在管理、营销上复杂的业态，"订单来了"的系统还能满足需求吗？特别是面对旅游景区、度假村、度假酒店等业态。不过沈爱翔表示，"订单来了"是一套易用的系统，但绝不是一套简单的系统。

另外像同程旅游、深大智能，都在做旅游景区信息化、智慧化建设，许多大型的旅游集团、旅游景区、目的地以及主题乐园等，已经被实力更强的信息化服务商所占据，"订单来了"想要渗透这个市场，只能从中小型景区发力。而在酒店领域，已经有很多大型的PMS服务商在竞争，他们为酒店和大型度假村提供多业态的IT管理系统，"订单来了"很难与这些经验丰富的企业正面竞争。"订单来了"主要的盈利方式是收取软件服务费,收费标准为每年9800元。沈爱翔还透露,公司现已经完成3轮数千万元融资,接下来会引进战略投资方。"短期内,我们会专注在客户数量的拓展上。"他表示。在旅游景区领域,"订单来了"已经和巅峰智业达成合作,共同推进景区的智慧化管理升级,第一批8个景区已经在着手进行。在房车营地领域,"订单来了"已经有50%以上的市场占有率,"今年(2017年)我们会将拓展到80%以上。"沈爱翔说。他强调,作为一款新的旅游目的地管理软件,未来"订单来了"将结合行业环境不断迭代,以符合旅游目的地的需求,帮助旅游目的地实现移动互联。他还认为,"订单来了"的多业态管理、移动管理场景、管理细化,都是对传统PMS的颠覆和创新。

但我们注意到,传统PMS也在从单纯的解决财务统计、房态管理等问题,延伸到收银和营销环节,真正成为一种效率工具和营销工具。像"别样红""番茄来了"和"云掌柜"等许多PMS服务商,也在为民宿、客栈提供SaaS服务。而"订单来了"在SaaS产品上的创新,并没有形成技术门槛,其他PMS服务商也可以实现上述功能。

资料来源:龚达鈜."订单来了",互联网PMS[J].经理人,2017(11):58-60.

问题:"订单来了"的客户是谁?它解决了市场的哪些痛点?

第一节 旅游接待技术应用背景

一、智慧旅游

(一)智慧旅游的概念

智慧旅游是基于新一代信息技术,为满足旅游者个性化需求,提供高品质、高满意度的服务,从而实现旅游资源及社会资源的共享与有效利用的一种系统化、集约化的管理变革。从内涵来看,智慧旅游的本质是指包括信息通信技术在内的智能技术在旅游业中的应用,是以提升旅游服务、改善旅游体验、创新旅游管理、优化旅游资源利用为目标,增强旅游企业竞争力、提高旅游行业管理水平、扩大行业规模的现代化工程。

智慧旅游的技术基础是新一代信息技术,如云计算、互联网技术等,这种技术会不断地发展和完善,没有一种特定的技术可以一成不变地存在。发展智慧旅游的目的在于提供个性化的服务,这种服务可以是公共服务,也可以是企业服务,总之是为了满足旅游者的个性化需求。这里突出了服务的品质,即高品质、高满意度的服务。智慧旅游是对社会资源的共享和有效利用,是一种系统化和集约化的管理变革。技术的运用、服务的供给,都存在于这场变革之中。

(二)智慧旅游的缘起

智慧旅游的概念起源于"智慧地球"和"智慧城市"。1980年,美国著名未来学家阿尔温·托夫勒出版了《第三次浪潮》，预言了以信息技术为基础的社会文明的到来。此后相继有学者预测了人类基于信息技术和智能技术的未来生活方式。2018年11月时任IBM总裁兼首席执行官的彭明盛发表题为"智慧地球：下一个主要议程"的演讲，首次提出"智慧地球"概念，而后彭明盛又给出了"智慧城市"的解决方案和商业计划，作为公司未来发展的主要方向。智慧城市是智慧地球从理念到实际，并将空间落实到城市的举措。

彭明盛认为，21世纪的智慧城市能够充分运用信息和通信技术手段监测、分析、整合城市运行核心系统的各项关键信息，从而对于包括民生、环保、公共安全、城市服务、工商业活动在内的各种需求做出智能的响应，为人类创造更美好的城市生活。"智慧城市"的理念把城市本身看成一个生态系统，而城市中的市民、交通、能源、商业、通信、水资源构成了子系统。这些子系统形成一个普遍联系、相互促进、彼此影响的整体。从城市角度，智慧旅游可视作智慧城市信息网络和产业发展的一个重要子系统，可通过借助或共享智慧城市的已有成果来实现智慧旅游的某些功能。将智慧旅游在城市视角下纳入智慧城市有助于明确建设主体并集约资源。然而，值得注意的是，由于旅游者与城市居民的特性与需求存在差异，智慧旅游与智慧城市体系下的"旅游"是两个不同的概念；旅游并不仅发生在城市，前者要比后者具有更广泛的内涵。

国内最早提出"智慧旅游"的是2010年江苏镇江提出的建设智慧旅游项目。这是基于信息技术的智慧旅游概念在国内首次得到国家旅游局（现文化和旅游部）的认可。2011年1月在全国旅游工作会议上，国家旅游局（现文化和旅游部）提出了开展"智慧旅游城市"的试点建设。北京、南京、吉林、四川、大连、苏州、黄山、温州、武夷山、镇江等地成为首批试点地区。2014年，《国务院关于促进旅游业改革发展的若干意见》明确要求制定旅游信息化标准，加快智慧景区、智慧旅游企业建设，完善旅游信息服务体系。这标志着中国旅游信息化进入智慧旅游发展建设的新阶段。2015年，国家旅游局（现文化和旅游部）发布《关于促进智慧旅游发展的指导意见》，对智慧旅游发展的指导思想、基本原则、发展目标、主要任务和保障措施予以明确，对智慧旅游的发展建设进行了系统指导。

（三）智慧旅游的特征

1. 信息化

信息是旅游发展的基础，也是旅游活动、旅游开发、旅游经济、旅游管理的重要因素。信息获取和应用涉及旅游发展的各个层面，智慧旅游的发展是对行业内外相关信息的充分整合与运用。

2. 智能化

智能化是智慧旅游的重要体现，没有智能化，智慧旅游也就无从谈起。智能化体现在方方面面，如旅游资源的开发、旅游信息的获取、旅游活动的开展、旅游市场的管理等。可以通过信息技术和智能设备实现智能化服务与管理。在服务端，智能化可以实现数据统计、信息集成；在使用端则能方便主体使用。

3. 专业化

专业化是智慧旅游的要求，智慧旅游与智慧城市和智慧地球不同，其范围更小，相对而言,其专业性愈加突出。具体而言:一是专注,即设立单独的开发部门,针对旅游者、旅游运营商和旅游管理方的需求,开发单独的设备,满足旅游活动、旅游运营和旅游管理的需求;二是专业,即实现旅游人才与技术人才的有机结合,进行专业化操作;三是专攻,即对旅游中存在的专业性和管理性难题,进行专项攻克,实现旅游业的畅通发展。

4. 全面化

智慧旅游的发展应用应是全方位、多层次和宽领域的。全方位应用指智慧旅游应在旅游业的规划与开发、旅游项目的发展运营、旅游活动的开展中实现全方位的应用。无论是高端旅游还是大众旅游,无论是发达地区的旅游还是欠发达地区的旅游,无论是大型区域间的旅游还是小型旅游目的地旅游都应当逐步向智慧旅游转变,此为智慧旅游的多层次应用。智慧化体现在旅游的各项要素中,比如智慧酒店、智慧餐饮、智慧旅行社、智慧旅游景区和智慧基础设施的建设,此为智慧旅游的宽领域应用。

5. 互联化

智慧旅游的一个重要方面是将各个孤立的要素解脱出来,将其与其他要素进行有机整合,实现设施互联互通、要素联动、管理联动以及区域互联互通,从而有效避免信息孤岛现象的发生,便于综合性的市场管理和运作。

6. 便捷化

便捷是智慧的体现,也是人们对智慧的要求。便捷的旅游服务体系能够赢得旅游者的信赖,刺激旅游消费,缓解旅游者的紧张心理。首先,使用要便捷。这就需要体现以人为本的理念,最大限度地方便人们使用。其次,设施要便捷。便捷的设施体系能够便于人们获取旅游信息。再次,技术要便捷。不同文化程度的人们在使用同一种设备时,不应感受到知识上的歧视,即这种服务能够为绝大多数人所获取,这是便捷的直接体现。

(四)智慧旅游的体系

智慧旅游主要分为三大体系,即智慧的旅游服务、智慧的旅游管理和智慧的旅游营销。

1. 智慧的旅游服务

智慧旅游从旅游者出发,通过信息技术提升旅游体验和旅游品质。旅游者在旅游信息获取、旅游计划决策、旅游产品预订支付、享受旅游和回顾评价旅游的整个过程中,都能感受到智慧旅游带来的全新服务体验。智慧旅游通过科学的信息组织和呈现形式让旅游者可以方便、快捷地获取旅游信息,帮助旅游者更好地安排旅游计划并形成旅游决策。智慧旅游通过物联网、无线技术、定位和监控技术,实现信息的传递和实时交换,让旅游者的旅游过程更顺畅,提升旅游的舒适度和惬意度,为旅游者带来更好的旅游安全保障和旅游品质保障。智慧旅游还将推动传统的旅游消费方式向现代的旅游消费方式转变,并引导旅游者产生新的旅游习惯,创造新的旅游文化。

2. 智慧的旅游管理

智慧旅游将实现传统旅游管理方式向现代管理方式的转变。管理者可以通过信息技术及时准确地掌握旅游者的旅游活动信息和旅游企业的经营信息,实现旅游行业监管从传统的被动处理、事后管理向过程管理和实时管理的转变。智慧旅游将通过与公安、交通、工商、卫生、质检等部门形成信息共享和协作联动，结合旅游信息数据来形成旅游预测预警机制，提高应急管理能力，保障旅游安全，实现对旅游投诉以及旅游质量问题的有效处理，维护旅游市场秩序。

智慧旅游依托信息技术，主动获取旅游者信息，形成旅游者数据积累和分析体系，全面了解旅游者的需求变化、意见建议以及旅游企业的相关信息，实现科学决策和科学管理。智慧旅游还鼓励和支持旅游企业广泛运用信息技术，改善经营流程，提高管理水平，提升产品和服务竞争力，增强与旅游者、旅游资源、其他旅游企业和旅游主管部门的互动，高效整合旅游资源，推动旅游产业整体发展。

3. 智慧的旅游营销

智慧旅游通过旅游舆情监控和数据分析，挖掘旅游热点和旅游者兴趣点，引导旅游企业策划对的旅游产品，制定对应的营销主题，从而推动旅游行业的产品创新和营销创新。智慧旅游通过量化分析和判断营销渠道，筛选效果明显、可以长期合作的营销渠道。智慧旅游还充分利用新媒体传播特性，吸引旅游者主动参与旅游的传播和营销，并通过积累旅游者数据和旅游产品消费数据，逐步形成自媒体营销平台。

二、数字化转型

(一) 数字化转型的定义

数字化转型利用新一代信息技术，构建数据采集、传输、存储、处理和反馈的闭环，打通不同层级与不同行业间的数据壁垒，提高行业整体运行效率，构建全新的数字经济体系。

数字化转型的总体目标是：数据和信息技术像水、电、气一样成为企业、产业和经济社会发展的基础支撑和重要驱动，基于新一代信息技术形成由数据闭环和业务闭环相互映射的数字生态系统，驱动企业实现核心竞争力提升，产业实现整体运行效率提高，经济社会实现更高质量、更有效率、更加公平、更可持续的发展。从微观到宏观，数字化转型的目标可以从企业、产业、经济社会三个层面依次展开。三者是包含与被包含的关系，企业的数字化转型是产业和经济社会数字化转型的起点，产业数字化转型是企业数字化转型的结果和经济社会数字化转型的途径。

如果说智慧旅游是旅游领域内部掀起的信息技术改革风潮，数字化转型则是由新一代技术革命引发的由外而内的整个产业从思维模式到工作流程全方位的转型。大量信息技术服务公司的主动介入，使得旅游接待业的数字化转型推进更为迅速、具体。从运营移动化、服务自助化，到体验智能化以及未来的智慧化，接待业的数字化内涵正在不断丰富。旅游接待数字化转型分为两个方面：第一是基于企业层面的软硬件的科技化，例如软件端的 PMS、CRS 等信息管理系统，以及智能客房、智能入住系统、智能设备等科技化硬件；第二是基于旅游接待产业链上下游的软硬件数字化、云化趋势，包括接待业管理系统的上游采购、中游财务、下游会员渠道的数字化和大数据趋势。

(二)中国旅游接待业数字化转型的发展阶段①

整体来看,中国旅游接待业数字化的发展经历了两个大的时代,即信息化时代和数字化时代。这两个时代又可细分为三个阶段:

第一阶段,信息化发展(1999—2017 年)。

代表性技术:线上化、移动化、无线技术。

2015 年之前,在互联网大浪潮的席卷下,旅游接待业营销开始大量从传统的线下转移到线上。在电子商务普及的年代,网上预订已成为酒店最基本的信息化步骤。从 1999 年开始,携程、艺龙、同程、去哪儿等 OTA 平台相继成立,酒店预订模式开始线上化。2003 年,大众点评成立,致力于沟通和聚合城市消费体验。2006 年,马蜂窝使接待业营销向内容层面转移的 UGC 时代开启。2009 年,黄龙饭店升级打造全球首家智慧酒店。2011 年,无线技术应用,移动端应用在旅游业开启,收益管理软件开始在行业内推广和落地。

2013 年,旅游接待业进入互联网+新媒体营销时代,微信公众号营销开启;元搜索开始普及,接待业营销渠道进一步丰富;旅游接待企业开始积极开发自有 App 入局移动互联网市场;首家支持微信支付的酒店(7 天酒店)上线;2014 年,4G 网络基本覆盖并进入旅游接待业;移动渠道成为 OTA 争霸主战场;美团网异军突起,重点发力中低端酒店;O2O 模式在行业内拉开使用序幕;移动端自助选房、自助办理入住在行业内推广;手机即门卡模式开启,微信可直接打开客房门锁;智能客控系统在酒店行业得到广泛应用。

从 2015 年开始,旅游接待业技术发展迈入关键时期,行业的数据意识开始崛起。在其后几年的时间中,对客技术和效率提升类技术开始应用。线上化、移动化、无线技术和大数据,是这一发展阶段的主要代表技术。2015 年,OTA 入资 PMS,挖掘顾客住前、住中数据;飞猪推出信用住,创新酒店入住体验;首台智能机器人在杭州开元名都大酒店投入使用;旅游接待业开始探索基于大数据下的社群营销模式;依托微信平台的发展,移动 PMS 开始萌芽;支付宝开始在行业内广泛应用;2017 年,全国首家无人前台智慧酒店开业,自助机开始逐步推广应用;AI 智能语音设备进一步应用,飞猪宣布将杭州西溪天堂打造成"人工智能酒店";接待业开始引入微信小程序,构筑营销私域体系;私域流量开始在行业内普及。

在这个发展周期内,旅游接待业信息化建设基本完成,但数据效能还未被激发,行业对数字化转型认知也不够充分。

第二阶段,数据化和平台化阶段(2018—2021 年)。

代表性技术:自助机、区块链、物联网、机器人、人脸识别。

2018 年,整个旅游接待业迎来了技术应用的爆发期。在以自助机、区块链、物联网、机器人等为代表的技术赋能下,中国旅游接待业数字化转型进入加速期。阿里巴巴集团打造全国首家未来酒店菲住布渴,成为行业内里程碑式的事件。通过物联网与智能技术的应用,该酒店实现了 AI 智能服务与全场景身份识别。"去前台化"的概念也在酒店行业进一步深入。

在这一发展阶段内,行业的营销环境发生了剧变,经历了交易类电商、内容类电商

---

① https://hub.traveldaily.cn/report/122.

到短视频电商的迭代。接待业也在积极布局新零售场景,打造差异化竞争优势。受新冠肺炎疫情影响,旅游接待业在数字化变革上更为积极和开放。从直播带货营销,到拥抱"无接触服务",传统意义上的接待业形象开始逐渐被"颠覆"。

第三阶段,数智化阶段(2021年及以后)。

代表性技术:大数据、5G、人工智能。

2021年,携程首个官方品牌"星球号"正式开通,聚合品牌产品、内容和活动;抖音正式加入文旅产业,重点发力接待业市场;航旅纵横也新增添酒店预订业务……可以说,品牌化建设和营销成为行业眼下新的发展趋势。

而在未来五年,整个旅游接待业的营销数字化将进一步加剧,线上产品极大丰富,线上渗透率将进一步提升至70%—80%。与此同时,随着数字化转型战略的进一步渗透,数据价值的优势也将进一步凸显,数字孪生将在未来更多赋能接待业数据可视化场景建设。

(三)数字化转型的意义

旅游接待业的数字化转型不仅是一次技术变革,更是一次深刻的管理变革。旅游接待业数字化转型的最终发展目标是,使数字化技术与接待业的经营管理充分融合,使数字化体现在旅游接待业运营的整个过程中,使数字化技术能力成为旅游接待业的核心竞争力。从管理职能的角度,数字化转型将使旅游接待业组织发生如下变化。

1. IT转型

各职能部门全面接受信息技术渗透。IT部门成为信息安全的保障部门、企业决策的支持部门、运营工具的输送部门、资源转化的共赢部门。整个企业都应保持对新技术的敏感性。

2. 数据思维

整个企业建立起数据文化和数据思维。通过数据支持决策,驱动增长。

3. 业务转型

部门边界将更加模糊,业务部门需要更加符合要求的数字化人才。

4. 用户运营

具备用户运营思维,建立用户全生命周期管理体系。

5. 数字营销

建立完善的数字媒体矩阵,打造实时在线的数字营销体系。

第二节　新一代信息技术及其在旅游接待中的应用

一、云计算

(一)云计算的概念

云计算(cloud computing)是基于互联网的服务的增加、使用和交付模式诞生的,可以通过互联网来提供动态的、易扩展的且一般是虚拟化的资源。云计算的核心思想是，将大量用网络连接的计算资源统一管理和调度，构成一个计算资源中心向用户提供服务。提供资源的网络被称为"云"。"云"中的资源在使用者看来是可以无限扩展的，并且可以随时获取、按需使用、随时扩展、按使用付费。

云计算的最终目标是将计算、服务和应用作为一种公共设施提供给公众，使人们能够像使用水、电、煤气、电话和网络那样使用计算机的运算能力及其应用资源。

云计算的概念衍生出互联网上三个层次的服务模式：软件即服务（SaaS）、平台即服务（PaaS）、基础设施即服务（IaaS）。其中，旅游接待业最直接的应用是 SaaS 模式。

（二）云计算在旅游接待业的应用

1. 旅游云数据中心

旅游业最容易被理解的云计算模式是建立云数据中心，也就是建立一个相对规模较大的互联网数据中心，区域内的旅游主管部门、旅游企业可以把自己的网络服务器托管到这里，或者直接租用这里的服务器、网络存储和带宽服务。

2. 旅游软件应用云

从技术上来说，旅旅游者户关系管理、同行分销系统、计调管理系统等旅游行业软件都可以通过 SaaS 模式提供。例如章前引例提到的"订单来了"就是面向中小型旅游目的地管理企业的综合软件应用云。

3. 旅游电子商务云

对于中小旅行社来说，搭建一个能够实现旅游线路产品在线预订、在线支付，并能高效地对订单进行管理和处理的电子商务网站，是件非常困难的事情。抛开投入和成本的问题不谈，一般的网站建设服务商，因为缺少对旅行社业务的深入了解，所开发出来的电子商务网站往往不适合旅行社业务的在线开展。同时，虽然不同旅行社从事的业务重点不一样，但是作为线路类产品在互联网上的数据结构和表现形式是有很大的共同性的。因此，可以通过旅游电子商务云建立统一的旅游产品数据标准，让旅行社快速搭建自己的电子商务网站。这个电子商务网站还可以通过绑定独立域名和定制前台模板，成为旅行社自己的独立电子商务平台。旅行社不需要考虑日常网站技术维护的问题，只要做好产品信息的发布、客户服务和订单管理就可以了。

4. 云计算呼叫中心

很多旅游目的地有明显的淡旺季之分，淡季需要的座席数量会比旺季少很多，这在一定程度上造成了淡季的呼叫中心资源浪费，而旺季又可能觉得资源不够用。

基于云计算的呼叫中心服务可以很好地解决前期投入、日常维护和资源调配的问题。旅游企业可以根据自身的发展情况，租用呼叫中心的线路和座席。例如，一个旅行社刚刚起步时，可能只需要 3 个座席，几个月下来业务量大增，就可以通过增加租用座席的方式立即扩充到 10 个，这种灵活性是传统的呼叫中心建设无法达成的。

云计算呼叫中心还可以实现座席人员分布式管理，从而达到提供本地化咨询服务的目的。例如，浙江省旅游局信息中心在推进 12301 旅游服务热线过程中，为了解决集中式呼叫中心因为对各市县、景区和旅游企业的情况和产品服务信息掌握不够及时准确，难以为旅游者提供满意服务的问题，最终采用了云计算呼叫中心的解决方案。旅游者拨打 12301 电话后，可以根据系统提示自动转接，也可以通过人工服务帮助转接，转接后为旅游者提供咨询的可能就是某个景区的工作人员了。

二、大数据

(一)大数据的概念和特征

大数据(big data)指无法在一定时间范围内用常规软件工具进行捕捉、管理和处理的数据集合,是需要新处理模式才能具有更强的决策力、洞察发现力和流程优化能力的海量、高增长率和多样化的信息资产。尽管专家学者和研究机构对大数据的概念没有统一的界定,但是,在对大数据的阐述上,主要围绕以下方面展开:①明确大数据的体量特征,将大数据与小数据区别开来;②对大数据的处理和应用需要新方法、新思维,传统的对小数据的处理方法难以适应海量的大数据处理和应用的现实;③强调大数据的功能和价值,通过大数据,可以获得新的认知、新的价值,对大数据的应用能够改变市场、组织机构,助力企业、组织和社会发展;④大数据不仅指海量的数据集,而且指海量数据的采集、存储、传输、运用等系统的方法和实践。可以用"4V"来概括大数据的特点。

1. 数据规模大(volume)

大数据通常指100 TB(1 TB=1024)规模以上的数据量,数据量大是大数据的基本属性。

2. 数据种类繁多(variety)

数据种类繁多、复杂多变是大数据的重要特性。随着传感器种类的增多及各种设备、社交网络等的流行,数据种类也变得更加复杂,包括结构化数据、半构化数据和非结构化数据。其中,10%是结构化数据,存储在数据库中;90%是非结构化数据,与人类信息息密切相关。

3. 数据处理速度快(velocity)

新时代人们从信息的被动接受者变成了主动创造者。数据从生成到消耗,时间窗口非常小,可用于生成决策的时间非常短。

4. 数据价值密度低(value)

数据呈指数增长的同时,隐藏在海量数据的有用信息却没有相应比例增长。恰恰相反,挖掘大数据的价值类似沙里淘金,从海量数据中挖掘稀疏珍贵的信息。这与商场的连续数小时的监控视频中有可能有用的数据仅仅只有几秒钟类似。

(二)大数据在旅游接待业中的应用

1. 识别消费者特征,开展精准营销

旅游企业和旅游目的地等对消费者大数据进行分析,能够探索和发现旅游消费和旅游活动规律,把握消费者的心理和行为特征,进而提供有针对性的产品和服务,满足消费者个性化需求。例如,根据消费者在网上浏览的旅游信息的特征,如旅游产品的价格、类型、所在区域等,可以分析消费者的消费水平、旅游类型、意向旅游目的地等,进而推送相关产品和服务信息,实现精准营销。

2. 发现消费需求,增加创新机会

旅游业中的大数据主要来源于网站访客行为记录、移动设备应用记录、物联网终端感知系统、人工采集数据信息、消费者主动反馈等方面,可以对这些数据进行分析,来寻找消费者的诉求和兴趣点，并通过商业创新满足消费者诉求。对旅游业中大数据的分析和挖掘越透彻，就越能找到越多的商业机会。旅游创新创业公司的大量出现，将推动旅游服务和旅游体验的变革升级。

3. 监测管理数据，提高管理质量

信息社会的高速发展，对组织和企业的变革能力提出要求，智慧旅游理论与实践努力适应迅速变化的社会环境、消费方式和大众生活，旅游企业也应当不断发展变革。对大数据的应用正可以帮助旅游企业找寻变革发展的方向。旅游企业中的大数据涵盖员工行为、资源消费、顾客关系等各个方面，所有的这些数据的变化，都是对员工、顾客、产品、服务、效率的反映，通过对运作效率、员工忠诚度、顾客满意度、产品受欢迎度等进行实时监测，可以为旅游企业的变革方向和目标选择提供科学依据。

三、物联网

（一）物联网的概念与特征

物联网（the Internet of things，IOT）是一个基于互联网、传统电信网等信息承载体，让所有能够被独立寻址的普通物理对象实现互联互通的网络。这个定义包含两层意思：

第一，物联网的核心和基础仍然是互联网，是在互联网基础上延伸和扩展的网络；

第二，其终端延伸和扩展到了任何物品与物品之间的信息交换和通信。

物联网可以进一步作如下定义：通过射频识别、红外感应器、全球定位系统、激光扫描器等信息传感设备，按约定的协议，把物品与互联网相连接，进行信息交换和通信，以实现对物品的智能化识别、定位、跟踪、监控和管理的一种网络。

和传统的互联网相比，物联网有其鲜明的特征。

首先，它是各种感知技术的广泛应用。物联网上部署了海量的多种类型传感器，每个传感器都是一个信息源，不同类别的传感器所捕获的信息内容和信息格式不同。传感器获得的数据具有实时性，按一定的频率周期性地采集环境信息，不断更新数据。

其次，它是一种建立在互联网上的泛在网络。物联网技术的重要基础和核心仍旧是互联网，它通过各种有线和无线网络与互联网融合，将物体的信息实时、准确地传递出去。物联网上的传感器定时采集的信息需要通过网络传输，由于其数量极其庞大，形成了海量信息，所以，在传输过程中，为了保障数据的正确性和及时性，必须适应各种异构网络和协议。

最后，物联网不仅提供传感器的连接，其本身也具有智能处理的能力，能够对物体实施智能控制。物联网将传感器和智能处理相结合，利用云计算、模式识别等各种智能技术，扩充其应用领域，并从传感器获得的海量信息中分析、加工和处理出有意义的数据，以适应不同用户的不同需求，开拓新的应用领域和应用模式。

物联网设备本身并不能独立应用，需要结合互联网或无线互联网，通过物联网技术提升相关应用的体验。

(二)物联网在旅游接待业中的应用

人是物联网设施的主要携带者和使用者,旅游者能很方便地携带以下具有物联网功能的终端设备:①手机、GPS 导航设备;②某种具有感知芯片的身份证件;③从旅游资源方和服务商那里获取的相关设备和证卡,如酒店房卡、景区门票、景区电子导游机等。

车辆也是物联网的重要终端,包括社会交通车辆、旅游营运车辆,也包括一般自驾旅游者的私人车辆。

物联网的终端还包括固定的旅游相关场所,如景点、酒店、餐饮购物场所等。可以在这些场所的某一个或多个位置安装传感设备,并生成固定识别码,当旅游者经过或在这些场所周边活动时,形成和旅游者携带设备的互相感知和信息交换。

除了上述手机、门票、房卡这类旅游者携带的物品外,很多在旅游过程中可能接触到的物品都有加入物联网的可能,如就餐的餐桌、购物点的货架、旅游纪念品等。

目前物联网在旅游接待业主要应用于以下系统:

(1)景区管理系统,即对旅游景区中的客流、景点、资源和环境进行实时数据采集,助力景区管理的系统。

(2)智能服务系统。旅游目的地有着较多的智能服务设施,如智能触摸屏、智能导航设备等,其在提供服务的过程中具有一定的属性。对智能服务系统的运营状况进行跟踪监测,有利于保障智能服务系统的正常运营。

随着技术的逐渐普及、行业的不断发展,物联网技术将会深入旅游发展的各个角落,从而真正促进旅游业持续健康发展。

四、移动通信技术和基于位置的服务(LBS)

移动通信是指移动体之间的通信,或者移动体与固定体之间的通信,移动体可以是人,也可以是处于移动状态中的物体。移动通信技术主要包括两个系统:一个是空间系统,主要是指系统信息进行传递的过程系统;一个是地面系统,即进行信息传递和信息接收的终端系统。移动通信技术的成熟直接推动了智能终端的应用和普及。基于位置的服务(location based service,LBS)是在移动通信技术基础上的服务技术。

(一)LBS 的概念

LBS 是通过电信移动运营商的无线通信网络或外部定位方式如 GPS(global positioning system,全球定位系统)获取移动终端用户的位置信息,在 GIS(geographic information system,地理信息系统)平台的支持下,为用户提供相应服务的一种增值业务。LBS 是基于手机定位技术实现的。手机定位是指通过特定的定位技术来获取移动手机或终端用户的位置信息(经纬度坐标),在电子地图上标出被定位对象的位置的技术或服务。

(二)LBS 在旅游接待业的应用

随着 LBS 的兴起,出现了很多采用了相关技术和理念的旅游行业手机应用,主要列举如下。

(1)基于位置的旅游搜索。目前主流的旅游工具应用都具备查找身边的景区、酒店的功能。同样的,基于地理位置的其他的周边信息搜索服务也有很大的需求,如大众点评已经推出了 Android 和 iPhone 客户端,用户可以搜索周边的餐饮信息。

(2)基于位置的旅游者签到。旅游行业是非常适合做签到的,因为旅游者本身就有标注"到此一游"的潜在需求,只不过以前是涂写在景区的留言板上,现在可以用手机来实现。Wallit 是一个独特的旅游应用,它会标记每个城市中比较热门的地点,设置一个虚拟留言墙。用户可以在留言墙留言,用户还能查看其他到过这个地点的用户的留言。

(3)基于位置的互动游戏。

(4)基于位置的商家促销。上海滩餐厅的官方网站里就特设了一个"City Chic For iPhone"的 LBS 应用下载板块。当你在上海滩餐厅打开应用记载你的地理位置,签到达到一定数量就有机会获得代金券,换取上海滩限量版产品和独家折扣。

(5)基于位置的信息推送。如基于位置的优惠券应用 Getyowza 会根据用户的地理位置,向用户推送附近的优惠券信息。

(6)基于位置的旅行提示。旅游者经常会在进入一个新的城市时,接收到当地旅游部门发送的欢迎短信。

(7)基于位置的数据服务。例如,旅游者通过比对网络图片服务网站的优秀照片可以快速定位风景区最佳拍摄位置,得出最佳摄像参数,拍出更好的照片,这些照片又可以快速上传到相关的网站。

五、人工智能

(一)人工智能的概念

对人工智能的理解,可以从以下方面展开:从科学的角度,人工智能是研究怎样标识知识、获得知识和使用知识的科学;从技术的角度,人工智能是研究、开发、模拟、延伸和扩展人类智能的理论、方法和技术;从功能的角度,人工智能是由智能机器来执行与人类智能有关的任务。

人工智能研究和应用的主要内容包括知识表示、推理判断、自动搜索、机器学习、知识获取、知识处理、语言理解、视觉识别、智能机器人和自动程序设计等。

人工智能技术具有三个主要特征。

(1)综合能力强。人工智能能够对各种信息进行综合、整理并加以运用。在信息不完全、不确定的情况下,人工智能应用模糊逻辑,能够进行推理和判断。

(2)符号处理。在进行符号处理时,可以利用系统信息将人工智能技术与数值方程结合起来,建立一个高效能的"符号-数值"耦合系统,这个耦合系统能够解决一些一般方法难以解决的问题。

(3)知识继承。一些专门知识和技术常常为少数专家所掌握,难以广泛利用,人工智能技术便于积累和总结经验,从而有利于知识的继承。

(二)人工智能技术在旅游接待业中的应用

人工智能技术在旅游接待业主要有以下五种应用：

(1)智能控制,即对智慧旅游体系中的智能设备进行管理。

(2)专家系统,即自动为旅游主管部门和旅游企业提供智能决策。

(3)语言识别,即对不同语言群体间的交流和旅游公共标识中的语言文字进行智能识别和机器翻译。

(4)机器人服务,即在旅行社、旅游酒店等场所,由机器人提供旅游服务。

(5)旅游发展中其他应用,如智能结算体系、智能顾客识别等。

云计算、大数据、物联网、移动通信和人工智能技术只是智慧旅游体系中众多技术中的几种,在实际发展中,只有综合应用多媒体、移动互联网等技术,才能实现旅游接待业的整体性智慧。并且,随着现代科学技术的更新进步与智慧旅游的深入发展,将有更多的创新技术应用到旅游接待业发展中,从而助力实现智慧旅游。

第三节 技术应用场景举例

一、旅游景区的新技术应用

(一)提升票卡功能

假设景区给门票加上感知芯片,就可以实现很多有趣的应用。从成本和环保的角度考虑,这种感知门票应该是可以回收反复利用的,类似一些城市的地铁票。当然,如果旅游者喜欢,也可以付费购买纪念版的感知门票。旅游者持有这种票在景区游览,其活动轨迹可以被清晰地记录,因为景区内分布着可以和这种门票互相感知的设备。景区还可以很方便地开展各种景点签到和景区内的寻宝活动,旅游者要做的只是按照活动的提示找到某个点。有些大型景区一天不能游览完,旅游者会有多次进入景区的需求,景区为了这种多次进入的门票的检票煞费苦心。而这种基于感知芯片的门票可以绑定用户身份,并支持非接触式快速读取,为旅游者多次进入景区的查验票提供便利。旅游者可以根据景区内的提示,在某些物品上"刷"自己的门票。例如,某个景点的介绍牌上提示刷门票可以获得本景点精美壁纸下载地址;旅游者只要刷一下自己的门票,就会收到一条带有下载地址的短信。

如果玩过嘉年华这样的主题公园,或者是在大型的餐饮广场就餐过,一定对那种临时的充值卡印象深刻。旅游者也可以根据自己的旅游计划预先给这种带有特殊芯片的景区门票卡充值,在景区内进入需要额外收费的景点、就餐或购买旅游纪念品时,就可以通过预充值的门票快速刷票消费。这种统一结算的形式有利于对旅游者在景区内的消费情况实现准确的统计分析①。

(二)增强互动娱乐

经纳斯卡授权,位于美国北卡罗来纳州夏洛特市的纳斯卡名人堂(NASCAR Hall of Fame)由该市地方旅游部门运营,这为赛车粉丝们提供一个了解纳斯卡赛车传奇发展历程的机会。纳斯卡名人堂在其展厅实施了一套RFID方案,专注于提升展品与观众的互动性,为观众提供令人难忘的参观体验。

观众在进入展厅前,会获得一张信用卡大小的感知卡,内嵌RFID芯片和天线。进入展厅后,可以通过这张卡在展厅内75个展区享受丰富的互动娱乐服务。例如,观众在进入展厅的第一个服务亭轻轻刷一下卡片,就可以选取自己感兴趣的一位名人赛车手,并填写自己的姓名,这样他的身份就被登记了,这个赛车手也将成为游览过程中的导游员。当观众出现在其他服务亭的时候,其事先选择的名人赛车手影像就会以导游身份欢迎观众,并为观众提供进一步的导游服务。观众还可以参加展厅内的各种小游戏项目,每个项目都可以有累积积分,系统追踪每位观众的参观过程,卡片负责记录观众积分并实时传输到相关服务器上。当观众离开展厅时,可以通过卡上的积分换取礼品,然后通过读卡设备确认离开,卡片就会失效。观众可以把卡片带回家当作纪念品,还可以登录纳斯卡名人堂网站,通过输入卡片号码参加在线互动。

滑雪度假村运营商VailResorts向旅游者推出了一个可以和Facebook等社交媒介工具相互联系的互动平台,旅游者可以通过RFID技术监测并在线追踪其滑雪或单板记录。当旅游者乘坐滑雪电缆车时,安装在电缆车载客区上方拱形门架上的阅读器和天线将读取旅游者卡片标签代码,并将该信息发送到后端系统。一天结束后,旅游者乘坐同一台电缆车或山上另一台电缆车回去,其票证的代码将再次被读取,发往后端系统。这样,系统根据两台电缆车的距离可计算出旅游者滑雪或滑板的直线距离。通过计算滑雪者乘坐电缆车最高处的高度和另一台电缆车最底部的高度,系统可以得出旅游者滑雪期间一天及整个期间的滑雪距离,并记录在其档案里。系统设置多个里程点,到达不同里程点的用户可领取电子"饰针",并直接显示在其个人档案里;用户可登录官方网站查看,并与其Facebook好友分享,还可以与Facebook上的朋友对比数据。旅游者在滑雪场还可免费下载手机软件接收通知,获知其Facebook的朋友是否也在滑雪,并可以显示朋友所在的位置。

(三)实现便捷管理

导游带着旅游者到达景区,经常因为旅游者自由活动后不好召集而耽误整个团队的行程。通过给参团旅游者发放带有感知定位芯片的卡片,导游就可以通过手机查看到旅游者所在的位置。

如果景区给所有的旅游者发放带有感知芯片的门票卡,就可以监测到所有旅游者在景区的分布和活动情况,可以极大地保障旅游者旅游安全和旅游体验。通过物联网技术实现对景区旅游者流量的精准统计,并对旅游者在景区内的活动进行疏导,将能缓

---

① 姚志国,鹿晓龙. 智慧旅游——旅游信息化大趋势[M].北京:旅游教育出版社,2013.

解巨大的旅游者流量对景区资源造成的压力。

入境旅游者购物经常面临购物返税的问题,旅游者却经常因为不能确定所购物品的返税情况或者因为忘记申报而造成损失。在指定的免税商店给商品加上感知芯片,旅游者购物完成时就能自动知道哪些是免税的以及免税额度。在海关申报时,通过这些商品的感知芯片可以快速确认关税信息,提高报关速度,甚至在旅游者忘记申报的时候,相关感知设备还能给出提示。

(四)旅游设施监测

当旅游者乘坐景区缆车、游船,或者是在主题公园体验过山车、摩天轮的刺激时,这些旅游设施的运营状态和旅游者安全紧密联系在了一起。景区、主题公园都制定了各种安全规章制度,安排技术人员对这些旅游设施进行安全监测和维护保养,但是仍然不时传出相关安全事故。如何更好地对旅游设施的运营状况进行监测,做到防患于未然,是非常重要的问题。另外,很多旅游设施如缆车索道日常检测维护都十分困难,必须通过技术手段掌握设施的运营数据。

采尔马特(Zermatt)是瑞士非常受欢迎的滑雪胜地之一。位于海拔高度 3365 米的 Furggsattel 滑雪场,拥有欧洲最长的缆车,长达 2600 米,在夏季和冬季每 4 小时运送 2400 人之多。由于缆车建筑在有固定位移量的冰河上,因此,缆车的支柱必须根据冰河的移动规则地调节。滑雪场采用了徕卡 GeoMoS 的监测解决方案监测空中缆车的支柱位置,以便调节因冰河移动引起的缆索支柱位移,更方便有效地维护空中缆车。相关数据还通过无线设备传输到控制中心,便于工作人员随时查看数据作出人工调整。

重庆的两江大桥(东水门长江大桥、千厮门嘉陵江大桥)均设计为单索面斜拉桥,拥有较多的拉索,但这两座桥使用的拉索,每一根都由 90 多根手指粗细的钢绳组成,而且都相互"分离",没有拧到一起。如果发现问题,只需要单独抽出一部分及时修复或更换即可,不会影响交通。为了更及时地发现拉索和桥梁的问题,设计师还为两桥设计了"健康监测系统",出现问题会及时报告。

西湖世界文化遗产监测管理中心也借用科技的力量对西湖遗产区进行保护。该系统投入使用后,体现世遗价值的 24 个点一出现"亚健康",监测系统就能马上"感应"到,并及时预警。监测系统中有一个包罗万象的数据库,里面包含了遗产区所有文物、建筑、水体、山体等数据监测标准。在监测中,如出现水平移位、沉降、风化侵蚀等现象,使监测数值超过了预警标准,系统就会自动报警。以六和塔为例,系统对塔的柱子、梁架、屋檐等都以文物保护测绘的专业方式采集数据,并录入系统的数据库中。相对应的每一个柱子、横梁都有一个标准值,假设六和塔的某根柱子的倾斜度是 2.6,但监测时发现数值超过了 2.6,预警系统就会出现红灯闪烁报警,可以在第一时间发现问题并进行修复。

二、酒店及餐饮业的新技术应用

(一)自助入住/退房

酒店自助入住机是一种无人值守、操作简单、查询方便快捷的人机交互设备,具有服务完整性、可视性、系统化和可维护性,是酒店自动化处理业务的有效保证。客人通过显示屏上的功能模块提示进行操作,便可轻松地办理入住和退房等业务,无需像以往一样在服务区排队等待。这样除节省了客人的时间外,更是大大提高了服务的水平和效率。酒店自助入住设备无需人员留守,完全可以代替工作人员为客人提供服务,这减少了酒店的运营成本。集发卡、充值、读卡、打印、支付等功能于一体的酒店自助入住机成为众多酒店青睐的对象。站在客人的角度,排队等待办理开房,无疑会影响入住的体验。而酒店自助入住机就可以为客人提供更多的选择,为客人带来便捷的同时也给了客人更多的私人空间。总之自助入住机可以在线选择房型,能帮助客人快速入住,并使客人入住更舒适。

(二)人脸识别技术

出于酒店公共安全方面的考虑,国内住宿接待场所无论大小都需要对旅客进行实名身份核验。然而,现实情况下,大多数酒店在办理旅客入住手续时,仅仅是要求旅客出示身份证件,通过肉眼粗略辨别,根本无法保证持证人身份的准确性。不过,随着人脸识别技术逐渐成熟,目前已有部分酒店开启了刷脸模式,借助人脸识别技术,提升酒店实名认证的效率及其准确性。

近年来,由于部分酒店在旅客身份核验环节的不严谨,致使冒用他人证件或持假身份证件登记的事件频频发生。此类事件不仅对酒店其他客人的人身财产构成了潜在威胁,且在安全事件发生后,也给公安办案制造了追查障碍。而酒店人脸识别系统要求旅客必须实名实人实证,人证一致方可入住。用户在进行实名认证时,需在设备终端放置本人身份证件,系统摄像头将实时捕捉用户现场人脸图像,并将其传送至后台与用户身份证件上的照片比对。若使用非本人身份证件,系统会出现相应的预警提示,协助酒店人员在第一时间发现安全隐患。

除了提升安全等级,酒店人脸识别系统的另一大功能自然是优化旅客入住体验。当前台工作人员进行肉眼比对时,目光不可避免地需要在旅客脸上停留一段时间,难免令人产生抵触心理。而人脸识别的非接触性、非强制性就显得整个验证流程更加自然,且系统验证的速度明显高于人工验证,整个登记流程行云流水,能在提升客人入住体验的同时,提高酒店前台人员的工作效率。在提供刷脸入住服务的酒店,客人仅仅需要完成扫描身份证件、上传面部照片和验证电话号码三个步骤,即可拿到房卡顺利入住,整个过程甚至不需要一分钟。相比较传统人工办理所需要的前台交证件、交押金、签单据等烦琐程序,"刷脸"的自助入住显而易见会更加便捷。

(三)智能机器人服务

一直以来酒店行业都存在着基层员工培训成本高,员工流动性大的问题。随着人工智能技术的发展,最先被应用到酒店行业中的就是一系列的机器人,它们可以代替人工为客户提供办理入住、接待、送餐等基本酒店服务。全国已经有部分酒店在引入机器人服务系统,比如,苏州洲际酒店、徐州皇冠假日酒店、舟山威斯汀度假酒店、舟山喜来登绿城酒店、海口希尔顿酒店等的选择就出奇地一致。他们都引入了同一款人工智能服务机器人,通过人工智能服务机器人为客人带来了不一样的体验,成功地吸引到了客人的目光。在 OTA 的酒店评价中，引入机器人的酒店的评论活跃性和评论分值都有很大的提高。

人工智能改变了传统的住宿体验及体验方式。从长远来看，其效率与体验度提高，客人在这种充满乐趣的互动中，获得了高科技带来的炫酷体验。同时，人工智能的助力，也将大大提高酒店运营的效率，并且和传统的互动方式相比，能让酒店快速、准确、全面地了解用户的需求、喜好等大数据，并由此制定自己的产品与服务策略，提供更加个性化的服务。随着科技的不断发展，越来越多的智能机器人不断涌现。机器人的作用就是对客服务。目前，机器人还无法胜任太复杂的工作，但一些简单程序化的任务如登记入住、退房、在吧台递送饮料、结账收银这样简单的工作，已经能够由机器人来承担。未来的接待业将因为机器人员工的出现而发生巨大变化。

（四）智能房卡

酒店的房卡也可以借助物联网技术实现更加人性化的功能。例如，客人持卡进入酒店电梯，电梯的感知设备感知到客人的房卡信息，就会默认按下客人房间所在楼层；当客人走出电梯后，对应房号的指示灯就会亮起引导客人进入房间。客人在酒店内的消费也可以通过快速刷房卡实现，避免服务人员查验客人房卡或餐券的尴尬。

（五）AR 技术的应用

增强现实（augmented reality，AR）是一种实时地计算摄影机影像的位置及角度并加上相应图像的技术。它可以实现酒店内楼与楼之间的导航，并能够直接通过手机屏幕显示面前的道路和实景。在酒店 AR 画面中，导航指示箭头直接出现在实际的道路上，所以用户即使看不懂电子地图，也能找到正确的目的地。

三、会展业的新技术应用

会展业是对新技术非常敏锐的行业，很多新一代技术都率先出现在重大展会现场，借展会赢得关注。下面就以 2022 年北京冬奥会（以下简称"北京冬奥会"）为例，介绍新技术在展会上的应用。

在场馆建设方面，北京冬奥会秉持"绿色办奥、共享办奥、开放办奥、廉洁办奥"的理念，突出科技、智慧、绿色、节俭特色。无论是新建场馆还是场馆改造，都注重综合利用和低碳使用，令场馆集合体育赛事、群众健身、文化休闲、展览展示、社会公益等多种功能。北京冬奥会积极开展各项场馆建筑的低碳节能工作，在场馆的规划、建设和运行阶段，最大限度利用现有场馆和设施，通过制定绿色建筑标准推动场馆节能改造，创新建筑设计，采用先进的制冷技术以及环保材料等。例如国家雪车雪橇中心结合赛道形状、自然地形和"人工地形"、遮阳屋顶等，研发并实施了地形气候保护系统，可有效避免阳光对赛道的直射，降低场馆运行过程中的能源消耗。

应用智能化交通系统和管理措施，提升交通精细化管理水平，构建低碳交通运输服务体系，也是北京冬奥会的重要绿色行动之一。围绕"氢能出行"，北京冬奥会开展制、储、运、加氢全供应链关键技术研发，氢能发动机已装配在公交、物流等不同车型。不仅如此，北京冬奥会还搭建了"交通资源管理系统"，实现了对赛时交通服务车辆的实时监控、车辆调度、数据分析等功能,以加快交通疏导速度,及时推送服务班车班次信息,提高交通服务的精准度和运输效率,实现节能减耗。

由于赛会处于新冠肺炎疫情暴发期间,为同时满足赛事服务和防疫工作的需要,北京冬奥会和2022年北京冬残奥会赛时应用了70多项技术成果,在赛事报道、赛事转播、现场导览等场景中,人工智能、高清显示、虚拟现实等新技术助力观赛体验提升。使得无论置身冬奥场馆与否,观众都能获得优质的观赛体验。

通过先进技术覆盖更多群体是北京冬奥会赛事服务的一项重要举措。手语播报数字人专门为听障人群设计,可提供全流程智能化的数字人手语生成服务,方便听障人士收看赛事专题报道。为提高冬奥播报准确性,数字人还"掌握"了冬奥手语语料库,语料库包括多模态肢体动作、表情、手指等语料,方便听障人士实时了解赛事进程。

在场馆内,新技术为运动员、观众和赛事工作人员等带来创新导览体验,更安全、更贴心。北京冬奥会应用基于三维空间重建技术的冬奥虚拟导览系统,包括冬奥场馆 VR 云上体验平台和抵离 VR 导览服务平台,实现场景展示、设施说明、活动推广、线上 VR 自助导览服务等功能。

思政案例

华住数字化的武器

从软件系统角度看,经过 15 年的积淀与成长,华住已形成一个强大的技术"中台"。

华住虽然立足于传统酒店行业,但更像一个技术公司。华住整体高速发展的背后离不开技术的投入和专注,从 CRS、PMS、RMS、CRM 等酒店营销管理系统,到供应链采购平台,再到无接触服务、自助服务等先进技术的引入,华住将系统化、技术化能力融入商业操作系统,形成了"甲骨文"般的竞争力。

1. 以全流程数字化的方式来打造业务的闭环

华住将酒店运营划分为两个业务闭环,一是对 To C 的直销,另一个是 To B 的门店、酒店的赋能。每一个闭环都有自己的自然生态,通过数字化将两个业务闭环系统有机结合起来,再以系统化的方式进行整体的布局,从而使其发生联动的效应。

从 To C 直销的维度来看,华住用数字化方式构建了全渠道营销体系,包括小程序、华住会 App,以及华住 To B 的商旅生态等,同时,把每一个单店的触点都当成会员转化和体验服务最重要的场景。除此之外,对于旗下的每一家酒店,华住实现了酒店从选址开始,到开店、后期的运营全生命周期管理的数字化。"酒店经营的基础是找到一个好的店。"一个好的选址决定了这家酒店未来 50% 的经营能力。如何精准找店、怎样通过智能测算匹配一个合适的品牌……这些都属于找好店的维度。开好店的维度包括华住的工程线上化、营建线上化。这些都是为了做一个好产品、一个标准化的产品、一个基于客户体验出发的产品,这样的产品才是开好店的前提。

从管好店的维度来看,华住的平台获客、效率赋能,以及共享服务都在支撑单店的运营。与此同时,华住也在尝试打造行业的基础设施。无论是运营管理的移动化、还是接听电话的华小 AI 机器人，以及客户体验服务……数字化不仅仅帮助华住实现运营闭环，也在持续优化客户的体验。这正是因为华住不断建立"闭环效应"，有若干个闭环支撑业务发展，且这些闭环都是建立在数字化的基础上的，使得酒店能够在关键时刻做出更快的反应。

在疫情期间，华住推出了酒店智能"无接触服务"。"易掌柜"和酒店机器人都在赋能酒店服务高效化。华住也向整个市场喊出高效服务的目标——30 秒入住、0 秒退房、15 分钟响应。所有的数字化和技术，都要以客户为中心，打造全流程服务体验闭环。住前、住中、住后，每个环节的点点滴滴都可以体现数字化带给客户的关怀。

2. 追求技术驱动下的极致效率

低效时代即将结束，每一个产业的低效业态都会受到前所未有的挑战。聚焦效率是持续发展的关键，也是在未来可以健康发展的关键。在效率赋能的维度上，华住聚焦获客效率、运营效率以及管理效率。从获客效率来说，华住作为一个连锁企业，经营能力集中体现在单店运营上。以工具激活自身的单店获客效率的背后是经营能力的改善。从"全触点拉新""体验带动复购"到"构建单店客户关系"等举措，都是在帮助自身实现工具化激活单店获客效率的目标。很多年前，华住就在行业里率先推出了 Wi-Fi portal，这是华住过去多年在单店获客维度上非常有收益的触点。

华住还有"易系列"数字化产品。这个一套运营工具，包括前台使用的"易发票""易掌柜"，在客房移动化运营方面的"易客房"，餐厅的"易早餐""易 POS"等。通过数字化打通所有业务场景，用工具让运营更简单、更容易。以"华住易购"为代表的工具平台也在尝试用人、财、物呈现出"新共享服务中心"的概念，把原来后台管理中一系列的业务抽象出来，进行规模化、集约化的赋能。这个赋能的背后是管理效率的再一次拔高以及进一步提升。

除了三大效率之外，所有的数字化升级都要围绕着人来进行。华住希望通过技术降低岗位难度、缩小能力方差。一个好的技术，可以"让 1.2 米的人变成 1.8 米"，这句话背后的理念就是"人人都是钢铁侠"：通过技术赋能，让每一个人都能穿上"超人"的衣服。为什么华住要花那么多的精力在人员赋能上呢？因为国内整个服务业面临最大的痛点是找人难、人难留。华住正在从技术维度去破解酒店业的最大难题。

工具赋能下还有一个维度——组织效率的提升。华住员工都会使用一款叫华通的 App。"生活在微信，工作在华通。"华通就是华住数字化操作的底座。依托华通，可以有效地连接每一个人、每一个组织，进行组织与组织之间的匹配，人与人之间的连接，团队与团队之间的协作。

华住数字化战略是"人机合一，让天下没有难管的酒店"。人机合一的背后就是业务线上化、运营移动化、流程自动化以及数据智能化，是以赋能的态度把所有的业务流程串联起来。

3. 助力酒店规模化增长

一个好的技术平台，一定能够助力公司业务的可持续发展。在连锁的业态当中，通过赋能、效率达到一个有效的 N 的时候，连锁就是 N 乘以 S，这个 S 可能是 10 也可能是 100。连锁的秘密就是通过某种方式找到最佳的状态，数字化一定是其中一种方式。

华住也在通过技术进行高效的整合。比如在2017年整合桔子酒店的过程中,华住用87天就完成了整合,在效率、经营能力上有了特别大的提升。整合花间堂也是一样的逻辑。在整合桔子酒店和花间堂的过程中,其实是技术让并购变得更加顺畅,将好的品牌、好的业务模式真正融入公司大的组织体系当中,尽早产生确定的合力。

华住也在尝试用技术的方式进行全球一体化的平台建设。2019年底,华住收购了德意志酒店集团。在后续的一体化改造中,华住以One Digital为抓手。因为要跨国、要出海,有很多系统架构、数据合规方面的考量,前后用了500天才完成整合,让3大范畴、9大活动、42条产品线从中国漂洋过海,到达欧洲。

中国企业今天可以通过数字化的能力进行海外的业务扩张。这个扩张的背后是以全球标准来打造产品,更重要的是把在国际业务上得到论证的产品再拿来反哺行业、深耕中国市场。

资料来源:https://www.traveldaily.cn/article/148947

新一代信息技术与现代服务业深度融合,可以为服务业转型升级和经济高质量发展提供新动能、新模式、新路径。旅游接待业与新一代信息技术的结合催生了一大批围绕旅游接待场景开发的技术应用,为顾客创造了更智能、更便捷的服务体验,也为现代旅游接待业的高质量发展提供了技术支持。

《"十四五"文化和旅游发展规划》提出要加强旅游信息基础设施建设,深化"互联网+旅游",加快推进以数字化、网络化、智能化为特征的智慧旅游发展。智慧旅游是基于新一代信息技术,为满足旅游者个性化需求,提供高品质、高满意度的服务,从而实现旅游资源及社会资源的共享与有效利用的系统化、集约化的管理变革。

复习思考题

1. 旅游接待业的数字化转型表现在哪些方面?
2. 大数据在旅游接待业管理中有哪些价值?
3. 员工与技术在实际场景中应当如何分工合作才能达到更好的服务效果?
4. 新一代信息技术在实际使用时可能会遇到哪些商业伦理问题?如何避免?

参考文献
References

[1] 戴斌,杜江,乔花芳.旅行社管理[M].3版.北京:高等教育出版社,2010.
[2] 戴开成."内容为王"理念助推在线旅游行业发展[J].人民论坛,2020(6):156-157.
[3] 邓爱民.酒店管理[M].北京:中国旅游出版社,2017.
[4] 邓爱民,李明龙.酒店运营管理[M].北京:高等教育出版社,2020.
[5] 邓爱民,李明龙,邹蓉,等.旅游接待业管理[M].北京:中国旅游出版社,2018.
[6] 高峻,张健康.会展概论[M].重庆:重庆大学出版社,2019.
[7] 郭亚军.旅游景区管理[M].北京:高等教育出版社,2006.
[8] 郭英之.旅游市场营销[M].大连:东北财经大学出版社,2010.
[9] 胡小明,虞重干.体育休闲娱乐理论与实践[M].北京:高等教育出版社,2004.
[10] 黄莉.客房服务与管理[M].长沙:湖南大学出版社,2014.
[11] 吉根宝.餐饮管理与服务[M].北京:清华大学出版社,2009.
[12] 金辉.会展概论[M].2版.上海:上海人民出版社,2011.
[13] Kandampully J, Zhang T, Jaakkola E. Customer experience management in hospitality: A literature synthesis, new understanding and research agenda[J]. International Journal of Contemporary Hospitality Management,2018,30(1):21-56.
[14] 李相如,凌平,卢锋.休闲体育概论[M].北京:高等教育出版社,2011.
[15] 李晓标,解程姬.旅行社经营与管理[M].北京:北京理工大学出版社,2015.
[16] 李正欢.旅游业"好客"研究的多维视野审视[J].北京第二外国语学院学报,2009,31(11):25-31.
[17] 李志飞,汪绘琴.旅游景区管理——案例、理论与方法[M].武汉:武汉大学出版社,2013.
[18] 李仲广.旅游经济学[M].北京:中国旅游出版社,2007.
[19] 林祖锐,杨冬冬,仝凤先,等.我国旅游容量研究现状与展望[J].资源开发与市场,2017,33(3):379-384.
[20] 柳中明.旅行社经营与管理[M].北京:电子工业出版社,2008.

[21] 马勇.酒店管理概论[M].重庆:重庆大学出版社,2017.

[22] 彭兆荣.好客的食物:餐桌伦理结构中的张力叙事[J].广西民族大学学报,2012, 34(5):16-22.

[23] 桑杰夫·波多洛伊,詹姆斯·A 菲茨西蒙斯,莫娜·J 菲茨西蒙斯.服务管理:运作、战略与信息技术[M].9版.北京:机械工业出版社,2020.

[24] 孙佼佼,谢彦君.矛盾的乌托邦:邮轮旅游体验的空间生产——基于扎根理论的质性分析[J].旅游学刊,2019,34(11):41-50.

[25] Tasci A D A, Semrad K J, Hunt L. Developing a scale of hospitableness: A tale of two worlds[J]. International Journal of Hospitality Management, 2016(53): 30-41.

[26] 田里,牟红.旅游经济学[M].北京:清华大学出版社,2007.

[27] 瓦拉瑞尔·A 泽丝曼尔,玛丽·乔·比特纳,德韦恩·D 格兰姆勒.服务营销[M].7版.北京:机械工业出版社,2018.

[28] 许欣,万红珍.会展旅游[M].重庆:重庆大学出版社,2015.

[29] 王宁.旅游中的互动本真性:好客旅游研究[J].广西民族大学学报(哲学社会科学版),2007(6):18-24.

[30] 王茜.会展基础[M].济南:山东科学技术出版社,2016.

[31] 王志民,吉根宝.餐饮服务与管理[M].南京:东南大学出版.2007.

[32] 姚志国,鹿晓龙.智慧旅游:旅游信息化大趋势[M].北京:旅游教育出版社,2013.

[33] 叶娅丽,陈学春.旅行社经营与管理[M].北京:北京理工大学出版社,2018.

[34] 俞晟.城市旅游与城市游憩学[M].上海:华东师范大学出版社,2003.

[35] 张波.餐饮管理[M].重庆:重庆大学出版社,2008.

[36] 张河清.旅游景区管理[M].重庆:重庆大学出版社,2018.

[37] 张凌云,乔向杰,黄晓波.智慧旅游理论与实践[M].天津:南开大学出版社,2018.

[38] 中国电子信息产业发展研究院.协同共生:企业数字化转型之道[M].北京:电子工业出版社,2021.

[39] 曾国军.原真性与标准化悖论:基于旅游接待业的实证研究[M].北京:商务印书馆,2019.

[40] 邹益民,陈业玮,陈俊.酒店餐饮管理[M].武汉:华中科技大学出版社,2017.

教学支持说明

为了改善教学效果,提高教材的使用效率,满足高校授课教师的教学需求,本套教材备有与纸质教材配套的教学课件(PPT 电子教案)和拓展资源(案例库、习题库、视频等)。

为保证本教学课件及相关教学资料仅为教材使用者所得,我们将向使用本套教材的高校授课教师免费赠送教学课件或者相关教学资料,烦请授课教师通过电话、邮件或加入旅游专家俱乐部 QQ 群等方式与我们联系,获取"电子资源申请表"文档并认真准确填写后反馈给我们,我们的联系方式如下:

地址:湖北省武汉市东湖新技术开发区华工科技园华工园六路

邮编:430223

电话:027-81321911

传真:027-81321917

E-mail:lyzjjlb@163.com

旅游专家俱乐部 QQ 群号:306110199

旅游专家俱乐部 QQ 群二维码:

群名称:旅游专家俱乐部
群　号:306110199

电子资源申请表

填表时间：_____年___月___日

1. 以下内容请教师按实际情况填写，★为必填项。
2. 可以酌情调整相关内容提交。

★姓名		★性别	□男 □女	出生年月		★职务	
						★职称	□教授 □副教授 □讲师 □助教

★学校		★院/系	
★教研室		★专业	
★办公电话		家庭电话		★移动电话	
★E-mail				★QQ号/微信号	
★联系地址				★邮编	

★现在主授课程情况	学生人数	教材所属出版社	教材满意度
课程一			□满意 □一般 □不满意
课程二			□满意 □一般 □不满意
课程三			□满意 □一般 □不满意
其 他			□满意 □一般 □不满意

教 材 出 版 信 息					
方向一		□准备写	□写作中	□已成稿	□已出版待修订 □有讲义
方向二		□准备写	□写作中	□已成稿	□已出版待修订 □有讲义
方向三		□准备写	□写作中	□已成稿	□已出版待修订 □有讲义

请教师认真填写下列表格内容，提供申请教材配套课件的相关信息，我社根据每位教师/学生填表信息的完整性、授课情况与申请课件的相关性，以及教材使用的情况赠送教材的配套课件及相关电子资源。

ISBN(书号)	书名	作者	申请课件简要说明	学生人数（如选作教材）
			□教学　□参考	
			□教学　□参考	

★您对与课件配套的纸质教材的意见和建议有哪些，希望我们提供哪些配套教学资源：